千寻 与世界相遇

千寻
Hoversea

总策划　吉　彤
选题策划　姚湘竹
项目编辑　张秀敏
版权编辑　庄　园
装帧设计　木
内文排版　史明明
责任印制　盛　杰
营销编辑　火　包

小小孩都需要的教室

薇薇安·嘉辛·佩利的教学智慧

［美］帕特里夏·M.库珀 著
孙莉莉 译

云南出版集团　晨光出版社

推荐序 / Preface

小小孩都需要的教师
——跟佩利学做孩子生命中的重要他人

新西兰惠灵顿维多利亚大学博士　周菁

当孙莉莉老师发来写序的邀请后，我心中一阵惶恐。虽然对佩利无比崇敬，但我自认并不是佩利教育思想的研究者，生怕自己生涩的文笔影响读者对佩利的认识。但当我读完本书后，心潮澎湃，于是鼓起勇气，决定试着写下那些似乎已经在心中酝酿了许久的话语。

"认识"佩利是在 1997 年。当时，我和一位来自新西兰的幼儿教师凯西·马（Cath Marr）成了搭班，任教于北京一所双语国际学校里的四岁班。凯西是佩利的铁粉，她在开学之初就和孩子们一起讨论"不可以说：'你不能玩'！"。那时，我英语不太好，插不上嘴，但暗自疑惑，为什么不能说"你不能玩"呢？我磕磕巴巴地问凯西，她滔滔不绝地跟我讲佩利和《孩子国的新约——不可以说："你不能玩！"》中的故事。不过，我只能听个大概。那些年，佩利之于我，就是她的"迷妹"——凯西和孩子们在一起时的样子，以及我也常常说的"不可以说：'你不能玩'！"而我则是在和凯西工作的每一天里学习着怎么做孩子们需要的老师。

2006 年，我去新西兰留学，一点点走进佩利的教育思想就发生在这一时期。在玛格丽特·卡尔（Margaret Carr）和温迪·李（Wendy Lee）关于儿童学习评价体系——学习故事的多部著作中，我感觉到了佩利对她们的影响,开始对佩利有了更多了解。她们曾写道:"薇薇安·嘉辛·佩利多年来撰写的有关幼儿教育的文章给我们两位作者以及与我们一起工作的教师带来了重要启发。她的著作强有力地论证了故事在建构自我的过程中扮演的角色,以及故事在将学习理论与教学方法联系在一起时所起的作用。她记录儿童口述的故事,然后儿童在活动的结尾部分表演故事。这些故事成了儿童与同伴、佩利老师交谈的主题。"我意识到,"不可以说:'你不能玩'!"不只是口号或培养友爱的班规,还是佩利对人际关系、班级这个小社会中的限制结构等问题的深刻思考,而关系和公平也是卡尔和李在研究儿童学习评价时所关注的。我还发现,佩利对孩子们的观察、倾听、记录,以及她对儿童、教师、游戏、学习、教学等的反思和讨论,影响着卡尔和李对儿童学习评价的思考。而佩利对孩子们故事的长期持续记录,以及她对这些故事的描述,是她评价和分析孩子们学习和发展的基础,这让她们意识到,用故事呈现复杂的、变化着的、不可预测的、难以捉摸的学习和发展过程的可能性。在这个过程中,我学习着如何做和孩子们在一起的研究者,建构着对儿童、教师和教育的理解。

可以说,2013年之前,我对佩利的了解是间接的。但对我来说,凯西和孩子们在一起的样子,卡尔和李对佩利的研究,都是关于佩利教育思想和教学实践的最好导读,都在潜移默化地影响着我成为现在这样的老师和研究者。特别是卡尔曾引用的佩利在1986年探讨"倾听儿童"的文章中的那句"教学成了一种每天寻找儿童观点的行为",更是完全颠覆了我对教学行为的定义。

所以,当《共读绘本的一年》在国内出版后,我欣喜万分,想着终于能和佩利"直接"对话了,终于能有更多中国幼教同仁认识佩利了。

不过，我发现，国内读者关注的是绘本和李欧·李奥尼，而不是佩利和瑞妮，更不是瑞妮如何引领着佩利一步步与李欧·李奥尼的绘本结缘。直到2018年，千寻出版的佩利的著作陆续上市，使得佩利被越来越多的幼儿教师们认识。我更是一一买来，认真拜读。这一次，我沉浸其中！佩利笔下的孩子们有我教过的孩子们的身影，佩利的那些喜悦、困惑、失望、纠结……我也曾体验过。佩利的文字，常常让我眼眶湿润，心生暖意，醍醐灌顶！读了一本又一本之后，我突然意识到，佩利的书是最好的教科书，可以教老师们成为每个孩子都需要的老师——如何做孩子们身边那个愿意投入地倾听、观察、研究他们的重要他人。

于是，我开始在培训的时候和老师们一起读佩利的书，我们共同想象佩利和孩子们在一起的样子，学习佩利是怎么尽力"认识每个孩子内心最根本的孤独是什么"，如何"走进、深入每一个孩子特有的内在想象里"。是佩利的书，让我们看到每个孩子都需要的老师是什么样子的，也让我们意识到，观察、倾听、研究儿童……不只在于方法策略，更在于行动和反思。

佩利会把孩子们的故事都听上三次，"一次是他们说故事我记录的时候，一次是他们演出的时候，一次是我回到家听录音带将故事整理成文字的时候。"那么，我们呢？佩利常常向儿童学习，然后自我剖析——"我与孩子们之间存在着巨大鸿沟，鸿沟的一端是我的信念，另一端是孩子们得到大人的允许，随时可以依自己想法退出的逻辑结论。"那么，我们呢？

就这样，佩利让每个孩子都需要的老师形象在我们眼前渐渐变得清晰、真实、有血有肉，我们也在她的言行、态度、情感和反思中，开始审视自己，成为孩子们都需要的教师，即学习和发展促进者。

如果说，佩利的著作带我们走进了她的教学和教室，那么，《小小孩都需要的教室》则将我们带到了她身处的世界，让我们看到她的观察、思考和回应。这本书从社会背景、多元视角、理论基础、具体实践等维度帮助我们理解佩利的教学实践所蕴含的智慧究竟是什么、如何形成、有什么价值、产生了什么样的影响、有哪些评论等。书中提到的佩利的教学智慧——意义教学法和公平教学法，来得太及时了，对我个人而言如此，对中国广大幼教工作者亦如此。因为我们都在探寻着以儿童为本、重视儿童视角、重视游戏和生活的教学实践和课程改革路径，意义教学法和公平教学法让我们看到了另一种可能。意义教学法邀请我们把教学愿景从知识技能的习得转向"协助幼儿发掘他们认为有意义的种种事物和想法"，并让我们看到，我们可以如何借助游戏和故事守住道德底线，实现教学愿景；公平教学法激发我们审视和思考教育实践需要守住的道德底线是什么。对像我这样陪伴教师、促进教师专业学习和发展的人来说，这本书又像是一份教参，可以结合佩利的著作一起研读，我也建议读者们如此。

回到这篇序的标题：小小孩都需要的教师——跟佩利学做孩子生命中的重要他人，它是自己从我的指尖跳动到电脑屏幕上的，有点长，但我不想改动其中任何一个字。因为，它直白地表达了佩利之于我的意义，也是我理解的这本书可能之于读者们的意义。不管小小孩都需要的教室在哪里，每个小小孩都需要有一个，像佩利这样的老师——一个以公平为道德底线，以协助儿童探寻意义为教学愿景，和孩子们在一起的老师。

林文宝先生说："佩利，是我们大家的佩利。"那么，这本书和佩利的著作一起让我们看到，我们大家——教师、研究者、教师培训者、家长等——可以如何成为像佩利那样出现在孩子们生命中，对孩子们来说重要的那个人。

自序　　Preface

如此清晰，何需解释

[美] 帕特里夏·M. 库珀

无论讨论的是游戏还是说故事、种族问题还是歧视和排斥，薇薇安·佩利的作品都引起了一大批教育哲学家、心理学家、文化学者和师资培育者的共鸣。同时，她也深受众多一线教师的爱戴。教师们的反应聚焦于一个关键问题："儿童究竟需要怎样的教室？"这个问题激发了佩利大量的课堂研究，并且引导她用她的教育哲学和教学论进行分析。正如佩利一再向我们表明的那样，答案不仅要植根于孩子们当下是什么样的人，还要植根于我们能帮助他们成为什么样的人。

本书初期版本的审阅者对我的写作提出了一个简短但有力的挑战：既然佩利自己的著作已经表达得如此清楚明白，何需再用一本书来解释她的观点呢？我想，这是一个很直接的提醒，同时也为我指出了一个恰当的出发点。我写作的目的不是重述佩利已经说过的关于教与学的观点，或是重现她所描述的幼儿园里孩子们的日常生活。我也无意对佩利的作品奉上溢美之词。佩利著作的丰饶足以让一代又一代的教师直接体验和学习。我写这本书的目的是想在师资培育（那也是佩利的起点所在）的脉络下，对她为早期儿童教育的贡献做一个概括性的阐述。在我看来，尽管佩利对幼儿和早期教育的敏锐观察受到国际推崇，然而她的教育哲学和教学方法在学校系统内并没有得到充分运用。时至今日，当经济和社会压力重新定义我们对学龄前儿童应知应会的期待时,我们才倍感这种损失的惨重。我想表明的是,隐藏于佩利作品中的理论和方法论原则,如同累累硕果在等待我们收获。然而,这并不是说佩利的观点或方法可以被标准化或全盘复制。我将在第三章中展示我自己在这方面的实践历程,以明确阐述我并非倡导一种百分百的模仿复制。我承认许多教师已经找到了在课堂上应用佩利理念的方法,尤其是她具有代表性的"说故事课程"(Cooper, 1993; Gadzikowski, 2007; Katch, 2001, 2003; Rothman, 2006)。然而,现实情况是,在师资培育领域,将佩利的思想作为一个整体系统地加以研究和利用,远不及对她的敬佩之情。这种脱节的可能原因恰好是值得深入思考的,而这也构成了这本书的主要内容。

起初,佩利并不愿将自己设定为师资培育者或教师研究者的角色。尽管佩利的实践也有一套关于教与学的基本假设,但她不愿让自己陷入抽象的理论或方法论上的讨论,而师资培育却不可避免地走向理论和方法论。菲利普·杰克逊(Philip Jackson)指出,佩利不愿走出教师这个角色。在他为《男孩和女孩:娃娃家的超级英雄》(*Boys and Girls: Superheroes in the Doll Corner*, 1984)一书所写的序言中说,佩利对教学的了解与她对儿童的了解一样"全面而重要",但在她的作品中,关于"教学的主题和教师行动"的描述则"显得模糊不清"(1984:vi)。正如阿吉利吉·尼科洛普洛[1](Ageliki Nicolopoulou)所写,佩利始终表现出"避免对理论问题进行直接的讨论",然而她的作品却无疑是理论研究者要去讨论的对象(1997a:202)。当然,在她作品中也有例外,那就是她反复引用维果茨基(Vygotsky)对幼儿游戏的论述,显然这是她认识到玩耍对幼儿学习与发展重要作用的理论基础。[①]但是,

---

[1] 美国理海大学从事心理学与全球研究(Psychology and Global Studies)的教授。

大多数时候，让佩利成功的并不是对理论假设的求证，而是那些刚好与理论相反的意外的论证；不是一种既定的研究方法，而是某一个孩子的某个故事让她彻底改变了探索的方向。佩利十分清楚自己的选择，她告诉我们，"这就是课堂生活重新诠释研究的方式"（1990：19）。值得注意的是，尽管佩利拒绝研究人员或师资培育者的专业认定，但无论作为其中之一或二者兼具的角色，她始终被视为实践导向研究传统的一员。实践导向的研究传统包括自传式民族志、文学纪录片、叙事调查、行动研究以及诠释学。（Burdell, Swadener, 1999；Carter, 1993；Clift, Albert, 1998；Cochran-Smith, Lytle, 1993；Connelly, Clandinin, 1990；Göncü, Becker, 2000；Preskill, 1998；Raspberry, 1996；Reifel, 2007）

佩利的教学法虽然为人称道，但并不常被用作师资培育典范的另一个原因，可能是她的每本书或文章几乎都聚焦在单一议题上。例如，《白人老师》（*Write Teacher*，[1979]2000）中的种族主义；《沃利的故事：幼儿园里的故事》（*Wally's Stories: Conversations in the Kindergarten*，1981）中的故事说演；《男孩和女孩：娃娃家的超级英雄》中的性别认同；《孩子国的新约——不可以说："你不能玩！"》（*You Can't Say You Can't Play*，1992）中的排斥拒绝等等。一般情况下，依据对佩利著作的浅层研究或注释性研究，从而推广佩利的教学策略，也往往只会集中于单一的主题，因此难免限制了更广泛的应用。（Bettelheim, 1975；Cooper, 1993, 2005；Cooper et al., 2007；Delpit, 1994；Goodman, 2000；Harrist, Bradley, 2003；McLane, McNamee, 1990；McNamee, 1992；Nicolopoulou, 1996, 1997a；Nicolopoulou McDowell, Brockmeyer, 2006；Richner, Nicolopoulou, 2001；Sapon-Shevin, 1998；Sapon-Shevin et al., 1998）

在此之前，没有任何一项研究或研究报告试图将佩利的多种课堂实践联系在一起，从中总结出师资培育所需要的知识，也就是布兰斯福德（Bransford）、达林－哈蒙德（Darling-Hammond）和勒佩奇（LePage）所称的那种"专业实践的视野"（2005：11）。

佩利的教学法尚未被师资培育系统广泛认可并进行推广的第三个原因，或许是最出人意料的。在佩利温文尔雅的写作风格背后，蕴藏着对早期儿童教育的深刻批判，其复杂与激进程度远远超出普遍可以接受的程度。例如，许多人都认为佩利的教学法与建构主义一致，是一种将教师视为引导者和促进者的典型模式。但是，佩利却会适时调整自己的立场，她倾向于在幼儿学习中发挥更为积极和直接的作用。在早期儿童教育的相关争论中，她也毫不犹豫地站在较为麻烦的一方，比如她在早期识字教育上毫不妥协的立场。此外，佩利是一位改革派。她的许多作品深入到课程的表层问题之下，直面幼儿在学校经验中一个更大的问题——教师中立的假象。她澄清，教学始终是一种价值判断，很多时候，教师的工作恰恰是在与幼儿的最佳利益背道而驰。她的教学实践颠覆了许多长期以来被习以为常的早期儿童教育的做法。她批判在早期儿童教育中，有很多的种族歧视、性别歧视、不公平和排他等现象并未受到足够的重视。在这个过程中，佩利更揭露了一个令人不安的关于儿童教育的事实。那就是关于为什么要把小小孩请到学校里这件事，社会表现出的自相矛盾——我们究竟是想将小小孩纳入社会系统，还是想将他们排斥在外。此前，早期儿童教育很少受到这样的指控，但是从佩利所描绘的，充斥在幼儿园课堂中的纠缠在一起的种种学术和社会权利关系来看，我们不得不正视这一点。

自西尔维娅·阿什顿-沃纳[1]（Sylvia Ashton-Warner, 1963）之后，就没有任何一位幼儿园教师曾如此公开，无所畏惧地为小小孩伸张正义。佩利本质上是一个激进分子，她敦促我们认识到教师在教室里握有教学与道德上的特权。她的现场记录迫使我们思考，我们究竟有多大意愿去保护小小孩免受学校教育中可能存在的伤害。从这个观点出发，以下罗列出一些值得深入思考的教育学问题：

在幼儿园[2]和学前班[3]，多少游戏时间才算是充足？

什么是有效的早期读写教学？

我们真的能够接受学校里的种族差异吗？

我们有可能强制执行社会包容吗？

男孩在学前班里会受到较少关注吗？

学校教育应该为真实生活做准备吗？

或许这些问题和教育哲学家、哲学家以及研究者所提出的问题大同小异，然而佩利却带领我们向前再迈出一步。她质疑，我们为什么竟可以长期容忍小小孩的日常生活中晦暗不明的问题，却无动于衷。

总而言之，佩利的教学故事中最吸引我们的地方，也恰恰是要将她的理论和方法模板化最困难之所在，而这也正好强调了佩利对学前教育的独特贡献。因此，尽管我努力避免使用任何公式化的方法来处理佩利的问题，但在打造二十一世纪所有儿童都需要的教室愿景方面，她仍旧提供了很多可以学习和借鉴的东西。

薇薇安·佩利是一位著作等身、成就惊人的教育者。在她长达30

---

[1] 新西兰作家、诗人、教育家。

[2] preschool，全书统一翻译为幼儿园。

[3] kindergarten，美国学校教育的第一年，大约是中国大班幼儿的年纪，可以理解为学前一年，本书均译为学前班。——译者注

多年的教学生涯中，出版了 12 本著作[1]，写了多篇文章。随着时间推移，她积累了许多令人印象深刻的"第一"。她是第一位获得麦克阿瑟奖（MacArthur Fellowship）、美国图书终身成就奖（American Book Award for Lifetime Achievement）和约翰·杜威协会颁发的社会杰出成就奖（John Dewey Society's Outstanding Achievement Award）的教师。她是第一位荣获美国英语语言艺术教育工作者协会颁发的年度最佳教师（National Council of Teachers of English's Language Arts Educator of the Year）的学前教师。当然，还有其他的奖项不胜枚举。

在撰写这本书的时候，我面临着一个巨大的挑战。从学术研究的角度来看，佩利的教室研究文本所涵盖的范围之广，为讨论既定主题选择适宜的支持性文本制造了一种两难困境。因为完整的文献回顾，绝对会让这本旨在阐释佩利作品的书变成佩利作品的附属品，因而暗淡无光，所以，我决定只选择那些能够帮助我们理解特定议题的相关部分作为支持性文献。因此，我必须向那些与主题有关，但并未被我纳入讨论研究的佩利作品致歉。写这本书的另一个巨大挑战在于，我希望创造出一个"一举两得"的整合式框架。从批判的角度来看，这本书必须有效地阐明佩利的具有开创性的概念与实践，及其在她思想历程中的位置，并探寻它们的理论根基。与此同时，我还希望这本书能够为师资培育揭示出教学法策略。幸运的是，通过分析我发现，佩利的著作中显示出两种相互之间有所交叠但又彼此清晰可辨的方法，使这本书一举两得的目的得以实现。其一是明确外显的课程，我称之为意义教学法（pedagogy of meaning）[2]；另一个则潜藏在关系之中，我称之为公平教学法（pedagogy of fairness）。我把意义教学法定义为以教学协助幼儿发掘他们认为有意

---

[1] 应为 13 本，《沙滩上的男孩》出版于本书后。

义的种种事物和想法。其中既包括他们已经发现并十分珍视的意义，还包括他们正在形成中的，作为对新信息和新经验的反应的那些意义。而教师的角色就是直接或间接地提供课程和支持，以保障幼儿的探索行为得以持续而有效地展开。在意义教学法中，游戏和故事是两个至关重要的工具。公平教学法的定义较为简单，即在任何层面都应避免排斥现象。佩利的这两种教学法在幼儿教师的师资培育领域，构建了一条从理论到实践，都有效、实用且具有特殊道德意义的道路。

  在这本书里，我试图展示佩利教育思想和实践逐步形成的过程，她的教育思想并非从其教学生涯之初就已经成熟，而是随着时间推移，在不断的反思和实践中，逐步发生微妙的变化。这也印证了杜威（Dewey）的思想，他说最好的教师会经由自己的独立思考，找到最适合自己的发展道路（1904：321）。就师资培育而言，佩利为我们提供了一个极具价值的故事。我们常常对个人职业发展的长期趋势缺乏足够了解。以教师身份写作的佩利，为我们提供了一个完整而强有力的教师个人职业成长叙事。事实上，我是在一个几乎没有勇气重视自学的教育时代写作的，这进一步强调了对自学进行分析的必要性。

  本书分为两大部分，第一部分重点介绍了佩利的意义教学法，并强调了她对幻想游戏、故事表演在早期儿童教育中重要作用的看法。尽管早期儿童教育这个词所涵盖的年龄段已被延伸到一二年级甚至三年级，但我在本书中仍使用传统意义上的定义，主要指幼儿园和学前班年龄段的教育[1]。第一章设定了讨论的范畴。我首先考察了幼儿教育是如何放弃了重视游戏的传统而转向青睐于早期识字教育的现象。然后，我探讨了佩利的教育哲学中与游戏、故事和早期读写相关论述的理论基础，我

---

[1] 为便于区分，以下译为幼儿教育。——译者注

会提及维果茨基的发展理论中关于游戏地位的论述，以及杜威认为游戏是有意义的活动的观点。最后我要讨论的是，这种转向对教师，尤其是新手教师专业发展的潜在的影响。

第二章和第三章主要讨论了作为佩利意义教学法支柱的游戏和故事。在第二章中，我首先分析了佩利对儿童幻想游戏更深层次的心理意义的发现；之后，介绍佩利在课堂观察中所描述的游戏在幼儿发展中的一般性作用；最后，我将检视幻想游戏和早期读写能力发展之间的联系。

第三章从多个角度探讨了佩利标志性的说故事课程。我详细地描绘了它的基本构成元素，并对比和分析了它与幻想游戏的异同。接着我以一名幼儿教师的身份说明说故事课程对我的价值所在，以及我近期如何与一位说故事新手老师合作的经历。我详细描述了说故事课程对早期读写能力发展的巨大作用，包括它在教育幼儿学习"书面语言"（written language，Vygotsky，1978）方面的作用。我还把说故事课程与写作课（writing workshop）模式进行了对比。

第二部分讨论的是佩利的公平教学法。在这一部分中，我关注的是她对心理安全教室的看法，在这种教室里，孩子们不会因为隐藏的种族、差异、性别或天赋等而遭受区别对待。第四章从教学的正当性出发，介绍了公平的概念。它关注的重点不是课程，而是教育里的人际关系层面，是那些发生在教室里无从规划，且不可避免的人性互动的框架。因此，公平的教学便成为教育包容的代名词。我介绍了三个强调公平教学法的议题：离家上学（以及告别学步期）对幼儿适应学前教育与幼儿园生活的影响；教师与其他幼儿同伴对某些幼儿普遍潜藏的偏见；幼儿园教育在民主社会当中的目标和潜力。我检视了公平教学法的理论基础，反思了学校民主目标下"自相矛盾"的本质（Covaleskie，2003）。然后，我用一定篇幅来检讨自己将公平教学法的标准应用在教学中的故事，我发现，当我满足于自己是个"好"老师时，却让我远离了"公平教师"的要求。

第五章和第六章首先介绍了佩利如何实行公平教学法。在第五章，我探讨了佩利如何作为有色人种（尤其是黑人）儿童的教师。我着重分析了佩利以此为主题的3部著作。第一部作品是集中于自我反省的《白人老师》（[1979]2000），我深入讨论了这本书对佩利个人发展，以及关于白人老师研究运动的重大意义，并结合她后期的作品探讨了其局限性，这一点在多元文化教育作品的研究中往往被忽略了。佩利的第二部探索教室种族议题的作品是《宽扎与我：一个教师的故事》（*Kwanzaa and Me: A Teacher's Story*，1995），这一次探讨的焦点在于社区成员。在她的第三部作品《共读绘本的一年》（*The Girl with the Brown Crayon*，1997）中，佩利让五岁的瑞妮讲述了这个故事。这3本书综合起来，揭示了佩利作为有色儿童的公平教师，如何努力在教室里去认识种族和民族差异性，并在这个复杂议题的脉络中不断自我更正的成长历程。③

在第六章中，我将议题从种族转向性别、个体差异以及受欢迎程度，讨论这些差异如何在幼儿园和学前班里导致排斥现象。佩利的《男孩和女孩：娃娃家的超级英雄》《直升机男孩：教室里说故事的魅力》（*The Boy Who Would Be a Helicopter: The Uses of Storytelling in the Classroom*，1990）《孩子国的新约——不可以说："你不能玩！"》这3部著作，都揭露了这些现象。这里的每一部作品都有助于我们理解她的公平教学法如何为她的孩子们提供一种保护，使他们免于在幼儿园教室中被排斥所伤害。因为这些排斥现象往往是令人意想不到的，而且常常被人们忽略。

在本研究中，我把自己作为研究员、大学教授、教师培训者、学校主管、幼儿园教师和家长的经验综合起来带入研究现场，但在写作本书时，我的身份则仅是一个学习教学的学生。在本书中，我所指的"我们"自始至终包括所有认同这一学习者角色的人。这本书的目的是在"师资培育现场"的背景下，开启一个关于"实践佩利"的对话。如果向伟大的教师学习是师资培育中一种重要途径，那么我就有必要对佩利老师这一角色进行更为深入的探索。既然佩利的独特视角是这种学习的灵魂所在，我自然会毫不犹豫地利用它来展开我的论述。

我还要补充说明一下，我必须为本书的来源加上最后的注释。通过我的写作，通过我在莱斯大学教育中心建立的学校读写和文化项目，以及作为霍夫斯特拉大学和纽约大学的师资培育教师，我花了20多年的时间在全国各地传播佩利的作品。在那段时间里，我认识了薇薇安·佩利，她既是我的朋友也是我的导师，她从一开始就知道我的这个研究项目。然而，为了保证研究的目的和研究的完整性，我选择不以任何方式征求她对本研究内容的意见。因此，本书所有的解释、主张和结论，无论是正确的还是错误的，都是我的，而且谨代表我个人的观点。

① 此处未提及佩利曾经提到过的理论家萨拉·斯米兰斯基（Sara Smilansky）和教育哲学家基兰·伊根（Kieran Egan）的著作，这些人也同样深深影响着她。
② 我最初用事实教学法来概括佩利的游戏、故事和说故事等工作。我非常感谢芝加哥大学出版社的一位不具名的读者，他给了我更准确的描述。虽然我们可以说所有有意义的事物在某种程度上都是真实的，所有的真实事物在某种程度上都是有意义的，但意义教学法可以在早期儿童教育的讨论中有更大的范围。
③ 正如我在第五章中所讨论的，佩利的《塔利老师的教室：孩子们，我们来说故事》讲述了莉莲·塔利的故事，她是一位非裔美国教师，也是一家托儿中心的主任。虽然佩利在参观中发现塔利老师的种族身份在课堂生活中具有重要意义，但这本书所聚焦的是佩利重新审视故事在课堂中的运用。

第一部分 让课程看得见：意义教学法
PART I Curricular Matters: A Pedagogy of Meaning

第一章 早期读写、游戏和一种教学观 ……………… 3
Early Literacy, Play, and a Teaching Philosophy

> 一旦老师们发现某些真理之后，他们就能不再用别的方法去教学。
> ——薇薇安·佩利《游戏是孩子的功课：幻想游戏的重要性》

第二章 幻想游戏和幼儿对意义的追寻 ……………… 39
Fantasy Play and Young Children's Search for Meaning

> 我思忖着自己对小孩子所渴望之物的抗拒，想知道我究竟错过了什么。
> ——薇薇安·佩利《直升机男孩：教室里说故事的魅力》

第三章 故事说演：意义的延伸 ……………… 67
Storytelling and Story Acting: Meaning Extended

> 在没被教导不许发明世界之前，他会解释每一件事情。
> ——薇薇安·佩利《沃利的故事：幼儿园里的对话》

第二部分 人际关系：公平教学法 ························ 135
PART II Relational Matters: A Pedagogy of Fairness

第四章 教学是道德行为，教室是民主空间 ················ 137
Teaching as a Moral Act, Classrooms as Democratic Spaces

对每个人而言，自我与社会都存在着某些纠葛，而冲突表现的方式却千差万别。
——薇薇安·佩利《共读绘本的一年》

第五章 种族，教学法，追求公平之路 ····················· 161
Race, Pedagogy, and the Search for Fairness

我不想在别人的文化中感受到自己是个外人。
——薇薇安·佩利《宽扎与我：一个教师的故事》

第六章 公平延伸：超级英雄、直升机、落选之人 ·········· 201
Fairness Extended: Superheroes, Helicopters, and the Unchosen

喜鹊，你听说过眼泪流成河的事吗？
——薇薇安·佩利《孩子国的新约——不可以说："你不能玩！"》

参考文献 ··· 243

附录1 佩利故事说演课程操作指南 ····················· 271

附录2 故事范例 ··· 277

附录3 幼儿口述故事听写记录范例 ····················· 298

附录4 成为一名故事老师 ······························· 309

结语 小小孩都需要的教室是一个有无限可能的教室 ····· 340

PART I

Curricular Matters: A Pedagogy of Meaning

第一部分 让课程看得见：意义教学法

Early Literacy, Play, and a Teaching Philosophy

第一章　早期读写、游戏和一种教学观

一旦老师们发现某些真理之后,他们就能不再用别的方法去教学。
　　——薇薇安·佩利《游戏是孩子的功课:幻想游戏的重要性》

本章首先从佩利反对者的视角，来检视佩利以游戏为基础的教学法对学前课程的意义。我将会梳理游戏是如何在教室中逐渐销声匿迹的，而最佳的早期读写课程实践是如何变成了巨大的争议话题，是如何走到今天这种境地的。在此基础上，我将会讨论通常被称为学前教育小学化[1]问题与其更大的社会背景，例如它与以缩小学术成就差距为目标之间的关系。然后，我回顾了杜威和维果茨基等理论家对佩利以游戏为基础的教学法的理论影响。最后，我将从更长远的视角来讨论幼儿园和学前班里游戏的减少（包括课间活动的减少）对年轻教师来说意味着什么。因为对年轻教师而言，他们的教学经验可能还不足以提出更好的替代性方案。我们必须思考，当教师检视幼儿的思维过程以及学习的机会减少时，早期读写教学将会失去什么。

☆

美国早期儿童教育史，就像是由学习理论和各种社会运动，

---

[1] 学业压力下移，在中国通常被称为"幼儿园教学小学化"。——译者注

以及特权和贫穷等问题拼接而成的一块拼布毯子。它的每一块布料上的图案都是独特的，但当它们以某种方式连接在一起时，就会形成一种完整的效果。时间经常会重新安排构成早期儿童教育这块拼布的组合方式。例如，蒙台梭利学校（Montessori schools）和开端计划（Head Start programs），都为解决贫困儿童教育问题以及为社会弊病提供解决方案，它们目前在拼布上仍然占据着截然不同的位置（Beatty，1998）。[①]

如果我们检视这块拼布毯子上所呈现的二十一世纪幼儿园和学前班教育的那部分，我们会发现，那看起来似乎只有一种颜色。无论我们关注的是贫困阶层还是中产阶层的小孩，早期读写教育都是主导议题。这并不是说相关人士已经就早期读写教学的最佳方式达成了共识，实际上远非如此。人们围绕着几个问题展开了激烈的辩论，包括：采取更为正式的教学方法教授读写是否是适宜的；教授如语音意识和拼读法读写技能的最佳方法；语言和基于游戏的活动在早期读写发展中所扮演的角色。实际上，这场辩论的持续展开，是因为它触及了教师和儿童生活中的真实问题，即在所谓的正式教育之前，幼儿是如何学习的？贫困儿童是否需要与中产阶层儿童不同的课程？当游戏时间被缩减，我们失去了什么？早期儿童教育的目的究竟是什么？

根据我的分析，没有什么比读写启蒙教学的议题与佩利对幼儿师资培育的贡献更有关系了。她在教室里所进行的幻想游戏、故事说演等方面的研究，原本就是指向读写学习的，并且构成了她的意义教学法的主要内容。这对任何对早期儿童教育的潜在效果感兴趣的人来说都是一个好消息，因为它将对孩子们在学校的读写能力具有长期影响。但这并不意味着佩利的方法与近期流行的早期读写教育的方式一致。正好相反，佩利为幻想游戏和语言练习的机会日趋减少而深深忧虑，她坚决反对在小学一年级之前进行最低程度的读写技能的直接教学。佩利的教学重点不是正式的读写教学，而是围绕着游戏和故事进行。佩利在其著作《游戏是孩子的功课：幻想游戏的重要性》（*A Child's Work: The Importance of Fantasy Play*）中清楚地表示："曾经有过一段时间，游戏是王，而童年是这个王的领土，在这个王国里，'幻想'是公开使用且被使用最多的唯一官方语言。"（2004：4）。在佩利看来，幻想和语言同时为儿童"致力于文学的行动"提供了源泉和动力，这一点我将在第二章和第三章探讨佩利与文学相关的具体实践时再回顾检视。

早期儿童教育，还是早期读写教育？

近年来，关于幼儿园小学化的研究成果颇多。所谓小学化指的是提前学习高年级的课业内容，或者说高年级学习内容的向下压制。实际上，受到最大压制的，正是被早期儿童教育视为具有悠久历史传统的以游戏为本的教育形式。当然，广义来说，幼儿所有的学习都是为入小学做准备，也都是学业的一部分，包括游戏在内。然而，这里所谓的小学化，是指正式的学习，是指去除了知识的情景脉络，使之成为经过组织、排序后的模块化的那些知识产品的获得过程。虽然早期数学学习也得到了一定程度的关注，但幼儿大部分的学习时间还是被用来培养早期读写能力，从字音字义开始直到阅读理解策略。正如佩利所指出的，在西方，这个过程开始于大约六到七岁的年龄，通常在小学一年级（Paley，2004；Tracey，Morrow，2006）。而现在，学习读写却已经成为幼儿园和学前班的主流，这已经是不争的事实。然而，最令人吃惊的是，很多人认为那些致力于早期读写技能训练的教育就是高质量的早期儿童教育。这让我们不得不接受连带的结果——游戏及其他幼儿基本的活动时间被大幅削减，甚至被取消。②

越来越多的人开始批评在幼儿教育课程中减少玩耍时间以提高学习技能的做法。克里斯蒂（Christie）和罗斯科斯（Roskos）对游戏的处境做了犀利的总结：

> 在当前的幼儿教育项目中，游戏正在被搁置一旁，取而代之的是针对口语学习、早期读写和计算技能等所谓"入学准备"能力的更直接的教学形式。虽然游戏曾被认为是促进儿童发展的关键因素，但如今一些管理者、政策制定者以及一些教师越来越认为游戏是在浪费教学时间，对前阅读技能等需要优先考虑的认知成果而言，并没有明显的好处。（2006：57）

齐格勒（Zigler）和毕晓普-乔斯（Bishop-Jose）也写道，游戏（play）这个词遭到了严重的"攻击"，人们谈到这个词时，就好像在谈论一个"有4个字母的词（four-letter word）"（2006：15）。即使是课间休息这个曾经是所有学生毋庸置疑的权利，现在也会被教学占用。他们记录了一所建在亚特兰大的新公立小学，那里竟然根本没有修建操场。他们还引用了《纽黑文纪实》（New Haven Register）上的一篇文章，该文章称，康涅狄格州立法机构提出法案，要求学校每天安排20分钟的休息时间，但是该法案的反对者认为，如此一来，会占用学校的正规教学时间。佩莱格里尼写了大量关于幼儿教育中自由活动之益处的文章（Pellegrini, 2005；Pellegrini, Holmes, 2006）。他和戴维斯（Davis）的共同研究中指出，孩子与同伴在活动场地上自由、自主地游戏，与其认知学习成效有显著正相关（1993）。

无论在教室内外，从最直接的应用层面来说，游戏对早期读写发展的好处体现在它为幼儿提供了语言练习和与同伴、教师进行语言扩展活动的机会。迪金森（Dickinson）在《用听说开启读写：幼儿在家和学校的学习》（*Beginning Literacy with Language: Young Children Learning at Home and School*，2001b）一书中，考察了在幼儿园和学前班教室内，早期读写能力发展与开放且具有引导性的口语发展之间的互惠关系。正如我将在第二章和第三章中所展示的，从佩利对晨间自由游戏的强调，到她的说故事课程，以上这些观点和论述都是其教学法发展的重要基础。

重要的是，我们必须要认识到，在一长串的支持幼儿园小学化的名单里，有相当多的人是幼儿教育领域的重量级人物，他们与政策制定和标准化运动有着密切的关系。现任教育科学研究所所长（the Institute of Education Science）格罗弗·怀特赫斯特（Grover Whitehurst）就是其中一员。他的文章"年轻的爱因斯坦们：太迟了"（Young Einsteins: Much Too Late，2001）提倡"以学术为导向"和"以内容为中心"的幼儿园，因为那里"将比较少的时间用在自由游戏上"。他对比了两种幼儿园的课堂体验，其中一种是所有的孩子都在按照老师的指示为万圣节设计一本所有人都一样的书；而另一所幼儿园里，孩子们在玩面团游戏。怀特赫斯特解释说，前者教授儿童所需的读写技能，而后者只是为了好玩儿。由此，我们似乎可以得出这样的结论，看起来读写能力的发展不再需要将传统上认为十分必要的与体能、小肌肉控制能力以及想象力相关的黏土（或手指画、剪贴活动、形状连线等）活动纳入课程之内了。

在二十一世纪的第一个 10 年里，从国家政策层面在幼儿教育领域推行以技能为基础的早期读写教育的，是 2001 年《不让一个孩子掉队》（No Child Left Behind Act，简称 NCLB）法案的"阅读优先"倡议。而推动"阅读优先"计划的要素，首见于 2000 年全美阅读研究小组（the National Reading Panel）的一份报告，该小组接下来又在 2003 年出版了《把阅读放在首位：以研究为基础的阅读教学法》（*Put Reading First: The Research Building Blocks for Teaching Children to Read*），对这些要素做了详细的说明。该文件要求在从学前班到二年级的课堂上对五个具体的阅读技能进行正式的教学，包括：音韵意识、拼读法、词汇、阅读流畅度和阅读理解能力。自 NCLB 实施以后，全美阅读研究小组的建议一直饱受争议。批评者质疑该小组从使命到研究基础有效性的方方面面（Coles，2000，2003）。支持者则强调研究小组成员的资历不容置疑。无论站在什么立场上，全美阅读研究小组对学前班的影响及其对幼儿园的涓滴效应都不可否认。到处都可以看到传统的幼教课程在逐渐消失，例如开放式的为幼儿大声读故事、唱歌、扮演游戏以及积木区游戏等，还有先前提到的艺术活动和课间休息时间，取而代之的则是采取直接教学形式的知识性学科教学，尤其是读写教学。

然而，尽管我们在学前教育小学化趋势中发现了诸多缺陷，但无论是全美阅读研究小组还是NCLB都不能被指责为导致学前教育小学化的罪魁祸首。因为早在这二者出现之前，人们就开始推动在读写能力的子技能方面进行越来越早的直接指导。佩利（2004）自己也提到，她早在七十年代后期就与回到基础（back-to-basics）运动作斗争。这一运动的基础是珍妮·查尔（Jeanne Chall）在其著作《阅读学习：大争论》（*Learning to Read: The Great Debate*，1970）中对有效早期阅读指导的著名研究。查尔的发现一般被解释为针对初学者的一种综合的基于拼读的阅读指导方法。而过去40年来被广泛使用的对初学者的阅读指导方法，像是斯科特·福尔斯曼（Scott Foresman）的"迪克和简"系列（Dick and Jane series）那种基于图画与整句或高频字重复出现的做法也因此遭到了废弃。

虽然回到基础运动在很大程度上影响的是小学一二年级的技能教学，但它在学前班也衍生出越来越重视字母和初级语音技能教学的问题。我在第三章将描述自己作为一名年轻教师时遇到的种种现象。然而，出人意料的是，不久之后，美国幼儿教育协会（National Association for the Education of Young Children，简称NAEYC）在其同名期刊中推出了风靡一时的"发展适宜性教育实践"（developmentally appropriate practices）概念。而这一概念的流行，则削弱了回到基础运动带来的影响（Bredekamp, Copple, 1986）。

发展适宜性教育实践（DAP）提倡以发展性的视角来看待早期学习。学龄前阶段被视为一个重要的基础时期，经由游戏和其他被视为幼儿自发的兴趣，例如音乐与艺术等，来奠定儿童未来学业发展所应具备的社交能力及智力基础。迪金森提出，在众多支持游戏的论述中，开始的DAP更为明确地反对在幼儿园教室内"正规教学的最新趋向"，包括那些聚焦于"单独的技能发展，例如辨识单字以及背诵字母"（2002：28）。然而，事实证明，在与技能学习派的斗争中，发展适宜性教育实践所取得的胜利是非常短暂的。佩利在书中提到，到了九十年代，"附近学校一年级的土壤开始松动，大块大块地滚进孩子们的乐园里，到处可见数字和字母"（2004：31）。在DAP的修订版中（Bredekamp, Copple, 1997），出现了一项重大的转变，新版本撤销了原先对早期读写能力非正规的、嵌入式的做法。迪金森分析了DAP的两个不同版本以及由美国幼儿教育协会和国际阅读协会（the International

Reading Association，简称 IRA）联合发表的《读写学习：幼儿发展适宜性教育实践》(*Learning to Read and Write: Developmentally Appropriate Practices for Young Children*，简称 LRW；Neuman，Copple，Bredekamp，[1998] 2005）后，记录了这一出人意料的转变，他写道："学业压力的危言耸听已经成为过去式，取而代之的是增加了对族群多样化服务的讨论，以回应'开端计划'和福利改革的需要。"（Dickinson，2002：27）1997 年版的 DAP 和 LRW 都强调了在一年级之前系统地教授儿童字母表规则、音形对照关系和其他技能的必要性，并规定了各个年龄阶段应达到的水平。

考虑到 NAEYC 和 IRA 在幼儿教师师资培育领域的重要地位，我们必须高度重视他们的态度转变带来的影响。同时，我们也不能忽视另一种论述的影响，那就是认为贫困儿童比他们的中产阶层同龄人需要更多的课业学习。尽管仍然存在着反对的声音（例如 Neuman，Roskos，2005），但以上两种论述都在学前教育领域逐步形成了具体的实践，并被强烈推荐。这一点从我在 2007 年参加的在芝加哥举办的 NAEYC 年会上的经历就可以明显看出。我在等待 DAP 第三次修订会议开始的时候，无意中听到许多与会者私下的讨论，他们都渴望从内容本位的课程和正式教学中解脱出来，尤其是在早期读写方面。我从这些小声的讨论中捕捉到了一丝希望，希望这群在业内备受尊敬的领头人能够在演讲中承认，一切已经走得太远了。然而，当会议开始时，前埃里克森儿童发展研究院（Erikson Institute）所长、童年倡导者芭芭拉·鲍曼（Barbara Bowman）和 DAP 发起人兼研究员休·布莱德坎普（Sue Bredekamp）发表了最新 DAP 的关键要素后，会场内充满惊愕。令大多数与会者感到惊讶的是，鲍曼和布莱德坎普呼吁应该在幼儿课程中更多而不是更少地强调语言、读写和数学等方面的正规教学。他们敦促与会者认清两个现实：第一是我们需要帮助所有幼儿为升入高年级后获得更好的读写成绩而做好准备；第二是贫困儿童和有色人种儿童缺乏读写和语言环境。这清楚地表明，我们已经没有时间浪费在其他目标不那么明确的课程上，即使是游戏，也是在浪费时间。问答环节给人的感觉是，绝大多数与会者对演讲感到困惑，甚至愤怒。与此同时，可以肯定地说，大多数与会者得出这样的结论，无论他们如何理解发展适宜性教育实践，他们都需要重新定义早期读写教学。[3]

佩利，读写技能，鸿沟

戴维·基普（David Kirp）的《沙箱投资：学前教育运动和儿童优先政治》(*The Sandbox Investment: The Preschool Movement and Kids-First Politics*，2007）对跨党派的学前教育运动进行了回顾，这一运动力图解决学业成就差距、犯罪和失业等全国性问题。基普开宗明义地提出，应该将给特权阶层的和给大众的学前教育区分开。他在第一章就以佩利举例，他描述了佩利工作的地方："这所幼儿园坐落于芝加哥大学对面的实验学校里，它有着宏伟的哥特式立柱，那里是一个想象力的温室；在那里，孩子们与他们的老师共同建构了一个知识的宇宙。"他告诉读者，进步主义者约翰·杜威创立了这所实验学校，杜威坚信最好的学习能引发更多的学习。基普也指出，在这所学校工作了30多年的佩利以其关于幻想游戏的著作而广受尊敬。然而，尽管基普承认这所实验室学校里的幼儿园实行的以想象为基础的学前课程（imagination-based early childhood curriculum）是"幼儿园所能做到的最佳的状态"，但是他也强调这或许只是为"清谈阶层"（chatting classes）量身定做的课程，这些大学教授们的子女生活在一个"思考就像呼吸一样自然的"大学社区里（15）。他的论点很清楚，无论实验学校和佩利所专注的想象游戏有何等价值，那对普通儿童来说，都是无法企及，或者说是没有必要的，更不用说那些 DAP 修订和其他政策变化所涉及的贫困儿童了。作为对比，基普描绘了受公共资金资助的芝加哥儿童一家长辅导中心（Chicago Child-Parent Centers）里的情形。在那里，他们选择了较少的游戏时间，而把更多的时间花在语言、阅读的教学上。用"多学单词"来缩短学业成绩上的差距。

需要明确的是，作为公共政策分析师的基普并不赞同"技能与训练"（skill-and-drill，266）的指导。他倾向于"引导式探究"（guided discovery）或"程序化学习"（routinized learning，将学习作为日常生活的一部分，而不是与死记硬背相混淆）的方法来间接地教授儿童所需的技能。在谈到他与佩利的一场对话时，基普表示佩利所希望的将正式学习推迟到六七岁的想法，只不过是一种怀旧心态："我们不可能再回到那个天真无邪的纯真时代。在那个年代，幼儿园赞扬游戏，并在孩子们六岁时才引入正式的阅读指导。我们再也回不去了，也不该回去。我们现在应该用更具有创造性的、高智商的、具有挑战性的方法来教孩子们学习字母和数字以及如何使用它们——可以让小孩在早期阶段就发展出认知能力，而不会因为压力巨大而咬指甲。"

作为学前教育技能教学正反方之间妥协的一个例子，基普描述了这样一个场景:一位教师请孩子们投票选出他们想让她朗读的书。孩子们在清单上他们的选择旁边打上对号,然后和老师一起数选票来决定获胜者。基普称赞这就是在"日常生活"(ordinary life)中教授算术,事实也的确如此。在将他的这种方法与佩利的风格和教学方法对比后,问题来了。实际上,他所描述的案例与佩利的课堂风格是高度一致的,在佩利的记录中,她总是从孩子们那里获取灵感,并且让课堂充满各种选择,例如,她会让孩子们在购物游戏中练习货币的计算(1981:182)。此外,基普误以为佩利反对所有"字母及其运用"的正式教学,只是因为她的学生们都还不到六七岁。其实,佩利自己并未否认会教授幼儿字母和其他"学校功课"(1981,1984)。事实上,她意识到,正如维果茨基(1978)所指出的,一些年幼的孩子拥有一定的知识水平,这使得早期的正式写作教学成为一件好事。正如基普告诉我们的(2007:47),佩利所反对的,并不是幼儿园或学前班里的学术知识本身,而是反对过度强调学业成绩的社会氛围,以及那种将不合理的学业期待降低到甚至是三岁幼儿的身上的现象和由此给孩子们带来的压力。我们还应该注意到,类似于基普所说的"引导式探究"和"程序化学习"的思想早在 DAP 提出之前就已经是美国幼儿教育中普遍的做法了。幼儿教师长期以来就是将算术和读写融入幼儿日常生活的(基普的例子也证实了这一点)。因此,基普呼吁幼儿园与学前班教育阶段课程应该有多种层次的观点是正确的。唯一的问题是，教师能拥有多大的自主权来决定自己的教学时间、内容、方法和对象。

　　二十世纪后期关于早期大脑发展的研究，是学术界推动将课业学习提前到学龄前阶段以达成读写学习目的的一个主要影响因素（Fuller，2007；Kirp，Wolf，2007）。我们现在有科学证据表明，年幼的大脑不仅以惊人的速度发展，而且能对各种类型的环境因素有高度的反应。这项研究经常以"用进废退"（use it, or lose it）之类的委婉说法出现，且经常被引用为增加早期教育支出和资源支持的论据。让人同样具有紧迫感的，还有在口头语言习得方面的类似观点。2003年，哈特（Hart）和里斯利（Risley）被广为传播且极具影响力的研究指出了贫困儿童语言的"早期灾难"（early catastrophe），此外，还可以参考他们在1995年发表的幼儿之间有意义的差异的相关研究。作者写道，中产阶级的孩子在他们三岁的时候"比贫困儿童多听到了3000万个单词"。他们呼应了斯诺（Snow）和迪金森在1991年的发现，即中产阶级的孩子如何更熟悉和擅长使用去情景化的语言，这种语言现在被视为日后进入学校教育时会使用的关键语言。这项研究所强调的难以逾越的读写能力和学业成就的巨大鸿沟，如幽灵般笼罩着整个幼儿师资培育系统。2003年，时任国际阅读协会主席的莱斯利·曼德尔·莫罗（Leslie Mandel Morrow）曾经有一句让人深感不安的预言"三岁定终身"（By three, their fate is sealed），我们从这句话中就能够感受到那种巨大的压力。

　　颇具讽刺意味的是，富勒（Fuller）、基普和沃尔夫（Wolf）等人都指出，科学家们并不支持对脑科学研究结果进行如此武断的解读。无论早期发展的可能性有多大，都不能因此证明之后就不再发展。早期语言习得的研究并没有减弱他们在项目使用方面的兴趣，他们试图通过在开端计划和幼儿园普及行动等项目中进行实践，来缩小贫困儿童和中产阶层家庭儿童在语言发展上的差距。在对佩利工作的讨论中，更重要的问题是，缺乏证据证明利用直接教学法来教授读写技能，能够有效弥补语言经验的差距。至少，我们必须认识到，试图教给贫困儿童和中产阶层儿童一样的语言技能，却不让他们拥有中产阶层家庭生活特有的游戏及谈话机会，这种做法就如同西西弗斯的命运一般，艰苦而徒劳。

　　对于那些赞成通过游戏和实践来促进儿童口语发展才是其早期读写能力提高正途的人来说，他们面临的问题是，决定早期读写教学最佳方案的权力并不在他们手里。我们知道，越是那些需要语言发展支持的孩子所在的项目或学校的老师，越没有权力决定自己的教学，他们最无法抵御自由活动减少或取消的政策。用美国前总统布什的话来说，这些教师中有太多的人不得不跟随将开端计划变成"阅读机器"的潮流，不然就照本宣科地教授那些在孤立生活情景中的语言。例如，一份针对蒙哥马利郡公立学校（Montgomery County Public Schools，简称MCPS）学前班和小学一年级的评鉴资料指出:"贫困家庭的、处于弱势文化族群的、以英语作为第二语言的儿童,与不具备这些不利因素的学生相比,更容易遭遇到学业上的危机"(Nielsen, Cooper-Martin, 2002:89)。为了回应这一状况,该评鉴的结论是:"蒙哥马利郡公立学校承诺通过提供有效的教学计划来缩小学生成绩上的差距,通过训练爱岗敬业的教师,在学校内以及校外社区中创设具有支持性的学习环境,保证计划的实施。"(3)

这份评鉴中所讲的教学计划,提供了高密度的早期读写技能教学。为了给孩子们更多的教学时间,该郡还将表现最差的学校的半日班改为全日班。到2007年,根据MCPS的报告,接近90%的儿童在离开学前班准备进入小学时,已经成功地拥有了初级阅读技能。《华盛顿邮报》(*Washington Post*)一篇名为"学前班,多一点儿学习,少一点儿游戏"(More Work, Less Play in Kindergarten, de Vise, 2007)的文章,则援引该项目负责人的话说:旧有的以游戏为本位的学前班"效率太低"。

看到这个结论,最直接的反应可能就是:对什么而言,效率太低?谁能保证让贫穷儿童在学前班"学的更多,玩的更少"真的有效?在技能成就方面接近90%的成功率,似乎是惊人的成果。然而,越来越多的研究表明,这种影响并不具有持续效应。早在1991年,雷斯科拉(Rescorla)就曾经发表过研究报告,与游戏本位学前教育项目中的孩子相比,那些从弱化游戏的学前教育项目中毕业的孩子，其学习成绩在一年级结束时并不占优势。而且，他们在学习动机方面的得分也比较低，这显然预示着他们未来学习的前景并不容乐观。豪斯（Howes）和拜勒（Byler, as cited in singer, Golinkoff, Hirsh-Pasek, 2006）在一项对812名儿童的大型研究中发现，参与一个以发展为基础的学前教育项目的幼儿，包括贫困儿童在内，到二年级时，数学、读写和接受性语言方面都取得了更高的成绩。而近期，阅读优先影响研究（Reading First Impact Study）的结果，并没有显示出对其阅读教学的终极目标——阅读理解的预期效果（Manzo, 2008）。④尽管批评者和拥护者都对阅读优先（Reading First）项目的研究设计提出质疑，但很明显，要评估幼儿的理解学习与阅读优先计划所强调的读写教学五大要素（语音、音素意识、流畅性、词汇和理解）之间的关系是很困难的。在阅读理解教学的直接目标之外，更值得我们思考的是，我们如何定义智力。在这个议题上，基普在他谈到学前教育普及行动的文章中指出，他同意四岁儿童无法从"以技能和练习取代思考"的老师身上获益（2007：266）。而教师也无法用五个简单步骤教会学生思考。正如基普所说，在学龄前儿童的教学设计上，必须更偏向于幼儿本身感兴趣的活动。毫无疑问，孩子们自然而然地会对佩利那种户外的、富有想象力的、以故事为基础的游戏活动更感兴趣。话虽如此，为了公平起见，我们也要对佩利所倡导的方法的理论基础进行探讨，思考其保留于当代幼儿园课程的正当性何在。

佩利的游戏和早期读写教学法论述的理论根源

虽然佩利并未就她自己的幼儿如何发展和学习的信念进行理论基础的阐述,但通过分析我们可以发现,洛克(Locke)、卢梭(Rousseau)、杜威和维果茨基对她的思想具有相互交叠的影响。我将简要回顾这些理论的主要观点,以帮助我们更好地了解作为幼儿教师及儿童观察者的佩利。

简单来说,洛克的教育理论通常被概括为他著名的比喻"孩子是一块白板"。他还把孩子比喻为初到异地的旅行者,这个观点不常被人引用,但同样重要。换句话说,洛克认为教学的任务是教化,学校则是文化适应的场所。现代行为主义理论就根植于洛克的学说。事实上,主张读写技能教学的论点就反映了一种行为主义的方法(Tracey,Morrow,2006)。我们可以在较为传统的课堂管理观念中找到佩利对洛克的认同。她很清楚,孩子们应该遵守老师明确的指示,比如不许在走廊上奔跑,不许打人等等。更为重要的是,她非常看重自己作为某种特定社会价值观榜样的角色,我将在本书第二部分对此展开阐述。卢梭提出了另一种关于儿童学习的观点。作为发展阶段理论之父,他强调儿童天生的和不断发展的兴趣,并强调所有的教学都应该关注这些兴趣。佩利高度认同卢梭和其他发展理论家的观点——尊重儿童的天性,这一点从她对幼儿言行的高度关注中就可以清楚地看出。与这种"浪漫主义"教育观紧密关联的,还有弗里德里希·福禄贝尔(Friedrich Fröbel)以儿童为中心的学前班运动,以及后来与杜威和皮亚杰联系在一起的建构主义教育理论。

杜威写道,孩子们是在个人化的或自发的兴趣激发下"探究"某一特定主题的([1990]1990)。因此,学校生活必须围绕着促进成长与发展这两个学习的核心支柱,依据儿童的兴趣来组织学科领域的学习。对杜威来说,真正的教育一定是具有进步性的,也就是说,学习活动应该指向儿童智力发展的下一步。与严格的建构主义观点不同,他还呼吁老师对孩子们的提问做出积极的回应。⑤虽然这样说有可能过分简化这个争论,但我要说,杜威的进步主义教育哲学是以完全掌握了学科知识和课堂管理技巧的老师为核心运作的。教师通过激发孩子们"不同想法之间的互动"(325)或是由"社会因素"自然而然积累的经验,来引发孩子们主动探究的兴趣。杜威认为,孩子们如果不能将学习内容与自身经验发生关联,就无法真正对所学内容产生兴趣。

在过去的30年或更长的时间里,社会文化学习理论已经成为美国教育实践中第三大势力,也是最重要的势力。前苏联心理学家维果茨基的研究与这个理论密切相关。维果茨基将文化适应和发展理论结合起来，聚焦于心智的社会情境（Wertsch，1991）。维果茨基写道："人类学习的前提是其特定的社会属性和发展过程，在此基础上，儿童成长并融入其周遭的理智生活。"（1978：88；Vygotsky，1962）在社会文化学习理论中，心智并不被理解为一种先验概念，而是通过心智对心智的相互作用来实现自我更新的（Berk，1994；Wertsch，1991）。维果茨基认为，在正规的学校教育（七岁左右）之前的几年里，幼儿的学习是由他们的语言经验、富有想象力的游戏以及与重要的人的中介思考来塑造的。他说，孩子们的学习能力或潜力总是同时处于两极，一极是他们现在已经掌握的知识，另一极是他们通过别人的帮助可以学到的知识。维果茨基把两极之间的空间称为儿童的最近发展区。包括早期读写在内的所有的学习，儿童都是通过他们身边的重要成人，例如教师，在其最近发展区内，以搭建脚手架的方式来实现的（Bruner，1986）。2002年，尼科洛普洛关于"脚手架"在说故事情境中的研究表明，重要的同伴也可能影响这一过程。与洛克和卢梭的发展先于学习观点不同的是，维果茨基认为学习先于发展，这是他的理论关键点所在。这一理论的流行，自然会改变人们对儿童发展中经验、指导和训练的重视程度，同时也会改变人们对构成儿童世界的具体体制、文化和历史影响的重视程度（Cobb，Yackel，1996；Dahlberg，Moss，Pence，2007；Daniels，Cole，

Wertsch, 2007; Forman, Minick, Stone, 1996; Irvine 1990; Moll, 2005; Wertsch, 2005)。

佩利关于早期读写学习的观点，结合了发展阶段理论、杜威的进步主义教育思想以及幼儿对读写活动感兴趣的社会文化发展观。不过，对于早期读写发展，包括口语表达和叙事能力，佩利认为最核心的问题是幼儿对幻想游戏和对社交的需求。佩莱格里尼（Pellegrini）和博伊德（Boyd）写道，针对游戏的专门的研究，往往有一个"宽泛甚至模糊的结构"(1993:118)。在方法论问题上，从分组控制到文化差异都存在着许多问题。很多东西都是纯粹的理论性探讨。约翰逊（Johnson）、克里斯蒂和沃德尔（Wardle）将现代游戏理论归纳为三大类：心理动力学理论（psychodynamic）、社会学习理论（social learning）和认知理论（cognitive），分别描述的是情感、社会性和智力的发展。后现代理论的做法是将游戏和发展置于更广泛的学习脉络中，正如社会文化理论、批判理论和混沌理论所解释的那样（Johnson, Christie, Wardle, 2005: 37）。每种理论都试图以自己的方式解释为什么幼儿在游戏中会那样做（或不那样做）。我的目标不是解决游戏研究所关心的那些议题，而是要通过对这些理论的梳理，形成一个更为正式的论述脉络，将佩利在幼儿园和学前班教室内早期读写的教学实践置于其中，来审视她的以游戏为基础的立场。

杜威对佩利的影响，主要体现在佩利关于公平问题的讨论，我将在第四章中讨论。然而，杜威对游戏的描述，也在其他多方面为佩利提供了指路之光。对杜威来说，界定游戏中的孩子，并不局限于他们所做的事情，而是他们的"心理态度"（[1900]1990：118）。在这一点上，他已经预示了佩利的信念，即小孩子有能力以游戏的方式，创造生活的无限可能性。同时，杜威对所谓的表征性活动和游戏操作材料（如蒙台梭利所提倡的）的不满，与佩利的观点是相似的，他们都认为小孩子会将想象自然而然地加于周遭世界中正在运行的活动上，并将其个人意义注入其中。虽然杜威从未直接考虑过游戏和早期读写能力之间的联系，但他指出"故事形式"（story-form）是游戏与更正式的学习之间的联系，这也正是佩利在她所有著作中所要呈现的观点。

总的来说，尽管佩利在评价幼儿游戏时更多直接参考了维果茨基的观点，但实际上杜威对游戏的看法与维果茨基的看法并无不同。我们可以在佩利的语言本位教学法（language-based methods）和她对幻想游戏和故事的强调中，最为明显地看到维果茨基关于游戏在发展中作用的理论（1978）对佩利的影响。⑥维果茨基认为，游戏本身就可以创造一个最近发展区，在这个区域里，孩子可以探索关于世界的新假设。这一点我们也可以从佩利对游戏中的孩子的详细观察以及他们对老师干预的反应中看出。例如，在《男孩和女孩：娃娃家的超级英雄》一书中，她感觉到孩子们在积木区和娃娃家里演出的《三只小猪》（Three Little Pigs）的故事，引发了孩子对亲子分离的不安，于是她决定通过直接的课堂讨论来帮助孩子们处理各种令人不安的细节：

佩利：我想知道为什么三只小猪要盖各自的房子。

克拉丽斯：因为地方不够住，而且他们长得都很小，所以只需要小房子。

佩利：那妈妈知道森林里住着一只狼吗？他们有猪爸爸吗？（1984：47）

在讨论的尾声，佩利直截了当地问孩子们，他们会不会想要一个更安全的结局——所有的小猪都得救；还是他们喜欢更恐怖的结局——让大野狼吃掉小猪。当天晚些时候，她引导孩子们将故事演出来，这样做既表明她对孩子们探索的支持，让她进一步洞察他们的游戏究竟意义何在。令她感到好奇的是，尽管八个男孩一开始都把自己想象成担惊受怕的小猪，但现在他们却都想要扮演大野狼。她请这些孩子说明他们为什么选择扮演狼，孩子们告诉她因为大野狼比较强壮。佩利的结论是，他们已经（通过游戏）找到了一种方法来克服被吃掉的恐惧。

佩利所记录的儿童游戏故事里充满了孩子们制订、测试、打破或重建规则的时刻。人们有这样一种感觉：孩子们在游戏中总是保持着一种警惕，避免让情绪陷入一种混乱的境地。这反映了维果茨基游戏理论的一个显著特征,即游戏的规则约束性,也就是说,根据预先建立起来的行为和文化模式,游戏里那些不安定的情绪可以得到控制并进行检视。依据预期来行动这一点是非常明显的。维果茨基举了一个孩子玩过家家的例子。"当一个孩子想象自己是母亲,娃娃是小孩,那么他就必须依从母亲的行为规则行事。"(1978:94)这种行为的转换很简单,但当孩子们变得更擅长幻想游戏时,他们实际上尝试出了更多的理论性的模式,尤其是在与其他孩子的相处之道上(Cooper, 1993; Nicolopoulou, 1993)。我们经常在佩利的课堂故事中看到这一点。例如,当三岁的弗雷德里克试图从在娃娃家玩的莫莉那里拿走收银机时,莫莉抗议了,另一个孩子还把他叫做强盗。他对这个新角色感到相当惊讶但也很高兴,于是他欣然接受了这个角色。但是,当另一个孩子提醒他,强盗不允许进入娃娃家时,他必须在当强盗的喜悦和留在莫莉身边之间做出选择。萨曼莎显然察觉到了弗雷德里克的困境,于是她向弗雷德里克伸出援手,给他提供了另一个角色:"他可以当爸爸,"她说,"穿上这件背心,弗雷德里克。"弗雷德里克照做了,于是他就留下了(Paley, 1986:3)。

在《坏人没有生日:四岁孩子的幻想游戏》(*Bad Guys Don't Have Birthdays: Fantasy Play at Four*, 1988)一书中,佩利写道:"没有哪个角色比坏人更受规则约束。在这个班里,坏人不能有生日,不能有名字,也不能与小宝宝同台表演。"(1988:19)她指出,成年人当然不会以这种方式限制所谓的坏人,但小孩,即使是曾经当过强盗的弗雷德里克,却会用这种方式来限制坏人的权力。对于幼儿来说,能够控制住离开家到学校或是到更广大世界去的恐惧,这就是他们在幼儿期最大的成就。

"看,弗雷德里克,"克里斯托弗喘着粗气说,"很多金子和真的钱。假装这是我们的秘密基地……"

"有强盗!"弗雷德里克大叫起来,"把饮料藏起来!"

"不用这样,"巴尼提醒他,"好人不用藏饮料。没有人能从好人那儿偷东西。(1988:30)

维果茨基学派的学者鲍德罗娃(Bodrova)和列昂(Leong)注意到,想象游戏的角色和规则有助于儿童早期的另一项发展任务——自律。

拥有自律的能力,表示既能抑制自己想做的事,又能去做自己不想做的事(2008:56)。这对整体发展的影响是显而易见的,但必须指出的是,在发展同理心方面,游戏和自我调节之间的关系不应被低估。看看下面这个例子,在佩利的《直升机男孩:教室里说故事的魅力》中,贾森不守纪律的行为,让其他孩子时而沮丧,时而困惑。此时,他正在一些男孩用积木搭成的"沼泽"中穿行。"那里很危险,贾森,别走过去。"亚历克斯命令道。但贾森还是把积木撞翻了。"不，贾森！"亚历克斯大叫，拉扯着贾森的胳膊。于是，贾森哭了起来。佩利描述道，亚历克斯的声音立刻变得温柔起来，但他仍然用幻想游戏的方式对贾森说："请你不要再走到沼泽路上来，要不然我们只好把你炸死。"然而，萨曼莎比亚历克斯更了解幻想游戏的规则，她直接打破了这种温柔的威胁。

"哦，是吗？"萨曼莎伸长舌头说，"你不能炸死一个没有在和你玩的人，他在玩别的。"

"那又怎样？萨曼莎，我们会把你炸碎！"

"是吗？那我就变成大便虫。"她反驳说。(75)

佩利说，萨曼莎在提醒亚历克斯的是，孩子们在控制幻想，而不是被幻想控制。伯克（Berk）、曼（Mann）和奥根（Ogan，2006）写道，尽管我们还需要更多关于自律和假装（make-believe）的实证研究，但迄今为止的研究都将幻想游戏与许多学业成功相关的积极结果紧密联系在一起。

孩子通过假装，演出真实的自我——这是维果茨基游戏理论中的一个重要概念，也成为佩利思想中的重要原则，它不只是想象游戏的智力功能，更涉及心理本质。维果茨基写道，这种情况一般出现在学步儿[1]后期，此时，孩子试图通过假装自己比实际更

---

[1] 一岁到两岁。——译者注

有能力或更有控制力来掌控"无法实现的倾向和欲望"。"在游戏中，孩子们的表现往往超越了他们的年龄和他们的日常应有的行为。在游戏中，他们好像比自己高出一头。"（1978：93—102）虽然幻想游戏要求孩子能够"独立于他所看到的而行动"（93），但维果茨基认为不能把它理解为任意符号意义上的象征性。在幻想游戏中，意义总是占主导地位（棍子可以被当作马，但不能被当作球）。同时，意义也解释了游戏的情绪基调（94），因为它是游戏的动机和环境特征的来源。维果茨基认为："如果我们忽视了孩子的需要，以及促使他采取行动的有效激励措施，我们将永远无法理解他从一个发展阶段到下一个发展阶段的进展。"（92）动机和环境在佩利所关注的幻想游戏中也处于核心位置。

维果茨基学派在早期儿童教育中倡导游戏的方法得到了强有力的研究支持（Berk，1994；Berk，Winsler，1995；Bodrova，Leong，1996；Dixon-Krauss，1996）。正如维果茨基所指出的，"游戏—发展"关系优于"指导—发展"关系，因为它在儿童的思维中包含了更大的可能性（1978：102）。维果茨基的结论是，儿童早期幻想游戏的特质使其成为儿童发展的主导因素，帮助幼儿朝着更高层次的批判性思维发展。"想象的情境的创造，可以被视为发展抽象思维的一种手段。"（103）这种说法对游戏无论在一般发展领域，或是早期读写教学中所扮演的角色，都提供了最强有力的支持。

幼儿教师所需要的游戏经验

杜威（1934）告诉我们，任何领域中的有效的教学法都要求教师不断地进行儿童研究和细化他们的领域相关知识。在早期读写教学的争论中，一个急需讨论的问题是，新教师能从幼儿的游戏中学到什么。实际上，那些游戏与早期读写教学有着莫大的关联。这也是佩利的老师故事中至关重要的一个方面，我将在下一章进行描述。在这里，我想从一个更具体操作的角度来考虑这个问题，我想就从我自己的教学经历中，一个户外活动的例子说起。我在芝加哥的幼儿园和学前班当老师时，每天至少安排两次40分钟的户外活动。由于孩子们或多或少可以随心所欲地玩耍，这给了我足够的机会观察他们的身体运动和空间控制能力，以及他们在各种天气下游戏的情形。慢慢地，我不仅学会了趁他们在操场上活动时评估他们的体能状态和协调性，同时还能观察他们在情绪和自信方面的表现。当我一次又一次地协助他们爬上攀登架的顶端，或者滑下消防员立杆，我渐渐了解了什么是他们眼中的挑战，以及他们何时需要新的挑战。他们总是迫不及待地想要触摸、探索触手可及的任何东西,总是这边戳戳,那边撬撬。我也对这种渴望日渐熟悉,就像他们熟悉手头的小木棍一样。我听见他们隔着操场的栅栏,尝试着用各种音量互相交流,一会儿大声吼叫,一会儿低声耳语。他们有时手拉手想要组成一条长蛇,有时又独自坐在滑梯下面一言不发。他们在我面前毫不保留地呈现着或者脆弱或者坚韧的友谊。我也和其他老师讨论我所看到的情形。

当然,没过多久,我就把我在操场上学到的宝贵经验运用到了室内的教学中。毫无疑问,当我将它们运用于早期读写教学时,我收到了很好的效果,也感到了自己的进步。我能更好地预测孩子们需要多少时间完成在桌面的工作、看书或围圈坐下,也学会发现他们何时需要休息一下。我学会在他们观看书上的铅字时追踪他们的目光,也知道何时以及如何帮助他们使用铅笔和马克笔。我在操场上的另一个收获是,我坚定不移地尊重孩子们在室内外进行身体活动的需要。在这里,我并不是要援引进步主义的"做中学"原则,我指的是孩子们都有一种生理上的需求,也就是利用自己的四肢和感觉来自我刺激和学习自律。孩子们在户外对声音游戏的兴趣,启发我在课堂上用唱歌或以歌曲为主导的动作游戏来教授读写。然而,不管孩子们多么喜欢它们,或者如研究表明的那样(Dickinson, 2001a),歌曲帮助他们扩大了词汇量,增加了押韵和音位意识的练习,我都不会承认如"Mairzy Doats""Do Your

Ears Hang Low?""Farmer in the Dell"这类歌曲有什么好处。[1]

　　作为一名年轻教师，我从对操场上的孩子们的观察中还学到很多其他的经验，当这些经验被迁移到教室里，使我的早期读写教学水平变得更好了。但是，就我个人的专业发展而言，没有什么比最开始的那一点更重要——孩子们对我的需要，首先是我应该成为一名游戏老师。

①早期的美国儿童教育始于清教徒试图通过教导孩子阅读圣经获得救赎，美国学前教育的制度化始于十九世纪三十年代的幼儿学校，也就是我们现在所说的日托学校的最早版本。十九世纪中期，儿童早期教育正式从德国传入美国。当时，玛格丽特·舒尔茨（Margarethe Schurz）在威斯康星州开设了美国第一所学前班。她是弗里德里希·福禄贝尔的追随者，福禄贝尔的学前班运动又是受到卢梭的启发，以游戏、自然和恩典为中心。1860年，伊丽莎白·皮博迪（Elizabeth Peabody）在波士顿开办了第一家用英语教学的学前班。毫无意外，当时学前班运动的热心支持者多为先验论者。1873年，第一所公立学前班创办于圣路易斯。到1910年，芝加哥开办有20所公立学前班（Morgan, 2007）。当德国的学前班运动引发了人们对儿童独特思维品质的特殊关注时，美国社会也开始了对学前班的关注，但该运动更多地侧重于减轻贫穷对儿童乃至社会的影响。在二十世纪上半叶，美国最著名的早期干预项目是移民之家，如芝加哥的简·亚当斯的船屋之家（Jane Adams's Hull House）和纽约市的亨利街移民之家（Henry Street Settlement House）。这些服务的现代后续版本，当然就是全美知名的开端计划，它是联邦政府于1965年发起的向贫困宣战（War on Poverty）项目的组成部分。关于开端计划效果的研究结果，多年来一直在显著和不显著之间波动。著名但并不讨喜的1969年西屋学习报告（Westinghouse Learning Report）表明，开端计划并没有持久的影响。但是，自它以后的研究，基本上都会支持开端计划的教育价值，以确保其商业价值。佩里学前教育项目（Perry Preschool Project）的一项研究表明，开端计划带来了积极的效果，并且具有长期延续性。佩里学前教育项目非常有名，但它只是密歇根州的一个小型项目。奇怪的是，媒体常常对这个项目感到困惑（Kirp, 2007：65）。总的来说，值得注意的是学前教育工作者仍然是开端计划的热情支持者。
②关于幼儿园和学前班正式读写教育的适宜性问题，年龄的影响效应是一个很少被提及的问题。如果将学前班作为教学的起点，在各州入学年龄不同的情况下，我们如何执行国家关于早期识字教育的政策？一个在12月满五周岁的孩子和一个在7月满五周岁的孩子有着巨大的发展差距，而这对课程中正规

---

[1] 三首在美国非常流行的儿童歌曲。——译者注

学习和游戏之间的平衡，有着巨大的影响。更直白地说，学前班开学第一天，四岁的孩子（幼儿园的三岁孩子和一年级的五岁孩子）和那些比他们最小6个月的孩子组成了一个学习方式完全不同的班级。全美有九个州规定，只有在10月、11月或12月的某个时间才会接收五周岁的孩子。其余大部分州的截止日期在7月31日到9月1日之间。印第安纳州最早的截止日期是7月1日（Kauerz, McMaken, 2003）。一些州允许当地市政当局自行设定招生截止日期，但这也没有考虑到一种越来越普遍的做法，即让年幼的孩子在学前班里多待一段时间，等他们大一点儿再去上学。这也算是一种权宜之计，这样可以较好地处理不断增加的学业压力和社会压力（Graue, 1995）。但这依然没有改变教室里年龄跨度过大的问题，许多老师报告说，班级里最小孩子和最大孩子竟然可以相差18个月。尽管布莱德坎普（Bredekamp）和谢泼德（Shepherd）在1989年对学前班招生年龄设定的研究发现，增加幼儿在园年限所获得的些微优势，基本上到三年级时就已经消失了，但这个研究并没有涉及幼儿的平均年龄对课程开发人员乃至教师期望的影响。

③ 2011年，在本书即将付印之际，恰好美国幼儿教育协会发布了第三版《发展适宜性教育实践方案》（Copple, Bredekamp, 2009）。在开篇章节"立场声明要点"中，编写者们指出了还在纠结中的关于读写实践的建议："如果小学教师能借鉴幼儿教师的重点和实践经验（例如对完整儿童的关注，整合的教学、有意义的学习，家庭的参与）；同时，如果幼儿教师也能借鉴小学教师的实践经验（例如结构性较强的内容，在课程和教学中关注学习过程）用于对幼儿的教学中，那么教育、教育质量和成果，都将获得大幅改善"(xii)。修订版的"立场声明"中称：《发展适宜性教育实践方案》所服务的儿童，包括从出生到8岁。"编写者强调，早期干预的"当下脉络"（current context）要求的是更高的，且不可忽视的可测量的学业成就，尤其是因为贫困程度的提高以及因为第二语言学习支持不足而导致学习障碍，这些问题对年幼儿童在学校取得成绩构成了比以往更大的威胁。在应用新知识（Applying New Knowledge）一节中，编写者们直接聚焦于教授读写子技能的必要性，他们坚持认为，这些技能可以用一种符合发展适宜性原则的方式来教授。

④ 参见2008年11月美国教育部关于"阅读优先"项目的报告：阅读优先项目对指导困难读者产生的影响（www.ed.gov/nclb/methods/ Reading /readingfirst report.html）。

⑤ 相比之下，我们生活在一个强调测验和问责的教育时代，并以此作为不可忘却的时代记忆。当然，测验的特点在于它在测验之后的有用性，也就是说，测验的是已经学过的东西。也正因如此，它总是代表着杜威所说的教育的对立面。如果没有经验的成长和发展，也就没有教育。这不是作为反对测验或测验准备的观点。杜威并不反对测验，他反对的是用测验取代教育。换句话说，教育必须是学习的同义词。

⑥ 维果茨基的游戏理论关注的是学龄前儿童（preschool age，三到六岁。——译者注），他将其与婴儿（very young child，三岁以前。——译者注）和学龄儿童（school-age child）区分开来。而后者显然是指正式教育开始的时期。他没有用学前班（kindergarten）或学前班儿童（kindergartner）这个词。我用幼儿（young child）、幼儿园和学前班（preschool and kindergarten）以及学前期（early childhood）来指婴儿期之后和正式学校教育开始之前的阶段。维果茨基关于游戏在发展中的理论的应用和佩利所指的"工作"（work）有一点儿不同。佩利一贯使用"工作"这个词来比喻或描述小孩子的游戏。她指出，两者都需要合作、扮演角色以及规则，

而且都需要分享观点和意见。与此相反,维果茨基反对这种比较,在他所处的时代,这种比较很常见。他认为,虽然幼儿的游戏是由需求和环境驱动的,但他们并不真的理解自己的动机和需要,因此"在这方面,游戏与工作或其他形式的活动有着本质上的不同"。(1978:93)

刘子骞（6岁）

Fantasy Play and Young Children's Search for Meaning

第二章　幻想游戏和幼儿对意义的追寻

我思忖着自己对孩子所渴望之物的抗拒，想知道我究竟错过了什么。
——薇薇安·佩利《直升机男孩：教室里说故事的魅力》

佩利对游戏中幼儿的观察，对教师来说是一项难能可贵的资源，应该说，对所有有兴趣从孩子的角度来看待发展的人来说，都是如此（Cooper, 1993, 2005; Cooper et al., 2007; Katch, 2001, 2003; McLane, McNamee, 1990; McNamee, 1992; Nicolopoulou, 1997b; Nicolopoulou, Richner, 2004; Nicolopoulou, Scales, Weintraub, 1994; Rothman, 2006）。本章主要讨论佩利的意义教学法。首先，我将深入探讨佩利通过儿童游戏进行意义教学的指导原则。她相信，那些发生在幼儿社会性角色扮演游戏中的一切，也就是杜威所说的教师应具备的"学科知识"（Dewey, [1900] 1900: 125），是引导教师做出反应的源泉。对佩利而言，她笃信意义对孩子们的游戏体验至关重要，因此课程必须为它留出空间，而且应置于首要位置。然而，做到这一点并不容易，佩利坦承，她也并不总是能清晰分辨出幼儿幻想游戏中深藏的意义。她的那些意外发现为师资培育提供了一个非常有价值的例子，说明最好的教师，无论经验多么丰富，都是一个依然能从孩子身上收获惊喜且永远保持谦卑的人。

在这之后,我会探讨佩利在游戏和学业准备之间所建立的联系,包括读写教学的部分。在这一章的最后一部分,我要讨论一些撷取自佩利透过幻想游戏所发展出来的意义教学法中那些具体的成就和案例。在此部分,我会引用佩利的一系列书籍,不过我会以《莫莉三岁了:在幼儿园长大》(*Mollie Is Three: Growing Up in School*,1986)和《坏人没有生日:四岁孩子的幻想游戏》这两本书为主。

☆

幻想文学是小学推荐书目上最受欢迎的固定项目。从《绿野仙踪》(*The Wonderful Wizard of Oz*)到《黄金罗盘》(*The Golden Compass*),奇幻小说的读者们穿越龙卷风和衣橱,跳进兔子洞,进入平行宇宙,去寻找一个他们无法在现实时空得到的答案:为了身心健全地长大,我们必须知道什么?"哈利·波特"系列、"指环王"三部曲和《星球大战》系列电影的大受欢迎表明,对这个问题的探寻将伴随我们终身。当然,对幻想文学的兴趣绝不是从童年中期[1]才开始出现的。任何一位幼儿园和学前班的老师都知道,这种强烈的兴趣始自幼儿时期的幻想、想象、虚构、假装或以故事为基础的游戏(在本书中,这里列出的游戏的所有修饰词都可以互换使用)。从理论上讲,幻想游戏在孩子象征性探索的

---

[1] 十到十二岁之间。——译者注

学步儿期逐步显现,在完全掌握游戏规则的童年中期之前达到巅峰。[1]当然,这不是幼儿时期唯一的游戏,肢体运动游戏和玩玩具也同样活跃,还有那些由西蒙说[1]或纸牌游戏开始的规则游戏也同样受到孩子们的喜爱。但是,想象游戏才是儿童发展的最高水平,贯穿于儿童的幼年时期(Vygotsky,1978:92)。

薇薇安·佩利将幻想游戏描述为幼儿的"自然而然形成的课程"(2004:3)。它可以引发读写活动,但同时也服务于其他学业的、社会性的和认知的目标。对游戏正式的定义说明了它的组成要素。例如,米切尔(Mitchell)将其描述为"一种涉及想象的心理活动,是对某些事物有意的投射"(2002:4)。费恩(Fein)在一篇综述性文章里称,去脉络化的行为、自我与他人的关联以及替代物的使用,这些是"假装游戏"的共同特征。透过角色扮演和游戏者之间的交流,这些元素全面地融合进完整的社会性角色扮演游戏中(1981:1098)。在佩利所呈现的教室里的故事中,"去脉络化"变成了"让我们假装","自我与他人的关联"变成了"你想当谁","替代物的使用"变成了任何能增强孩子幻想所需要的道具。幻想游戏可以出现在任何一个角落,比如娃娃家、积木区,或者任何一个孩子们聚在一起的地方。

幻想游戏在佩利的课堂研究中以两种截然不同的方式出现。

---

[1] 英国传统儿童游戏。一个孩子充当西蒙(Simon),发出 Simon Says 的命令时,其他孩子根据命令做出反应。

第一种是我们认为的无结构游戏。传统上,它主要是幼儿园和学前班晨间进行的自由游戏,通常持续45分钟到1个小时。②第二种是更加正式一些的幻想游戏,会出现在说演故事时间。佩利所写的幻想游戏,或称为"故事演出"——她将之描述为"演出来的故事"——是"我所任教的任何班级课程"的一半。而另一半则是"说故事",她把它描述为幻想游戏的另一种形态,或者"置入叙事形态的游戏"(1990:4)。为了厘清概念,佩利(还有其他人)经常使用"说故事"(storytelling)这个术语作为说故事和演故事(the telling and the acting of stories)两个部分合在一起的简写。在我自己的写作和师资培育工作中,我将他们结合起来,称为说故事课程。我还把"记录孩子的故事"这个词与"说故事"互换,"戏剧改编"和"演故事"这个词交替使用(Cooper, 1993, 2005; Cooper et al., 2007)。

幻想游戏和说故事,二者均以富有想象力的语言和假装的情境为基础,这二者在佩利的意义教学法中都占有重要地位。正如我之前为意义教学法所下的定义,它是指帮助幼儿探索世界上那些他们认为有意义的包括思想在内的事物。从理论上讲,儿童建构知识和向他人学习的动机,直接与个人兴趣和他们从学习环境中获得的支持有关,这里的环境当然也包括教师在内(Dewey [1900] 1990, 1913; Vygotsky, 1978)。从实践的角度来看,意义教学法要求教师实施的课程既能激发幼儿的直接兴趣,又能激发他们对新想法和观看世界的新角度的兴趣。因此，意义教学法包括了三个目标，即创造机会，肯定重要意义，帮助孩子产生新的思路。第三个目标在每一个幼儿下意识的感觉与情绪萌芽时就已经滋长了。总而言之，意义教学法建立在杜威的教育"兴趣与努力"理论和维果茨基的"最近发展区"理论之上。它认为教学应该让孩子不断向前，否则，我们不过就是在重复昨天的信息。

虽然我想强调意义教学法支持幼儿的学习和发展是贯穿了整个课程的，但不得不说，它的价值在幼儿的幻想游戏中表现最为明显。佩利写道，孩子们转向幻想游戏是为了探索"真理和生活"（1990：17）。因此，她可以在他们的游戏中发现孩子们解决问题，构建希望，处理恐惧的历程。在这个历程中，她发现了孩子们从认知到心理发展的每一个重要细节，无一遗漏。

在假装游戏里

在幼儿园的教室里，孩子们的幻想游戏并不是一下子就全都冒出来的。就像学步儿班的老师，他们会发现，那些怪兽、老虎、走失的婴儿和消防员大多会在学期末时才纷纷登场，并且开始常驻演出。而教师的任务，则是像剧团那样，为他们的演出做好准备。事实证明，佩利对幼儿会把他们内在的生活搬到教室的舞台上的叙述具有开创意义。她提出，三岁的幼儿往往是在"寻找角色"，而四到五岁的幼儿则是在"寻找情节"（1986）。而幻想游戏的巅峰，则是要在幼儿园大班或学前班阶段出现的。"到了学前班，孩子们有了更多的耐心、更丰富的经验和词汇来把情节和人物带到他们从未去过的地方，并把他们所知道的应用到他们的社会关系中。"（2004：23）。然而，事实证明，仅仅承认孩子们在教室内的游戏还是远远不够的。

正如佩利所证明的那样，通过游戏来教授意义的第一个挑战是，要知道孩子们在他们实际表演或分享的故事背后讲述的是什么故事。佩利认为，孩子们叙述的是他们试图去控制的，于自己而言始终存在，并且不断演变的那些他们关心的问题。妮可洛普洛（Nicolopoulou，1997a）将此称为佩利对儿童幻想游戏的"解释性"方法。依据布鲁纳（Bruner）将叙事观点视为感知经验之象征的观点（1986，1991），她将佩利的解释性方法与分析故事内容的结构学方法或语言学方法区分开来。她写道："佩利的作品令人信服地展示了解释对儿童叙事活动的价值，解释法将儿童的叙事活动视为其象征想象的载体，这种叙事活动要受到幼儿认知、情感和社会文化维度之间相互作用的影响。"（1997a：203）但是无论是妮可洛普洛还是该领域的其他研究者，他们往往是将佩利置于一个研究者的身份来谈论她对幼儿幻想游戏的解释，而佩利自己则将她的解释过程归功于她作为"教师"的身份（1997）。佩利在回想她大学时代所上的一门课时曾提到，孩子会使用他们的想象力绕过妨碍他们达成目标的障碍（2004：2），她认为这是儿童早期发展理论入门课程中，一个最应该被所有人普遍接受的理念。然而不幸的是，佩利说，很长一段时间里，她没有完全理解在这个公式中占有重要位置的想象力的重要性。在她职业生涯的大部分时间里，她只是通过自己经常填写的评估清单来看待儿童的幻想游戏。"这个孩子知道怎么玩，我会这样记录，"佩利告诉我们，"他（她）能够加入其他孩子的游戏，能够与他人交往。"（2004：17）然而，这种仅仅对假装游戏表面化的记录并没能让佩利了解游戏中究竟发生了什么。"我往往会忽略孩子想象的故事和提出的身份认同问题。"她继续说（17）。很多教师都有和佩利老师相似的关于"精准记录"的经验和感受。

两个看似不起眼的发展记录让佩利意识到,她对幼儿游戏的评估一直所做的可能是错误的。于是,她首先求助于录音设备。她的专业背景让她开始质疑,老师是否会根据他们对孩子智力的先入之见,以不同的方式与孩子互动。她开始用录音机录下每天晨圈时间(morning's circle time)里她和孩子们的对话,每天的晨圈时间,班级里都会举行例行谈话聚会。③她需要借此审视自己的立场在哪里(1988:8)。让佩利没有想到的是,当有一天她把录音机放在孩子们自由玩耍的空间里收集信息后,那些对话让她意外地发现,孩子们,所有的孩子,在教室里都过着双重生活。她在《坏人没有生日:四岁孩子的幻想游戏》一书中写道:"每次孩子们交谈和游戏时,他们都在发明和解释自己的规则和风格,不停地建构事物之间的联系。'我们来假装……'其实是一种苏格拉底式的对话,交朋友、平息嫉妒情绪、获得使命感的需求,为他们在目标和流程上达成一致提供了理由。学前班的教室仿佛是一个繁荣的、令人惊奇的思想市场,而我只是刚开始采样而已。"(1988:12)

很明显,发展指标清单的思维模式把佩利引入歧途。这种思维模式强调教师要去判断孩子是否"知道怎么玩",也就意味着"知道怎么玩"比"知道玩的是什么"更重要。佩利看到了孩子们用他们那些假装的语言所讲述的故事来"传递"游戏的内容,但是她却没有问自己这个故事可能意味着什么,她"无法从平凡的事物中区分出不同寻常的部分"（2004：17）。在此之前，她一直忽略了一个事实，那就是小孩子的幻想游戏总是有更深层次的心理意义。她在书中写道，她"置身于一个错误的森林里"（1990：5）。从佩利的角度，这是在坦然地承认自己的错误；从师资培育角度，这极具启发意义。我们常常把教师的专业化发展说成是顺理成章的事，而没有认识到许多非常优秀的教师（我相信佩利当时就是这样）之所以能够成为真正优秀的教师，是因为他们在不断地探寻新的教育思想的同时，还不断反思自己旧的思想。

佩利的教学生活被另一个与游戏相关的事件永远地改变了，她偶然发现，当幻想游戏在说故事和故事表演中被赋予了更加正规的形式以后，其好处在于，游戏的主题得以保存并且可以发生改变。她的这一发现首次出现在《沃利的故事：幼儿园里的对话》中，佩利很快就看到了说故事（记录口述故事）和演故事（戏剧改编）与富有想象力的游戏之间的紧密关系，从而看到了两者对孩子的吸引力和用处。我将在第三章详细讨论说演故事的相关议题，包括它们与早期读写能力发展的相关性。在这里要重点提出的是，当佩利把她的注意力转移到幻想和游戏上时，她的教学方式也随之发生了巨大的改变。

在教室这个场域中理解孩子们的游戏问题，就是在你所了解的孩子发展大框架下深入到细节之中的问题，他们既是个体的孩子，同样重要的，也是群体的孩子。绘制幻想游戏的笔画有粗有细，这取决于各种因素的结合。佩利写道,在一个班里,"如果游戏是一本书,那这个班的孩子最常读的就是关于生日、坏人和宝宝的章节。这三个主题是孩子们日常游戏的主轴,也是对现实最强的暗示。"(1988:21)。随着拯救世界的超级英雄的到来,主题的名单会越来越长。等到了学前班,佩利发现,魔法和公平主题就会逐步显现。此外,"权力等级"(hierarchy of power)在儿童早期是一个不断演变的主题,受集体生活变幻莫测的影响,而且在这个过程中也不断会有新的人物出场。佩利发现,在学前班初次登场的牙齿仙子有着巨大的力量,但几乎所有的孩子都认为她没有圣诞老人那么强大,而圣诞老人的法力又逊于上帝(1981:86)。当然,佩利明确指出,老师是无法看到这个法力排序等级的,她也看不到,只能从孩子们口中听到。

佩利认为,友谊是儿童早期学校生涯中一个最为核心的主题,在整个学前教育阶段的幻想游戏中都能深切感受到。拉德和科尔曼(Ladd, Coleman, 1993)认为,维持幻想游戏所需的人际交流(不同于语言发展水平),有助于幼儿练习在现实生活中结交朋友的技能。贡库(Göncü, 1993)发现,构成游戏的所有条件——最初的发起或参与游戏,游戏场景和目标的创造,游戏者之间不断的协商以令游戏可以持续进行——都是儿童早期发展的重要成就。佩利提供了许多案例,向我们揭示了友谊形成过程中的进退之道。例如,在《坏人没有生日:四岁孩子的幻想游戏》中就有这样一个故事。玛格丽特一到学校就发现莫莉和巴尼在一起玩彩虹仙子（Rainbow Brite）的游戏，她嫉妒极了。玛格丽特想加入他们的游戏，可是这两个家伙毫不理会。当他们假装一个坏人到了场景中时，玛格丽特立即插话进来，她告诉他们，她已经用她的炸药炸毁了他。"你杀死他了吗？"巴尼问。玛格丽特说是的，并说自己是"炸药卫兵"。于是，巴尼就让她在他们的游戏中扮演了一个角色。然而，玛格丽特首先要检查她是否也成功地赢得了莫莉的心。"你是我的朋友吗？莫莉。"她问道（1988：83）。莫莉回答说："嗯，我是。"

佩利把恐惧（fear）称为假扮游戏中另一个重要的主题，成人总以为孩子不欢迎并且会回避恐惧，然而事实并非如此。与维果茨基的"游戏中总是表现出超越一般能力"的理论相呼应，她写道："幻想游戏中总是充满了警告，孩子们会不断寻找新的方式来描述生活中那些让他们感到有危险的事物。"（1988：77）儿童心理学家苏珊·林（Susan Linn）指出，幼儿利用假装游戏"作为那些让他们感到害怕的真实存在的情绪的管道"（2006：139）。在解释小孩子幻想游戏中的恐惧时，区分情绪和真实的想法是很重要的。孩子并不总是能准确地为自己的情绪命名或者表现出来，老师必须能领会孩子们游戏的言外之意。例如，巴尼告诉娃娃家里的女孩们不用担心井里的坏人，因为他已杀了他。而事实是，这种看似具有攻击性的表现，却掩盖了他对失去母亲宠爱的恐惧。出于好奇，佩利问巴尼井里的坏人是谁。巴尼告诉她，他是《天赐宝贝和阿小》(*Tikki Tikki Tembo*)里的哥哥(两兄弟之一,他们不小心掉进了井里)。佩利被难住了,请巴尼解释,"那个小男孩吗?他怎么会是个坏人呢?"巴尼回答:"因为他掉到井里的时候,他妈妈更伤心,你不记得了吗?"(1988:81)

婴儿这一主题也极其考验教师的解释技巧。毕竟,在三岁、五岁或六岁孩子的幻想游戏中,婴儿绝不仅仅是一个婴儿。佩利称之为"不确定的象征"。她发现,在一些游戏中,婴儿"必须得死"。在另一些游戏中,他则有被希曼[1](Heman)伤害的危险,当然,除非他是希曼宝宝。游戏里总是有新宝宝出现,或者被要求"你不能长大"(1988:108)。这些等待出生的、等待获救的或能替代的婴儿之间的差异,也就是参与游戏的幼儿之间的差异,包括他们不断发展的实验和探索意识。佩利告诫教师们不要错以为幻想游戏是混乱的,它们有其内在的逻辑。

在我看来,解读幼儿的幻想游戏,与罗伯特·科尔斯[2](Robert Coles)所回忆的一位年长的医生对他所描述医患关系的方式有很多相似之处,那时他还是一名心理咨询员。我把科尔斯所引用的导师的话复述在这里,只是用"儿童"代替了"病人",他说道:

> 来向我们问诊的孩子们给我们带来了他们的故事。

---

[1]《宇宙的巨人希曼》中的超级英雄。——译者注
[2] 美国作家,儿童精神病学家,哈佛大学名誉教授。

他们希望他们讲得足够好,以便我们能了解他们生活的真相。他们希望我们知道如何正确地解释他们的故事。我们必须记住,我们听到的是他们的故事。(1989:x)

当然,解读孩子故事的艺术不会自动地降临到所有老师的身上,佩利也并非天生具有这种能力。但是,教师终究要学会这种技能,否则他们将无法帮助孩子们建构对这个世界的理解,让他们一天比一天地更加理解他们的世界。

我必须说,研究人员可能把发现幻想游戏的内容视为一个研究机会,教室参观者可能会觉得它们很可爱。然而,幻想游戏对研究人员或访客真的意义重大吗?毋庸置疑的是,它们对教师的意义非凡,正如佩利一遍又一遍提醒我们的那样,它是幼儿教师通往其教学灵魂的钥匙,它也是意义教学法的一个范例,因为它简单而优雅地为教师提供了可以与孩子们一起谈论和思考的东西。佩利和我们分享她的经验说:"在孩子们设定幻想游戏的主题、人物和情节的过程中,他们会解释自己的思维,也能使作为老师的我们惊讶于自己的变化。"(2004:8)佩利帮助我们看到,每次我们被孩子要求在他们的小衣服(或牛仔裤)外面套上一条睡袍,或者帮助他们用纸装扮成忍者神龟,又或者我们听到蝙蝠侠要来了,而超人正在受罚这样的消息,我们就必须立刻调整自己,让自己进入那个特别的幻想游戏世界里去。

佩利：游戏守护者与幼儿早期读写教师

通常，每当我在师资培育的课堂上论及佩利的著作时，都会有人问我，为什么佩利的课程内容里只有自由游戏和说故事。我告诉他们并不是那样，然后我带着他们再次阅读佩利的叙事。我的学生们总是惊讶地发现，他们不知何故忽略了佩利书中那些南瓜雕刻、杂货店的预算、地毯尺寸的测量、中国年大游行、彩泥活动等等，而这些都是隐藏在佩利叙事里的发生在教室里的故事。偶尔，有的课堂上，我的学生们没有提出对佩利课程局限性的质疑，即便如此，我也会把这个问题提出来请他们思考。我向他们解释说，我希望他们能够理解幻想游戏作为学前教育引擎的价值。我相信，无论是佩利还是其他任何教师，如果在学前教育中不安排足够的时间为幼儿提供数学、科学、音乐以及社会领域学习的启蒙，包括早期读写技能的启蒙，那都是不负责任的做法。然而，我必须强调，我并不是单纯地请同学们注意课程范围这个问题。我的目的是把这个问题明确地提出来，进而可以深入地探讨幻想游戏在儿童早期课堂中的独特作用。我相信这也是佩利经常被问到的问题。在《共读绘本的一年》一书中，她似乎预见到了读者的担忧，她说："在讲述这个故事时，学校里其他的一些明显的细节看起来似乎变得模糊了……故事持续进行着，别的事情都变得不再重要。"（1997：viii）。

在第一章中，我已经讨论了一个过度偏重学业成就的课程对年轻教师的经验和基础知识所造成的副作用。佩利从孩子们的角度来检视这个问题，当孩子们不能满足幼儿园和学前班不断增长的学业期望时，他们处于发展中的对学习者身份的认同，会受到什么影响。"这个难题并不只存在于抽象的理论层面。现实中，人们对一年级新生的期望是相当明确的，这种紧张情绪甚至在一年级入学的师生见面之前，就已经开始了。那种发现孩子潜藏天赋的可能性基本上不复存在。我们不再关心孩子'你是谁？'而是要迅速决定'我们要如何矫正你'。"（2004：47）佩利认为，从本质上讲，学前教育小学化代表了对儿童潜力的无视。这样做是不对的，它会导致坏的和不公平的教学方法。具有讽刺意味的是，事情本可以不这样。对导致幼儿园小学化的因素进行不同的解读，可以引导我们走向另一个发展，以游戏为本的教育可以帮我们减负。格劳厄（Graue，1995）指出，所谓为正式学习做好准备取决于我们是如何定义做好准备（readiness）的。我们做的是发展成熟度的准备，还是被教学的准备？做好准备的先决条件是什么？是提前学习的知识，还是丰富的经验？

这里要讨论的问题是，在让年幼的孩子做好阅读和书写准备的过程中，我们到底牺牲了什么？佩莱格里尼和加尔达（Galda，2000）认为，如果我们把读写定义为一个发展过程，那么幻想游戏就成为学前教育课程的核心。但是，如果我们把读写能力定义为一系列技能的集合，那么幻想游戏就成了奢侈品。其中的核心问题是语言发展水平，包括词汇量和叙事能力。研究已充分证实，低收入家庭的孩子和中上阶层的同龄人在语言经验上的差异与这些因素有关（Dickinson, Tabors 2001；Hart, Risley, 1995, 2003）。解决这些差异的一种方法是在幼儿教育中建立或借鉴一个模仿中产阶层家庭充满真实语言和文学经验的环境，而不是教授去情景化的语言技能（Cazden, 1992；Clay, 1991；Dickinson, 2001b；Sulzby, 1986；Tabors, Roach, Snow, 2003）。幻想游戏为我们提供了许多真实的互动机会，并很容易使自身不断延展，从而激发我们在语言和文字中深度和真实的沉浸感（Morrow, 1990）。迪金森和塔博尔（Dickinson, Tabors, 2001）最先提出了"扩展交谈"（extended discourse）的概念，即超越当下需求的语言使用。沃尔夫称语言的学习帮助幼儿从"此时此地"（here-and-now）的语言过渡到"彼时彼地"（there-and-then）的语言，从而培养叙事所需的技能。依据沃尔夫的观点，读写启蒙的入门关键在于叙事性语言，也就是说，通过叙事我们可以"在情感上意识到自己的感受，在认知上了解事物的意义，在社交上分享经验，在文化上掌握工具和形式，以继承由个人、家庭和社区共同造就的历史"（1993：44）。她强调，佩利的课堂研究是帮助幼儿通过幻想游戏（以及随后的说故事课程）学习如何丰富叙述经验的三步走过程的最佳范例，这三步包括：成为讲述者、成为作者、用文本表达。第一步的重点是在保育员和教师的帮助下，发展叙述语言；第二步要求孩子超越口头叙述真实发生的事而拓展创作经验，这就包含了对自己讲述内容的反思和评估；第三步则是对相关经验的系统总结，包括写出来的和没有写出来的内容。

以丰富的语言经验和以游戏为基础的早期读写教学支持者，经常受到这样的质疑：在这种教学法中成长的儿童难以做好进入学校教育所需要的读写准备。佩利则在她的文章中直言回击："我们越是把学业压力下移，就会暴露出越多的问题。我们要反思，这些问题是儿童发展中必然存在的等待我们去发现和解决的问题呢，还是因为过早的学业压力导致了这些问题？"（2004：47）这是一个非常大胆的反问，因为它不仅质疑了怀特赫斯特课业下压的观点，还大胆警告了小学化倾向会对儿童造成过度期望和负面影响。从教育学的角度来说，教师无法仅以去情景化的读写技巧训练来建构学生语文能力发展的基础。我亲眼目睹了在一整天的课程中，孩子们不断地被要求端坐静听，接受指令，让身体和精神持续保持这种状态约20，30甚至45分钟，以达成从培养耐心到专注思考的自律。然而就在这僵坐的20，30，45分钟里，孩子们没有机会进行真正的自由的思想交流，也不会有理解力的增强。我这样讲并不是说孩子们在幼儿园或学前班里不可以被要求安静坐下专心听老师讲话，而是说如果每天有大量时间都被要求这样做，问题也就会不知不觉地产生。我们把佩利的控诉总结起来，就是：一个以读写技能为基础的早期教育课程，并不能对未来学业问题起到预防作用，相反，它才是未来那些问题的始作俑者。而且，它对缩小学生们的学业成就差距也没有作用，因为它没有为更高层次的技能学习奠定基础。这里的更高层次的学习，我们借用布卢姆（Bloom）的说法，包括分析、综合和评估能力，而这些能力的发展，都需要高级读写能力。

正如我们所知，相较于被正规化的早期读写课程和全面小学化的幼儿园和学前班课程，佩利的游戏本位思想则是一种反叙事，它植根于维果茨基的游戏理论。而她的众多作品，则是这一理论付诸实践的丰富范例。然而，《游戏是孩子的功课：幻想游戏的重要性》不同于她惯用的教室故事风格，而是用一种更为正式的方式提出自己的不同观点："幻想游戏就如同胶水一般，把包括读写技能的各种活动，统统连接起来。"她写道，因此，她"不得不将之展现出来"（2004：8）。苏西·朗（Susi Long）在评论这本书时，注意到了佩利不同寻常的焦点变化，她说："这本书和她的其他作品的一个重要区别是，在这本书中，佩利直接提到了今天由政治驱动的政策，往往是学校玩耍时间被取消的原因。"（2005：313）从这个意义上说,《游戏是孩子的功课:幻想游戏的重要性》这本书就是佩利的战斗檄文。她评价当下时髦的幼儿园教室,把"字母表当艺术品"(alphabet-as-art)挂在墙上,而那里本该是留给真正的艺术作品的地方,这实在是一件让人感到遗憾的事。这更像是一则警世寓言,它告诉我们假如用技能本位的读写教学取代游戏时,我们将会失去什么,"人们不能随意干预一个魔法王国"(2004:31)。

在许多方面,佩利是这场反对早期读写小学化运动中一个出人意料的斗士,但是她自己似乎并不在意这个身份。她的作品对童年研究的不同领域来说都具有非凡的吸引力,她未曾受到来自学校管理层的威胁,让她屈从于所谓的新世界的秩序。然而,由于(正如基普所说)她对自己研究的高标准要求,使得她这种不受现实左右的抗议之声也变得更加有价值。她的基于幻想游戏的学前教育并不只服务于她所在的大学社区的特权阶层儿童,而是适合所有儿童。她想要传达的信息是,如果早期儿童教育想要对缩小学业成就差距产生任何影响,那么它就必须牢牢抓住早期读写的基础。而这一关键性的基础成就并不是孤立的字母知识或是拼读技能,而是使用口头语言和书面语言进行叙事,表达自己想要知道和已经知道的东西。这种观点并没有消除学前班里所有的字母、语音和其他读写技能的教学,也没有否定学术的目的。在孩子们的眼里,它只是没有被放在需要优先考虑或者去情景化的位置。实际上,是幻想游戏激发了儿童追求文学的兴趣(Rosenblatt,

1978）。从《白人老师》到《塔利老师的教室：孩子们，我们来说故事》（*Mrs. Tully's Room*，2001），佩利所有涉及幻想游戏的课堂研究都表达了这种具有价值的观点。④

当孩子们试图定义或扩展他们头脑中想象的场景以便其他人也可以理解时，我们可以看到，幻想游戏在发展幼儿的对话和叙述能力方面的优势。佩利从三岁的莫莉身上观察到了这种情况。莫莉刚进入幼儿园时，她的日常对话还很不流利。有一次，在绘画桌旁，当佩利问她是否想要把水彩笔插好时，莫莉还在摸索句子的组合形式，她尝试着说："你想要……我不要……我不要你。"然而，在幻想游戏中，她的语言却要流畅得多。"我是蛇妈妈，"莫莉一边铺开黏土，一边对其他孩子说，然后她一人分饰两角地继续假装道，"小蛇宝宝说：'请给我读本书吧。'"（1986：5）幻想游戏还会引导游戏者从具体的思维转向问题解决和抽象思维。佩利给我们举了一个罗丝的例子，有一次，她要扮演《五个中国兄弟》（*The Five Chinese Brothers*）中那个吞海的兄弟。不幸的是，她把"大海"（sea）错听成了"种子"（seed），于是她把自己在地毯上找到的一粒珠子假装放进嘴里。可是，其他孩子不明白她在做什么。罗丝意识到大家的不满，便沉默不语，而且也不再听故事了。这时，沃利意识到她的挫败感，于是他用幻想游戏的方式换了一个问题来帮助罗丝，他说："假装仙子把种子变成海。"他告诉她："有时候叫大海，有时候叫海洋。现在，只要像书里的那个人那样，把海水喝光就好了。像这样鼓起来吸气,再像这样吐出来。"(1981:50)罗丝按照他说的做了。

维果茨基(1978)以对幼儿是否有意义,来区分学龄阶段的读写课程与学前教育。他坚信,读写教学只有以一种"对幼儿的生活十分必要"的形态进行组织时才是适宜的。他的话为当前教育趋势蒙上一层阴影。

☆

佩利在她写于 2006 年的一篇名为"关于亲密关系:飓风和嚎叫的狼"[1](The Business of Intimacy: Hurricanes and Howling Wolves)的文章中,回忆了在卡特里娜飓风袭击新奥尔良后的最初几天里,她去威斯康星州学前班的经历。在她经典的"场景再现"(in-the-moment)写作风格中,她描述了娃娃家里的孩子们如何将新闻播报员、风暴、金发姑娘、狼、消防员和国民兵融合成一出自发的即兴戏剧的场面。为了模拟狂风暴雨,他们把毯子、枕头和道具服装都扔了出去。一个孩子喊着:"河水已经流到这边来了。"两个孩子尖叫着:"爬到屋顶上去!"突然,教室一角有人高喊"河堤决口了"。霎时间,石块翻滚,水位线上涨。老师为了控制住暴风雨,也加入了进来。"我们数到二十,"她说,"让水退下去。""假装我们是国民兵……打扫新奥尔良的每一条街道跟每一

---

[1] 收录于《沙滩上的男孩》一书中,《沙滩上的男孩》英文原版出版于 2010 年,本书英文原版出版于 2009 年。

幢房子了。"(Paley，2006：11)

从实践的角度看，意义教学法要求幼儿教师在创造课堂生活时创设三种情境：可能性情境（the probable）、个性化情境（the personal）和指导性情境（the instructive）。为了塑造可能性情境，教师要找出对孩子有意义的事件，并根据当下流行的文学和孩子们的标准，以及他们所处的社会文化背景来组织教室里的活动和流程。这就要求教师要对儿童发展有深刻的理解，前提是她和孩子们"没有被同样的怪物追逐，也没有寻找同样的逃跑路线"（Paley，1986：109）。这足以让幻想游戏占据舞台的中心位置。然而，它的第一主角身份并不意味着必然排斥像唱字母歌或练习写自己名字这类学习"学科内容"的活动，它们同样是孩子喜欢的具有吸引力的活动。随着孩子们日渐成熟，他们会越来越喜欢在这方面得到进一步的指导。艺术、科学、数学和其他学科内容的活动也可以成为一天的一部分。但是，正如佩利提醒我们的那样："数学和科学有教师指南和手册，却没有针对嚎叫的狼和飓风的。"她引用弗吉尼亚·伍尔芙[1]（Virginia Woolf）的句子作为例子："作家必须把读者所认同的一些东西摆在他的面前来接近他，并借此来刺激他的想象。同时也在更加困难的需要营造亲切感的时候，让读者更愿意合作。"（Paley，2006：13）虽然伍尔芙的话并不是

---

[1] 英国女作家、文学批评家和文学理论家，意识流文学代表人物，被誉为二十世纪现代主义与女性主义的先锋。代表作有《达洛维夫人》《到灯塔去》等。——译者注

指幻想游戏中的幼儿，但以此来讨论作家和读者在故事中的关系，则并非没有根据。而这恰恰是佩利想要传达的关于孩子们如何使用故事的信息。当孩子们利用基于故事的游戏的心理影响来邀请其他人加入他们的生活故事时，他们就是作家。但是，佩利警告说，遗憾的是，这些"小作家"很可能在幼儿园找不到适当的位置。他们必须受到教室里另一个更有影响力的文学人物的邀请，那就是作为"作家"的老师。这位"作家"必须先来"写"一个关于教室的故事，这个教室有时间、空间和心理空间，让孩子们的幻想游戏得以蓬勃生长。简而言之，意义教学法的第一课就是要求教师在课程中留出时间进行假装游戏。这并不意味着其他事情都不会发生，只是幻想游戏每天都会发生，而且需要一段相当长的时间。

　　意义教学法的第二课是相信幻想游戏的直接目的或个人意义。本质上，这意味着尊重幼儿对真实的探索，或者他们认为的真正的自己和真实的世界（Paley, 1997）。从这个意义上说，意义教学法体现了一种教与学的社会文化观点。这种观点认为，没有任何经验或知识是独立于兴趣或欲望之外的，而兴趣和欲望都是由儿童所处的环境所塑造的。因此，教师必须把她所知道的对每个孩子而言有意义的东西纳入课程，包括找到正式和非正式地承认孩子的家庭文化和语言的方法。对孩子而言，有意义的东西可能包括家庭成员参观教室，在教室里为孩子提供母语书籍，跟踪可能影响一个家庭或其亚文化的世界大事等等。意义教学法还意味着教师要留意游戏如何支持一个孩子的与众不同之处。教师必须想到在娃娃家里放上一些化装服，比如给最近出院的孩子放上一件医生的外套，或者把一本关于恐龙或赛车的书改编成戏剧，让孩子们专注于这些主题。随着孩子们渐渐长大，他们对个人化兴趣的关注将不再停留在学习如何写朋友的名字，好给他们留言；还会进化到讨论最新的超级英雄电影，并希望能在积木区上演这些故事。在个人化情境教学这个原则下，为了意义的教学，甚至应该允许个别孩子的热情扩大成更大范围的课程内容。正如佩利在《共读绘本的一年》一书中记录的那样，当她允许瑞妮对童书作家李欧·李奥尼（Leo Lionni）的兴趣贯穿整个课程时，这种情况确实发生了。佩利好奇瑞妮是如何知道"学校教育的核心就是在不模糊我们自己的个性的前提下，找到一个共同的核心"（1997：viii）。其实，即使瑞妮并不真的理解这一点，作为她的老师也必须知道。

佩利的意义教学法的第三课是认识到假装游戏注重问题解决的技能，提倡"如果……会怎样"的世界观（Paley，2004：92），而这个特性会给教学带来直接的好处。假装游戏能让孩子们的思维明白无误地展现在教师面前，这就为教师们提供了一个实验室，从而研究他们下一步需要学习什么。从教育学角度而言，这就意味着教师必须立足于幻想游戏所创造的最近发展区域。这也意味着教师必须放弃控制孩子想法的想法,并学会积极接受每个孩子或一群孩子的想法。这要求教师对孩子的所思所做既要问具体的问题,也要问普遍的问题。她必须以任何必要的方式参与到游戏中,从而帮助维持或促进其发展。佩利认为,本质上说,教师应该欣然接受在孩子们的幻想游戏中充当一个"旁白者"的角色,当孩子们还不能自己完成时,可以用这种"旁白"的方式来为他们的游戏提供"可见的支持"(2004:24,73)。教师用旁白这种形式对游戏的支持可以扩展或加深儿童社交、认知和语言能力。它还可以帮助孩子们在真实的教室空间里梳理他们的想法。

---

① 尽管智力理论和美国的教育传统都支持幻想游戏在幼儿园和学前班中的作用,但我们必须知道的重要信息是,最近关于游戏的进化基础和功能的研究(Smith,2007)表明,它可能并不像众多理论家,包括佩利,所声称的那样,是一种普遍的学习媒介。这似乎超出了我们一般的理解逻辑。如果学习是社会文化背景下的一种社会现象,那么幻想游戏只能在文化支持的范围内发展(Gaskins,Haight,Lancy,2007;Göncü,Jain,Tuermer,2007)。因此,那些来自不支持或不重视游戏的文化或社区的幼儿,不能被认为是缺乏游戏技能的。这通常并不适用于美国文化,尽管它对来自贫困家庭或移民家庭的那些被认为缺乏这些技能的美国孩子有着重要的影响。但实际上,他们的家庭没有能力或不会选择将幻想游戏融入到养育孩子中。鉴于佩利对文化敏感性的尝试,幻想游戏与佩利所秉持的教育哲学的关系是有趣的。也就是说,如果不相信幻想是对允许幻想的环境的自然反应,那么也就很难去讨论佩利的工作取得了怎样的成果。
② 在《男孩和女孩:娃娃家的超级英雄》一书中,佩利解释说,为了更好地在课堂上为男孩服务,她大幅增加了自由游戏的时间。更多细节见第五章。一般而言,自由游戏的时间大约是45分钟。
③ 与我们的整体讨论相关的是,在许多学校,围圈时间(circle time)已经被重新命名为"晨会"(morning meeting),这意味着一个更长的时间段。
④ 我将在第三章说故事课程中的叙事部分,进一步阐述这一论点。参见费恩等文章(Fein,Ardila-Rey,Groth,2000;Nicolopoulou,1996,1997a,1997b)。

彭一钊（5岁）

Storytelling and Story Acting: Meaning Extended

第三章　故事说演：意义的延伸

在没被教导不许发明世界之前，他会解释每一件事情。

——薇薇安·佩利《沃利的故事：幼儿园里的对话》

本章，我将聚焦于佩利的说故事课程，我会提供一个方法论的全面概述，探讨说故事课程在佩利的以游戏为本的意义教学法中的位置。我首先从自己的经验出发，介绍故事说演；然后再讲一讲一位来自纽约的新手故事老师的观点。我会列举一系列关于故事说演的研究，以及它对儿童读写发展显而易见的好处。在最后一节中，我将回顾在说故事的意义教学法中获得的经验教训。

薇薇安·佩利的意义教学法是逐步形成的，其发展可以从她与孩子们在教室里的"契约"变化中一窥端倪。她告诉我们，一开始，她倾向于帮助孩子们解决她认为他们需要解决的问题。后来，她修改了这份"契约"，转而去帮助他们解决在他们的游戏中暴露出来的问题。但这还不够。她自己强调说，她作为一名教师的最高成就，是创设了一个系统，通过这个系统，孩子们可以把他们的游戏变成"正式的叙述"（formal narratives），也就是可以把它表演出来，从而"把他们的想法和其他人的想法联系起来"（1990：

18）。这种"正式的叙述"也就成了她的说故事课程。

幼儿园和学前班教师处于一种左右为难的窘境，一边是孩子们对幻想游戏的"需要"（Vygotsky，1978），另一边则是社会对早期读写教学日益增长的需求，佩利的说故事课程则在二者之间架起了桥梁。一方面，说故事课程如同幻想游戏一般，对幼儿的社交、情感和认知大有裨益，并且在口语和叙事发展方面为入学准备提供了潜在的好处；另一方面，说故事课程又将这些价值放大，对幼儿的读写技能，从字母识别到词汇量，再到对书面叙述的控制和反应等方面，都构成了直接的影响（Cooper et al.，2007）。佩利的说故事课程的奇妙之处在于，仅仅依靠纸、笔、孩子的想象力和几个朋友就能完成如此多的事情，这也是她意义教学法中的第二个重要工具。

小小孩都需要的教室　The Classrooms All Young Children Need

故事说演的基本

首先，说故事课程包含两个相互依存、相互关联的活动。[①]第一个是说故事，或者说记录环节，也就是孩子给老师讲一个故事，由老师把它记录下来（关于记录故事的内容问题将在下面讨论）。第二个是演故事，孩子们在同学们的帮助下把他们刚刚说的故事演出来，同学们可以是表演者，也可以是观众。我们在设计任何课程时，都会考虑到幼儿园和学前班宝贵的时间资源和物质资源成本，从这个角度出发，故事说演有极高的性价比——它用极低的成本获取极高的效益。老师们会高兴地发现，说故事课程所使用的材料成本几乎可以被忽略不计，大致只需要一些纸、一支笔以及用来装故事记录纸的大活页夹和塑料书套。至于时间资源，与说故事课程的诸多好处相比，它对课程表的影响可以说微不足道。以我作为教师和师资培育老师的经验，一般记录一个故事，大概是人均不到 10 分钟的时间，实际上往往还短得多。把记录下来的故事改编演出，则只需要几分钟。可能有些老师会担心，即使是每天 12 分钟左右的时间，也超出了他们能给一个孩子的时间，但必须记住，没有哪个故事是只有说故事的那个小作者自己参与的，它是很多甚至是全班幼儿参与的。最理想的情况是，老师们可以根据孩子们的需要安排尽可能多的故事说演活动。但更常见的情况是，教师根据孩子们的年龄，每天安排两三个故事说演，一周大概两到三天（三四岁的孩子们不能像学前班孩子那样在轮到他们之前等很久，但他们的故事通常都比较短）。如果教师能够精心计划，就一定可以在时间表中找到时间来满足孩子们说故事的需求。当然，偶尔也会有例外，但不能改变的铁律是：要让幼儿预先知道什么时候要说故事，什么时候轮到他们上场。预知程序不仅可以帮助孩子忍受等待上场的时间，同时也是在告诉他们，故事就是他们的生活，生活不应该被降级为特殊事件。至于记录孩子故事和改编演出的场地，并没有什么特殊要求，唯一需要注意的就是老师所坐的位置，应该能够观照到整个教室内的情况。在一些教室里，用于记录孩子故事的"故事桌"可以单独设置，也可以和艺术桌共用。如果空间所限，教师无法设立专门的故事桌，也可以随身携带写字本，这样就可以在教室的任何地方随时记录孩子的故事了。大多数情况下，孩子们就在教室内的地毯上展开他们的演故事活动，小观众们围坐在地毯周围，地毯就变身为演戏的"舞台"。佩利在她的几本著作（1981，1992，1997，2004）中都展示了她的说故事教学法，其中《直升机男孩：教室里说故事的魅力》这本书提供了最为详尽细致的描述，可供读者参考（1990：21—26）。

说故事或记录故事

大部分教师在进行说故事课程时,会选择佩利最早的一对一记录故事的方法。当然,在进行时,所有自愿参加的小听众,以及从其他活动中被吸引过来的评论者们,也都被欢迎随时加入。不过,后来几年,佩利的做法又有所改进。她觉得,在全班围坐在一起的时候记录孩子讲的故事效果会更好,尤其是当孩子年龄比较小时。[②] 在早期的方法中,一个幼儿轮流说故事的时间就是其他幼儿自由游戏或是专项活动时间。比如传统的娃娃家游戏,或是学业练习活动,又或数学区域活动。在这些时间段里记录孩子的故事,可以加强孩子的这种观念,即认为请老师记录故事,也是一种可选择的游戏活动,并能够增强故事说演和游戏的连接。如果没有自由游戏或小组学习时段,或者老师不希望占用这两个时段,也可以安排在独立的阅读时间或其他安静活动时段。

如何记录孩子的故事,要根据个体差异以及年龄差异而定。一些幼儿会直接讲出他们的故事,老师可以几乎不加干涉地把故事记录下来。然而,更常见的情况是,教师要扮演一个"参与式"

的记录者角色,在记录故事的过程中,借着提问来帮助故事创作者澄清心中的想法。这样做同时可以极大地拓展幼儿的叙事技巧与理解能力。此外,教师还可能通过对内容或形式的建议,进行参与式的记录。一般,教师会这样开头:

老师:你想好你的故事从哪儿开始了吗?
孩子:我叔叔和我奶奶……

在这里,老师可能会打断她,询问这个孩子他指的是哪位祖母,是住在城里的那位,还是她去俄亥俄州拜访的那位。老师也可以评论故事的内容或者提出问题,以帮助拓宽故事讲述者最初的意图。"啊,又是一个宝可梦(Pokemon)的故事啊。这是你以前讲过的呢,还是一个新的?"老师可以在记录故事的过程中随时提供支持,我称之为"心理旁白"(psychological aside, Cooper, 1993)。例如,"嗯,这很有趣。我之前都不知道宝可梦会这么笨呢。"老师经常会要求说故事的人把一个问题解释清楚,"这里我不明白。宝可梦不是有很多个吗?你现在讲的是哪一个?"偶尔出现在教室里的参观者有可能被孩子们视为对他们作者权的冒犯,他们必须得忍受这种情形。因为在佩利看来,孩子们的首要任务是让故事对班上的每个人都有意义,包括演员、观众和讲述者。换句话说,他们能否成功投入到他们自己的故事中，取决于其他孩子的态度。阿琳是一个热情洋溢的故事讲述者，佩利向我们展示了她如何回应和澄清阿琳讲述的过程：

> "啊！他们掉到陷阱里去了。"
> "谁掉到陷阱里去了？巫婆们吗？"
> "不，掉进陷阱里的是个坏蛋。"
> "所以除了巫婆们，还有另外一个坏蛋是吗？"
> "巫婆们是好人。"（1990：22）

当然，在任何时候，教师都必须清楚地告诉孩子，他们对故事内容有着完全的控制权。

佩利把孩子们的故事记录限制在一页纸之内，这也是我推荐的。如果有孩子质疑为什么要限制讲述的长度，可以告诉他们我们需要有时间做更多其他的事情，孩子们一般都会接受这个解释。如果有时候孩子的故事没有讲完，或老师没有记录完，老师可以给孩子一个"未完待续"的选项，他们可以在下一次讲述时继续完成这个故事。当一个故事讲述结束后，老师要为孩子朗读一遍自己的记录，以确认记录是否准确地捕捉到了孩子讲述的全部内容，也可以请孩子进行修改或补充。

演故事或改编

故事改编可以安排在一整天所有活动结束之后，或是在自由游戏时间之后，也可以在大声朗读环节之前，或是放学之前。它通常是活跃时段（如自由游戏或午餐）和平静时段（如桌面工作或音乐）之间的过渡活动。这时，教师要从故事记录者变身为制作人，把作者和其他参与演出的孩子，在表演开始前就集合在舞台（地毯）上，或者请他们围坐在地毯旁边，等他们的角色出现时再从自己的位置走上舞台（地毯）。剩下的孩子则充当观众。挑选演员的方法很多，但所有方法都应该体现公平原则。我比较喜欢让故事作者从尚未参与的班级名单中任选孩子的名字。这样做可以防止孩子们只选择他们亲近的朋友，打破已经形成的游戏小团体，但仍然让孩子有自主选择的感觉。我会规定，名单上的每个孩子，都有机会参与表演，但只能参与一次，直到名单上所有人都被叫完。与我共事过的许多老师坚持认为，故事作者有权选择自己想要的演员，无需顾虑是否存在偏私的问题。而佩利在避免偏袒上则更为激进，她规定故事作者只能选择他或她自己的部分，其他所有演员则是按照班级名单的顺序分配。

所有的口述故事最好当天就能被改编演出。这样做不仅是为了让孩子们开心，更重要的是让孩子们可以立刻得到来自同伴的反馈，就像故事常常会引发讨论一样。表演故事简单易行，不需要什么道具，也无需排练。为了加强故事的叙述感，并提醒演员他们需要做什么，老师通常会在演出开始前把她记录的故事大声朗读一遍，但由于时间限制，佩利一般不会这样做，她只是在演员表演时作为旁白讲述这个故事。因此，即兴的对话和动作很常见，并且会得到老师的赞美，但她很少引导孩子们去注意这个部分。作为导演和制作人，教师通常会提出建议以增强戏剧效果。她可能会问："饥饿的狮子是这样叫吗？"但老师不会对戏剧效果有过高期待。慢慢地，孩子们将逐步学会寻找他们认为适宜的内容拓展他们的故事。一般而言，一个故事只会表演一次。在我刚开始进行说故事课程时，我就制订了一条"禁止肢体接触"（no touching）的规则，这对减少过度热情的演员造成意外事故很有帮助，不管他们扮演的是《恐龙战队》（Power Rangers）里的勇士，还是哄孩子睡觉的妈妈。

我必须说明，佩利并不是第一个邀请小孩子口述故事的人。记录孩子的口述故事这种方式早就被作为语言经验感知途径运用于早期读写教学中，在这种方法中，教师通常会记录孩子的计划、想法、对课堂事件的反应等等。当然，她也不是把戏剧表演引入儿童早期课程的第一人。然而,她的功劳在于将这两种活动有机结合成为一种有组织、日常性的活动,在学前课程中进行系统的运用。

需要补充的是,佩利强烈主张将成人创作的故事进行改编,作为课堂上说演故事的补充活动。文学作品的戏剧化改编不仅为孩子们提供了词汇和主题,还可以为他们个人创作的故事提供借鉴,同时也为他们提供了标志性的文化符号和意象,从邪恶的女巫到骗子再到维护世界和平的超级英雄。这些文化信息丰富了孩子们的经验储备库,帮助他们逐渐进入各种各样的文学和文本之中。

故事说演课程实务

和发现幻想游戏的价值一样,在佩利的意义教学法系统中,最初,说故事课程有一个并不起眼的开端。在佩利的《沃利的故事:幼儿园里的对话》中,佩利记述了沃利的故事。沃利是佩利的第一个说故事人和故事表演者。有一天,佩利接连两次用思过椅惩罚了沃利,这让佩利感到非常不安。她问沃利想不想写点儿什么,就是让沃利讲个故事:

>他回答我说:"你还没有教我写字。"
>"你只要告诉我故事,我会把它写下来。"
>"我要告诉你什么故事?"
>"你不是喜欢恐龙吗?你可以告诉我恐龙的故事。"
>他说了下面这个故事。
>"恐龙摧毁了整座城市。人们很生气,把他抓到监狱里去。"
>"故事到这儿结束了?"我问他,"后来它有没有出来?"

"它答应要乖乖的,所以他们就把它放回家了。妈妈正在家里等着它。"(1981:11)

我们很容易看出,沃利所讲的故事,对这个一整天都不怎么顺利的小男孩来说,实现了某种内心的满足。于是佩利立即决定让沃利和他的同学们一起把这个故事演出来,正是这个临时起意的决定,让沃利终于战胜了这艰难的一天。同时,这也让佩利发现,孩子们非常渴望在教室里说故事和演故事,让他们的幻想游戏角色更加强大。佩利写道:"单凭这点,孩子们愿意放弃游戏时间,因为那是游戏的真正延伸。"(1981:12)尽管说故事课程有时被描述为一种语言体验活动(Van Allen, 1976),但实际上它们在很多方面是不同的,比如说故事课程的起点往往是幼儿主动报名来说故事,然后故事再被改编和演出。许多教师也和佩利有相似的经验,他们发现如果老师仅是记录孩子们讲的故事,而没有伴随后续的改编和表演,那么就只有少数女孩以及极个别的男孩会对这个活动感兴趣。佩利说:"在有些人看来,只要写下孩子们的话,就已经足够了。显然并非如此,仅记录语言并不能够有效地取代演出,这些演出需要大家一起分享。"(1981:12)此外,正如我们所看到的,教师在记录孩子口述故事的过程中扮演了比传统语言体验活动中更为积极的角色,老师会通过各种手段给予孩子遣词造句和故事内容方面的直接建议。

《沃利的故事：幼儿园里的对话》是佩利的第二本著作。她在随后的所有专著或文章中，都以这样或那样的方式呈现了她的说故事课程。说故事课程与幻想游戏有着明显的相似之处。例如，当佩利问沃利他的恐龙是否逃出了监狱的问题时，这个提问就十分具有象征意义，可以说是一个图腾性质的问题。它表明了幼儿口述故事如何创造了维果茨基所谓的最近发展区（Vygotsky，1978），而教师则可以利用这一发展区扩展孩子的思维。恐龙好好表现的承诺让沃利可以通过叙述来练习自我调节，从而在他的故事中表现得比那个整天惹麻烦的男孩更成熟。通过这种方式，把一天都搞砸的沃利创造了可能改变的未来。说故事课程和幻想游戏之间的其他相似之处还包括它对于佩利所说的"语言的社交艺术"（social art of language）的依赖（1990：23）。在记录口述故事和故事改编表演过程中，时常可以看到同伴之间依靠语言的相互学习和思想交流。例如，在佩利的《共读绘本的一年》中，当瑞妮讲述她的公主故事时，她毫不犹豫地指出了布鲁斯关于王子与公主交谈中的不当用语。

"嗨，宝贝儿！"布鲁斯偷笑着说。

"哦，"瑞妮很严肃地回答，"不能这样，你看，王子是不会那样说话的。他会说：'早上好，夫人。殿下今天感觉怎么样？'"（1997：3）

从佩利记述的瑞妮的故事里，我们可以知道，瑞妮的这种反应，部分是源于她自己的种族身份构建的经验。但是，佩利进一步将瑞妮的立场解释为孩子对故事中语言的一种特别认同的证据。她认为孩子们相信他们在扮演角色时所使用的语言，能够确认他们在剧中的身份。也就是说，他们实际上在表达"这就是我所扮演的，或者说，这就是我认为的真实的样子"（4）。佩利在书中写道，起初她不允许其他孩子打断别人说故事，因为她那时还不理解这是一个"共享的过程"，这应该被视为一个与文化建设有关的行动（1990：23）。其实这种现象也解释了为什么孩子们能接受改编表演故事时即兴插入的对话。这也说明了他们对语言游戏的兴趣，因为他们可以在抽象的或具体的语境下，自由地、满足地使用语言。

然而，尽管说故事课程在佩利的意义教学法中与幻想游戏相互交叠渗透，但它也同时为早期读写教学提供了机会，并且对幼儿的读写能力发展具有明显的长期影响。首先，就像那些优质的儿童文学作品一样，书面文本为孩子们幻想游戏中的角色提供了整理情感、思路和情绪的机会。在游戏中对友谊的执着追求就是一个很好的例子。正如我们前面看到的，基于故事的非正式幻想游戏为探索如何交朋友和友谊的真正意义提供了许多机会。与此同时，孩子们在玩的时候并不总是能把他们的私人情感清楚地表达出来，因此他们的游戏并不总是能满足他们的需要。相比之下，自编自演的故事则是一种公开的创作，并由团体共同表演出来。它本质上是作者对全班同学的公开邀请："来和我一起玩吧！"（Paley，1981：167）在这里，共享意义和参与是故事的核心元素。此外，正如佩利指出的，"脚本"（script）的存在意味着结局是确定的（122）。这种确定性不仅降低了失败的风险，而且使合作成为可能，它允许每个参与游戏者，甚至是观众，无需承担风险地去练习如何成为朋友。

当佩利自由穿行于孩子们的故事中，帮助孩子们寻找游戏的邀请，寻找友谊的潜在机会时，她会让自己进行教学法视角的思考。她将此描述为"在孩子们的形象之间画隐形线的习惯"（1990：xi）。她认为这是她最好的教学。

> "来听凯蒂的故事，"我喊贾森，"这位猪妈妈做的一些事，让我想到了你。"

> 有三只小猪。猪妈妈也在那里。然后，狼把砖块做的房子吹垮了。然后猪妈妈把房子又盖起来。

> "这使我想起你修理你的直升机的方法。"我说。

（1990：xi）

佩利说她看到贾森和凯蒂如何相视而笑。这告诉她，她正在接近自己的构想，为孩子们营造一个真正的教室里的社区空间。

与非正式的假装游戏不同，说故事课程中的演戏这个环节也给孩子们提供了无需排练的、直接对别人创作的故事进行积极反思的机会。对文本进行积极反思是理解文本的关键因素，通常是在幼儿园或学前班的集体教学活动中，先由教师朗读文本，然后指导幼儿讨论，可是，这种指导却往往因为不恰当的元认知策略，导致效果不佳（Cooper，2009）。在说故事课程中推进积极反思，就是在记录幼儿口述故事的过程中"偷听"孩子的想法，并且在这个过程中直接就情节提出问题或建议。观看表演的小观众们也会直接感受到其他孩子对世界的看法。那些小演员们需要立即从故事作者的思维中跳出来，把自己的故事文本用肢体动作表现出来，甚至还要去思考自己的故事被表演出来以后，进到别人的头脑中会意味着什么，也就是要去关注别人观看的反应和感受。佩利说，这种对别人想法的细致入微的思考，是参与课程的重要动力，"孩子们的故事，可能缺乏了不起的情节或者令人难忘的对白，但却回答了对孩子们来说最重要的一个问题：其他孩子是怎么想的？"（1981：66）在说故事课程对早期读写能力发展的所有贡献中，这可能是最宝贵的。

然而，从纯粹的文学视角或者创意写作的角度来看，孩子们对其他孩子是如何想的这一问题的投入具有较大局限性。因为孩子们总是在想着外面的世界发生了什么，所以他们的故事中总是难免"借鉴"其他故事的内容，导致原创性不足，流行文化也会因此渗入课堂。没有比超级英雄故事更能证明这一现象的了。然而，许多对说故事课程持开放态度的老师却对超级英雄故事不屑一顾。他们总是抱怨孩子们的故事千篇一律，并且充满暴力情节。佩利却强烈建议我们不妨在幼儿园和学前班为超级英雄安个家。她如此建议要归因到她发现孩子对友谊强烈的渴望。佩利写道："如果孩子没有在超级英雄故事中透露自己的名字，我们甚至连作者是谁都无法辨认，这说明，这些故事既不反映某个具体孩子的品质，也不鼓励孩子之间的差异。然而我却由此断定，这就是问题的关键所在。因为这些故事的作用是掩盖个性，而不是张扬个性。"（1981：129）我认为佩利的观点是对儿童生活的非凡洞察。成年人往往没有意识到，孩子们之间的关系很少是随机建立的。事实上，最能帮助孩子们对他们的世界有正确认识的故事，往往是经过加工改造的二手甚至是三手故事。这可能与我们的直觉相悖，但是事实上，就算是我们刻意去要求故事雷同，然而包括超级英雄故事在内的所有故事，都有着顽固的个人化倾向（Cooper，1993）。超级英雄故事所象征的成长任务是一个人的个人身份和群体身份的融合。长久以来，幼儿师资培育中对此问题的态度是消极的，缺乏对这个现象更为积极的支持或鼓励的态度和方法。我在佩利的公平教学法那部分中将进一步探讨这一观点。然而,就早期读写能力发展而言,我们不应该把儿童故事的原创性不足看作是个性的缺失,而应视为他们对自己个性的一种预备性保护,直到他们做好准备,就会走出佩利所说的那个"面具"(mask,1981:64)。

与此相关的是,妮可洛普洛和她的同事对男孩和女孩的故事所揭示的"性别亚文化"进行了几项研究(Nicolopoulou, 1996, 1997a, 1997b; Nicolopoulou, Richner, 2004; Nicolopoulou, Scales, Weintraub, 1994)。研究者指出,这些作品里充斥着一群具有性别刻板特征的角色——从独角兽和蝴蝶到警察和怪物——任何故事说演课程的教师都能发现这一点。但这并不意味着孩子们必然长期受这些刻板印象的束缚。早期儿童教育工作者康妮·弗洛伊德(Connie Floyd)观察到,孩子们利用故事说演课程去尝试一些他们想要扮演的角色,就像他们在衣橱里挑选衣服一样,有些会被丢弃,有些则会与其他衣服搭配起来。作为补充,我要说,所有性别化的故事,实际上也反映了故事讲述者对那些可能定义他们的刻板印象做出控制的尝试。

妮可洛普洛和她的同事们还发现,那些由儿童讲述和改编的故事使他们能够利用他们的"象征性想象力"(symbolic imaginations),在他们称为"创造世界"(world making)的宏大目标中,十分恰当地重塑性别角色(还可参见 Richner,

Nicolopoulou，2001）。"孩子们说的故事之所以如此具有启发性，部分原因在于……这些故事在他们自己努力理解这个世界和确定他们在其中的位置时起着至关重要的作用。"（Nicolopoulou，Scales，Weintraub，1994：102）意义生产这个概念，贯穿于儿童叙事的文学作品中，当然同时也会促进读写能力的发展（Bruner，1986；Engel，1995）。从社会文化的视角来看，意义生产总是与更人的文化背景相关。正如戴森（Dyson）和根西（Gcnishi）所说的："故事是我们宣示自身文化存在的重要工具……也就是说，我们通过创造故事的方式和故事的内容来证明自身的文化归属。"（1994：4）

马丁是纽约市一所公立学校的五岁男孩，老师向他们介绍了说演故事课程不久后，他就开始创作自己的故事。马丁的故事将书面叙述、友谊、见证和性别发展融合在了一起。完整的故事是这样的：

> 正义联盟[1]（Justice League）
>
> 将军们想要抓住大坏机器人。一只小机器狗走了出来，它想要吃掉罗宾（Robin）的飞机。这时，正义联盟来了。蝙蝠侠向大机器人发射了一枚导弹，并且用声

---

[1] 案例记录均为幼儿原话，故语法上比较简单，可能存在一些语法错误，在翻译时，尽可能按照作者记录原文还原幼儿口语原貌。——译者注

波气体把它们冻住了。他们排着队，大机器人里的坏家伙们都出来了，他们开始和正义联盟作战。正义联盟也开始战斗。然后，正义联盟暴揍了坏人。坏人也暴揍了正义联盟。然后，整个正义联盟停火了。然后，坏人也停了下来。又来了另一个坏人。然后整个正义联盟都来了。然后他们都回家了，但火星猎人（Martian Manhunter）没有，因为他必须在瞭望塔里守着。

结束

对于一个正处于学龄前的男孩来说，马丁的故事是相当典型的。他们的第一句可能创意十足，但是不出三句话，就会被超级英雄带跑。幸好佩利的超级英雄理论已经为我们打了预防针，提醒我们这种故事可能平淡无奇，而且具有男生属性。马丁的故事告诉我们这样一个事实，即在二十一世纪的前10年里，我们仍然需要关注孩子们对世界的性别化的反应。但是，马丁的故事能告诉我们的远不止这些。马丁说故事那天，我正好去了他的班上。在他开始说故事之前，我注意到他悄悄地告诉班上其他几个男孩，他那天要讲一个"正义联盟"的故事。他的语气和肢体语言暗示他在让他们知道一些非常特别的事情。老师刚好也看到了这个细节，她转过身来，向我解释说，正义联盟是一档放学后播放的电视节目，这个节目深受班上大多数男孩子的欢迎。显然，马丁是在表明他是这个团体的忠实成员。乔治是马丁之前交谈过的一个男孩,他走到了故事桌旁。马丁一直站在桌旁,环顾着房间里的其他男孩。在最基本层面上,马丁所做的远远超出了一般超级英雄故事表面上的价值,他正在致力于用一些东西来定义他特殊的学前班时代,就像《星球大战》中的人物和《忍者神龟》中的人物过去曾经在学前班发挥的作用一样。终于,他开始说故事了。他对老师说:"你可以把'正义联盟'写在最上面吗?"然后,他指了指那页的顶部。"写在第一行,这样你就能看见了。"

在老师写下前两句关于将军们与坏机器人战斗,小机器狗试图吃掉罗宾的飞机后,乔治似乎发现了什么,突然发言道(我认为有点挑刺儿的感觉):"这里没有正义联盟。"马丁坐着,头也不抬,又不紧不慢地说道:"这时,正义联盟来了。"他似乎在说,我知道我要讲什么,我说过我会讲正义联盟的。于是,乔治留下来继续听他讲。

教师在超级英雄的故事中还扮演着一个重要的角色:表示认可和提供协助的人。对她班上那些走到哪里都不大受欢迎的"超级英雄们"来说,这可是最大的幸事。她在记录马丁的故事时,并没有责备马丁用了在现实中被认为过于暴力的词汇讲述故事,而是请他解释暴揍是什么意思,马丁用胳膊比画着,表现出比平常更加用力的样子。"这还不够呢!"他兴高采烈地说,他的老师微笑着点点头。当马丁的故事接近尾声时,老师问他,他说的是正义联盟中的哪位超级英雄。她提醒他，听众们需要知道到底有哪些角色，这样他们才好选择。他告诉老师正义联盟里有蝙蝠侠、罗宾、神奇女侠和火星猎人。老师注意到故事里也有将军和机器人。她对马丁说，他的戏剧里有那么多人，被当作舞台的地毯上可挤不下这么多人。有些角色可能没人扮演，需要假想他们存在。她问道，谁是将军，你希望他们被表现出来还是就假装他在那里？马丁想了一会儿，仿佛在脑子里想象着这出戏，他说同学们能想象到那些角色就在那里。这时，乔治和另一个男孩突然插话进来，问马丁能不能给他们一个角色。根据班里制订的故事表演规则，乔治不应该再被安排角色，因为他最近在另一个孩子的故事里演了一个角色。老师向我保证他知道这一点，但他还是要问。他们总这样，老师告诉我。不出所料，马丁决定自己扮演蝙蝠侠。改编故事时间到了，老师宣布马丁要讲一个正义联盟的故事，男孩们立刻欢呼起来，乔治也不例外，马丁也笑了。这出戏演得非常顺利。

  开展故事说演的老师们都注意到，大多数反映"儿童生活真相"（truth of children's lives, Coles, 1986）的故事恰恰是虚构的。罗森布拉特（Rosenblatt, 1978）认为，在儿童早期，即使现实就在眼前，幼儿也还是会选择他们的"审美立场"。小孩子的恐龙故事就是一个很好的例子。而那些看似"日常"的故事通常也是虚构的，因为真实的人和真实的场景都会进入虚构的情境。在非正式的幻想游戏中，那些文学故事为孩子们提供了解决问题的机会，让他们比现实生活中"高出一头"（Vygotsky, 1978：102）。与此同时，在非正式的幻想游戏中，孩子们用故事来探寻他们对这个世界已经知道了什么，以及他们还应该知道什么。

　　流行文化中的人物和主题总是毫无意外地出现在幼儿非正式的幻想游戏中，并且再进一步来到说故事的书面记录中，而进一步得到额外的关注。我从年幼的孩子们那里听到过各种各样的故事，从毒贩到死去的祖母，再到去迪士尼乐园旅游承诺的破灭。我也听到过完美家庭的故事，童话般的生日派对，还有关系和睦的兄弟姐妹。有些故事显然是基于事实的，而有些则是虚构，但无论如何，都是基于孩子们自身的需要。佩利曾经提醒过，不要过于逐字逐句地解读孩子们的故事情节（当然，我们必须对真正的问题保持警惕）。就像我们所有人一样，年幼的孩子们既乐于寻求特殊性，也乐于寻求共性。

　　记录孩子的口述故事和参与孩子的表演，给有心的教师一个细致观看孩子们如何通过罗森布拉特声称的"私人意义"（private overtones）"进入语言世界"（entrance into language）的机会（1981：78）。这些私人意义悄悄藏身于孩子的已有经验中，作为孩子们思考的参照点。但如果老师不曾耐心倾听孩子们的故事，她就无法获得这些有价值的信息。例如，一个善于观察的老师很容易理解一个孩子说故事时不经意间提到的那个"你不认识的人"，其实说的是她去波多黎各外婆家的经历(来自纽约市一个学前班小朋友讲的一个故事)。一个女孩在她演绎的金发妹和三只熊的故事中,突然出现了一个木匠修理椅子和桌子的情节,而恰好这个早晨,老师无意间听到了她父母和她关于家中事情的对话,就很容易理解这不过是她把真实生活经验带进了故事。如果老师像她应该做的那样关注流行文化,她就会知道,在演故事时,所有孩子都必须经过的那座可怕的房子,和说故事的这位小作者周末看的那部电影中的房子是一样的。佩利深知这个过程有多重要,她写道:

> 如果说入学准备是有意义的,那么它的意义首先存在于孩子们流动的思想中,他们自己和同龄人、家人、老师、书籍和电视的,从游戏到故事,再到更多的游戏。当我要求孩子们口述他们的故事,并在舞台上把它们重新带入生活时,游戏和分析性思维之间的联系变得清晰起来。孩子们和我为土地施肥,打开我们存放种子的口袋,做好准备将我们的想法和身份感播种在花园里。(2004:11)

罗森布拉特1981年对教师在指导幼儿从事"文学活动"(literary transaction)所做的选择的分析,为故事说演教师提供了具有关键意义的建议,这些建议恰恰也适合时下追逐读写技能和读写策略教学的热潮。她写道,教师在使用儿童文学(故事)

方面有两种选择。第一种选择是追求对话，激发和培养幼儿对故事的自然审美倾向，即对故事的私人化理解。老师必须去探寻，故事是如何讲的以及孩子们想从故事中获得什么。她称这种方法是通过"冰山底部"来解释故事，并认为这是理解的关键。第二种选择是教师引导幼儿走向一个输出的立场，即他们应该获得的公共意义。她称之为"冰山一角"（tip of the iceberg, 1981：73）的方法。罗森布拉特认为，如果教师过早地迫使幼儿对故事采取"输出"的态度，利用故事来教授阅读技巧和其他课程，就有可能降低幼儿未来对文学和故事的兴趣，从而损害他们的读写能力。她还强调，在幼儿教育阶段，无需采用"冰山一角"的教育方法。她写道："自相矛盾的是，当文学活动仅以它自己为目的时，会获得很好的效果。然而，当它附带有教育价值、提供信息、社会价值和道德价值等副产品时，受到褒奖的却是这些副产品的价值。"（83）

罗森布拉特在 25 年前就提醒我们，要警惕儿童对文学审美反应下降的后果。而我们时下流行的课程却已经放弃了孩子们在教室里与故事非正式但亲密的关系，取而代之的是一种更正式的以技能为基础的故事教学项目，那么，在今天，它的意义又有多大呢？

好消息：问题多于回答

和佩利一样，我对故事说演价值的探索，开始于我在任教时。后来，作为一个儿童早期项目的主任，我继续实践故事说演，并且带动项目内的所有老师都参与了说故事课程的实践。再后来，1990年我在莱斯大学教育中心创办了学校读写和文化项目（School Literacy and Culture Project），在这个项目中，我帮助休斯敦的所有老师把说故事课程带进了他们的教室。学校读写和文化项目是全美唯一一个致力于传播说故事课程的组织。

如果说，佩利认为是幻想游戏让她成为一名教师，那么对我而言，我认为是说故事课程让我一直钟爱教学，并最终引导我投身到师资培育工作中去。事实上，在我刚刚进入教室的那几年中，我一直担心自己能否成为一名好老师。而更让我担心的是，我不知道如何成为一名好老师。幸运的是，当我读到了佩利的作品，从此，我就开始走上了故事说演活动的道路，并且，再也不会回头。

那是二十世纪八十年代初，我在芝加哥当了4年的幼儿园和学前班老师。刚到幼儿园时，我刚刚获得的硕士学位让我牢记游戏是课程的核心。我还记得，当教室地板被孩子们用积木搭建的奥黑尔国际机场占满，或是生活区里上演的家庭游戏足以和电视节目相媲美时，我是何等满足。尽管如此，我还是渴望成为一名负责任的，并且能与时俱进的教师。在我进入学前班的第二年，我还是听到关于以游戏为基础的各种传闻，"去学业化"的学前班已经失去了其有效性。回到基础运动逐渐浮出水面。当然，我当时并不知道，回到基础运动在未来的 20 年竟然可以席卷全美的学前班，形成滔天巨浪。事实上，是在一次一年级的考察之旅中，我原来的学生，现在的一年级学生让我知道了我想要知道的一切。很明显，他们的小学老师更偏爱那些一入学就掌握了整套读写技能的孩子，而且对他们寄予更高的学业期待，至于不会读写的孩子，则无望获得此种殊荣。听到这些，我既惊骇又紧张。也许这位老师只是个例，但我仍然确信我不应该忽视这个信息。于是，我从我们学校的主任那里获得允许，开始了我的实验。

　　对于孩子们来说，这也许是他们的幸运，因为我完全不知道如何为学前班设计一个"学术性"的读写课程。我所能想到的最好的办法是自制学习单，学习单包括了字母发音、书写和数学启蒙的一些内容，我让孩子们用桌面游戏时间来填写这些内容。如果把我那个时候孩子们做的和当下学前班的孩子们要做的事情相比，我觉得现在的情况可能会更糟。有些孩子确实为了能去玩他们自己真正感兴趣的、真正的游戏，轻而易举地完成了读写学习单的任务,但更多孩子做不到。那些似乎最渴望自由游戏的孩子,往往就这样失去了他们的游戏时间。直到今天,我还清楚地记得他们伤心地坐在那里,因为他们坐在桌边写学习单的每 1 分钟都意味着搭积木时间又少了 1 分钟。"先把你的功课写完,你就可以去玩了。"我就这样跪在他们旁边,轻声地哄骗着他们(Cooper,1993:34)。我这样做的结果是,尽管在我的想象中,孩子们作为老式的"去学业化"幼儿园的"产物",将会在一年级时遇到种种困难,但孩子们因为失去游戏时间引发不快情绪,更使我困扰。我对自己的境况越来越不满意,甚至想要一走了之,干脆放弃教学。

当我同意成为埃里克森研究所的吉莉恩·麦克纳米(Gillian McNamee)和琼·麦克莱恩(Joan McLane)的研究助理时,我的窘迫境地得到了缓解。当时,他们正在进行一项研究,考察佩利在说故事和演故事方面的工作对幼儿叙事发展的影响(McNamee et al.,1985)。他们问我是否有兴趣参加这个项目。这意味着在其他工作之外,我需要在我的日程安排中为孩子们留出空间,让他们向我口述故事,然后在我的指导下改编成剧目。那时,我对佩利还一无所知,对儿童的叙事发展也只能说略知一二。然而,长期以来对故事和儿童读物的偏爱以及我对阅读教学的新兴趣,让我想到与吉莉和琼[1]一起工作可能会让我再多熬一年。幸运的是,我当时有幸与劳拉尼塔·杜加斯(Lauranita Dugas)搭班教学。

---

[1] 是吉莉恩·麦克纳米和琼·麦克莱恩的亲切称谓。——译者注

小小孩都需要的教室　　The Classrooms All Young Children Need

杜加斯是一位经验丰富的老师，她的智慧和慷慨鼓励了我。为此，我将永远感激劳拉尼塔。如果其他年轻老师也能如我这般得到那些年我从她那里得到的那种支持，他们也不会舍得离开幼儿园。

　　当时，我没有想到成为一名故事说演课程的执教者意味着我将要每天随时面对那些令我困惑的有关幼儿发展的问题。我也没想到我会遇到这么多令人兴奋的问题。最令我着迷的是，那种儿童内心世界和教室生活相融合的感觉。我记得，在故事说演课程开始了仅仅 1 个月左右，我就有了一种强烈的欲望，想知道达斯·维德[1]（Darth Vader）对孩子们来说到底是什么，为什么孩子们那么关心他？顺便说一下，什么是 aretoodeetoo？（显然，我错过了这部电影。）我还想知道出现在许多孩子故事里的"掉进洞里"到底有什么深层含义？为什么克里斯蒂娜总是被选中扮演公主？没过多久，我就发现自己在和家人、朋友聊天时，谈的也是为什么妮可热衷于在别人的故事里扮演角色，却从不给我讲一个自己的故事。让我感到意外的是，记录孩子们的口述故事让我不得不注意并鼓励他们逐渐形成的读写能力。他们的学习正以一种我在桌面活动中从未见过的方式活跃在我面前。孩子们在互相学习，他们很善于此道。例如科林，他会为了看我记录另一个孩子的故事而离开他的游戏，我发现他聚精会神地观察我把声音转化成文字记录下来的行为，而他最近刚刚被芝加哥教育委员会（Chicago Board

---

[1] 电影《星球大战》中的人物。

of Education）归类为"教育智能障碍"（educationally mentally handicapped），我实在无法把他此时的专注神情和这个结论建立联系。科林的行为让我决定密切关注孩子们的专注习惯。不久，我又开始观察谁能单独识别单词。有时我在听写故事时会故意停下来，问说故事的孩子如何拼写像"狗"（dog）或"妈妈"（mom）这样的简单单词，或者问问他们一个单词的首字母发音。那一年时间里，我对幼儿和读写技能习得的了解，比以往任何时候都多。

对读者来说，这些发现可能听起来很普通，但对我而言却意义非凡。作为一个年轻教师，这些发现对我的观念产生了前所未有的影响。在这之前，我的教室里从来没有一个固定的地方能够像这样引发孩子多种学习兴趣。在这个新生的说故事课程中，我找到了在那些我精心设计的学术性教学中寻觅已久却迟迟未能找到的理想的教师角色。当我开始听写记录孩子们的故事，并带领孩子们把那些故事改编成一出出戏剧时，我不再是一个单纯的教学者，而是变成了一个倾听者、观察者和探索者；我既是说故事的老师，也是学习教学的学生。我逐渐学会了引导性的教育方式，例如我会打断一个孩子的故事，问他："我不明白，托马斯，超人也在故事里吗？还是只是蝙蝠侠在想他？"如果我能恰当地提出问题或给予回应，托马斯会知道什么、问什么、发现什么呢？我又该如何理解这对于入学准备的价值呢？

那以后的几年里，我通过学校读写和文化项目的工作，以及通过教师专业培训的机会,在说故事课程方面培训和指导了很多很多老师。在这个过程中,我一再发现,竟然有很多人对我的新手教师经历有共鸣。那些和我有相似经历和感受的教师,都高度赞扬说故事课程的魅力,因为它能够帮助教师"重新看到"自己眼前的那些孩子的需要。我和劳丽·伦弗洛的交流为我们提供了这方面最新的案例,在我从教 20 多年后,我帮助她在纽约公立学校的学前班开展了故事说演。

和新手教师的故事

每当我开始指导一个新手教师实施故事说演时,我都会发现,尽管时间流逝,但他们的教学方法并没有什么改变。一个秋天的早晨,我在劳丽的教室里等着记录孩子们讲的故事。抬头四望,我眼前有熟悉的一盒纸、一堆铅笔、可以在房间里任何地方记故事的写字板,以及一张张写满故事的记录纸。③以我在这个教室中的经验而言,很快就会有一群说故事的人蜂拥而至。他们会迫不及待地讲述他们的家长里短,或者自己珍爱的超级英雄的稀奇古怪的故事给我听,他们还会优雅地在彼此的戏剧中出色地扮演角色。

然而,由于我前面提到过的学业压力下移的问题,劳丽比以往实施故事说演的老师更难挤出时间和孩子们一起完成这类活动。尽管如此,她还是尽量安排出一个能让孩子们满意的时间表,可是这样的话,孩子们就不得不忍受较长的转换过渡时间。

如果说我对劳丽的指导与以往的教师指导有什么不同,那就是我们会通过电子邮件定期交流。一开始,我们都把这种电邮往来当作两次见面之间的简短问答交流，但很快，它就演变成我们两个对说故事、演故事和小孩子的一种深入的思考和畅所欲言的交流方式。不知不觉间，我们已经用电子邮件通信 4 年了。本书附录 4 中包含了我们第一年的许多交流，这些交流着重讨论了在"成为故事教师"过程中出现的问题和一些重要的想法。我在下面提供了一个小范例来比较直观地表明我的看法，那就是新教师的成长之路和佩利发现故事背后意义的过程十分相似，而且他们也会发现说故事课程和早期读写能力发展之间的重叠。最重要的是，劳丽开始赞扬故事说演对激发幼儿高水平思维的作用，她说："人们总是说孩子不能进行抽象思考，但是在我看来，故事为我们提供了这样一个空间，在那里，孩子们发展、练习、投入到非常深入和抽象的思考之中。"

我们先来看看这段讨论。在这段邮件往来中，我们就孩子们把一个成人写的故事改编成剧本的话题交换了意见。正如在附录 1 的操作指南中所指出的，重要的是要把孩子们在幻想游戏或者自创故事中可能想借用的那些文学作品中的宏大主题或是议题展现给他们。在一开始，这也有助于他们在尝试表演自己的故事之前，先熟悉戏剧改编的一些原则。对于孩子们刚刚萌芽的读写能力的习得，以及对劳丽作为说故事教师的职业发展历程，我有一些简短的评论（此处电子邮件上方的标题，只是作为内容的导览，并无其他特殊用意）。[④]

对满足想象力的故事的需求

2004 年 9 月 17 日

寄信人：帕奇

收信人：劳丽

关于故事改编成戏剧，有什么好消息吗？

2004 年 9 月 17 日

寄信人：劳丽

收信人：帕奇

星期三那天，我的时间不够了。所以在放学前，我没有留足时间完成要做的事。我只是把《野兽国》(*Where the Wild Things Are*)读给他们听，在我读的时候，我请全班同学都来表演野兽的样子，就是乱吼乱叫啊，转眼珠啊，这样的动作……我计划星期一早晨再做一次这本书的活动，我会让不同的孩子扮演麦克斯(Max)。他们对野兽非常有兴趣，只可惜我没有给他们预留足够多的时间，这让他们很不开心。我想我会在星期一找时间先让他们演出，并且在这一周里给他们足够多的时间交换角色表演，因为我知道他们很想那样做。我总是会忘记他们在一开始时是那么小，还是只会扭来扭去的小家伙。哦，这就是有趣的学前班啊。我想我会一辈子都在学前班当老师，这里真是学无止境啊。我会随时向你讲述情况进展的。

把可以说的和可以写的连接起来

2004 年 10 月 26 日

寄信人：劳丽

收信人：帕奇

非常感谢你在我们的教室里开启了故事说演。彼得今天说了一个故事，他们还把它演了出来，非常有趣。他对我把他说的故事写成文字这件事非常着迷，而且，他有时还会在每个音节后停顿一下，似乎是为了方便我记录。

需要导师指导的部分：关于想象故事与基于真实生活的故事的一些问题

2004 年 10 月 28 日

寄信人：劳丽

收信人：帕奇

看起来，故事已经开始在我们的教室里生长了。我要再次感谢你带我们开启了这段旅程，鼓励我们尝试新鲜事物。从星期一开始，我每天都会记录孩子们说的故事，我们还会在自选游戏时间之后马上把它表演出来，我很喜欢这种紧凑的节奏，说故事的人也是如此。大多数故事讲的都是现实生活中的事情，我想这一定是写作班关注现实生活中的故事的结果。但我认为这种状况最终会自动松动。（马里萨为我们讲了一个她在家里和家人讲述的一个名叫飒可魔的恶魔的系列故事，马里萨只讲了其中的一个"章节"——马里萨和她的朋友们住在地下，计划趁飒可魔不注意的时候偷走他的早餐。）对于那些只愿意讲现实生活中的事情的孩子，你会不会建议我直接告诉他们可以编一个幻想中的故事呢？从来不画画的马歇尔（在书写时间，他总是坐在那里一动不动，除非我单独辅导他）今天讲了一个关于在棒球比赛中赢得一面旗子的故事——他在说故事方面，实在比在书写方面擅长多了。我真希望我之前没有要求他每天练习书写。

我想请教，当我在记录孩子们的故事时，针对他们说故事的方式，有哪些需要特别留意的。我现在会关注他们的眼睛看哪里，他们会不会调整讲述的速度等等，除此之外还有哪些呢？

2004 年 10 月 29 日

寄信人：帕奇

收信人：劳丽

  如果孩子们看起来不是处于一种停滞状态或者感到很无聊，我就不会去干预他们讲述的内容。毫无疑问，幻想故事会自己来临。（飒可魔已经让我们看到了这一点。我们可以鼓励马歇尔多讲一些旗子的事情，哪怕是他虚构的也没关系。）另一方面，如果你只是单纯出于好奇，你可以尝试着把他们从个人叙述中拉出来，在小组活动时，稍微提醒他们听写的故事可以是他们想说的任何故事。（除了厕所故事和过于暴力的故事。）

  关于真实的和不真实的事情：我想我不会在具体的事情上贸然行动。我更想知道的是，孩子们在想着什么"非真实"的事情。

富于想象的文学作品对说故事的影响；对付坏人；轮流说故事

2004 年 10 月 29 日

寄信人：劳丽

收信人：帕奇

  艾莎今天讲了一个故事：小鱼一家去度假，唯独没有带他，他一个人很孤单。他遇到了一条好鲨鱼，和好鲨鱼交朋友了。这时，坏鲨鱼来了，小鱼和好鲨鱼还有其他小鱼一起组成了一条巨大的鲨鱼，吓跑了坏鲨鱼。简直就是《小黑鱼》[1]（*Swimmy*）的场景重现。昨天我才给他们读了《小黑鱼》。有趣的是，艾莎选择扮演小鱼的妈妈，一个很小的角色，一出场就去度假了。而她请德鲁（一个非常安静的男孩）扮演主角小鱼。

回复：关于轮流说故事。我会把想要说故事的孩子按顺序排列在说故事名单上，我刚刚才核对完这个名单，今天轮到艾莎说故事时，曼纽尔和贾丝明都问我星期一能不能也来说故事，所以我又把他们加在了名单上。先是曼纽尔，然后是贾丝明。

2004 年 10 月 30 日

寄信人：帕奇

收信人：劳丽

回复：虚构的故事，还是真实的个人叙事，我想已经讨论得足够了。孩子们已经找到了跨越的办法。

---

[1] 李欧·李奥尼的绘本作品。——译者注

故事说演的吸引力；还在与学前班读写课奋战

2004 年 12 月 21 日

寄信人：劳丽

收信人：帕奇

我们已经整整两天没有听写故事了，因为我得投入到样式繁多的节日自选活动项目工作中。然而，孩子们一直在不停地要求我记录他们的故事——我明天必须要开始了，不然他们一定会闹翻天。我真希望我能取消写作课，实际上，在书写与游戏有关的符号、卡片或者清单时，他们对书写的兴趣更浓。我认为，如果读写课程用说故事的方式展开，他们一定能很好地学习读写。可惜这不是我能决定的。

是故事吸引他们，驱动他们，他们需要的是故事。要知道，如果有一天我们没有写作课，孩子们才不会主动要求呢，哎……

关于想象力丰富的故事

2004 年 12 月 23 日

寄信人：劳丽

收信人：帕奇

今天的学前班，一切都那么美好。安德鲁讲了一个关于去牙买加海边游泳的故事。他说他看到一条电鳗。当他回到家的时候，灯都灭了，因为电鳗把所有的东西都电坏了。安德鲁的妈妈叫来了点灯的人，他又把灯点亮了。然后大家都睡着了。

2005 年 2 月 10 日

寄信人：劳丽

收信人：帕奇

你还记得那个小布莱克吗？他今天终于不讲超级英雄的故事了（令人惊喜），他讲了一个姜饼人的故事。姜饼人从一位女士那里偷了一辆马车，马车里有三个宝宝和一只狐狸。然后他又把它送回了那位女士家。这位女士想煮了他，他逃了出来，跑到狐狸的家。狐狸的家在水里，因此他就溶化掉了。狐狸吃掉了他。当他刚开始说故事的时候，他说："这个故事里没有女孩。"但后来他想要马里萨、埃玛和贾丝明演宝宝，基亚演那位女士。严肃的马歇尔演狐狸。布莱克自己演姜饼人。他今天太开心了，笑了足足有 1 个小时。他难得能笑得那么开心。

小小孩都需要的教室　The Classrooms All Young Children Need

2005 年 2 月 12 日

寄信人：劳丽

收信人：帕奇

　　隔壁教室的苏珊老师是我的朋友，下周她也要在她的教室里开展故事说演了。她把书都整理好了。哦，你要是看到昨天卢克的故事，一定会非常喜欢，这个故事的名字是《极速赛车手》（The Orginal Speedracer），里面充满了有趣的对话。其中，《极速赛车手》那首歌是必不可少的，在我记录故事的时候，他问我，观众们能不能一起唱那首歌，他说"因为我们每个人都是演员"。然后在表演之前，他教所有小朋友唱这首歌。每个小朋友都非常积极地参加，在演出时，当他们看到和卢克约定好的暗号（就是极速赛车手跳上车的时候），他们整齐地唱出"出发，极速赛车手，绕着小镇转"。那真是一个美丽的时刻——有趣，而且非常美妙，所有的孩子都那么专注，那么集中，那么全神贯注地创造着故事的世界，没有一个孩子不沉浸其中。在一天中的其他任何时间都难得看到这样的场面，除非是我们讨论一些对他们来说非常重要的话题，比如如果有人不愿意，我们是否应该要求他们扮演坏人。孩子们断然选择了否定。

成为一位知识丰富的故事老师

2005 年 2 月 13 日

寄信人：劳丽

收信人：帕奇

我正忙于列出为何故事如此重要的理由。以下是我的一些想法。

评价 / 促进读写发展

- 幼儿练习理解事物。
- 我们支持并肯定他们对故事的理解。
- 我们关注并支持幼儿与口述记录的故事之间的互动——是否能顺着故事线前进？有没有注意到字母、空格、熟悉的名字、常见词汇、标点符号、从左向右的阅读顺序？能否调整语速以配合老师的记录速度？
- 在幼儿的讲述中，我们支持他们的语法发展。
- 在自己能够正式书写之前，孩子们需要模仿榜样——他们需要经常看到我们把字写下来。他们一定会关注这个书写行为，因为那是在记录他们自己的故事。
- 孩子们逐渐认识到写作就是为了把有意义的事情记录在纸上。

• 听写故事／改编成戏剧能帮助孩子们爱上故事说演——或者更确切地说，他们本来就深爱着这个活动，我们只是为他们提供了空间、时间和关注。（包括听写时教师对个人的关注和改编成戏剧表演时来自群体的关注。）

评价／促进社会性发展

• 故事涉及公平问题，无论是说故事的人还是演故事的人，都需要轮流在名单上登记，然后按顺序进行。

• 故事提供了一个通过共同解决问题来建立集体的机会。（例如在一个有关派对的故事里，孩子们会讲到如果一个派对不是所有人都受到邀请，那该有多么令人难过，诸如此类。）

• 每个幼儿都有很多机会公开受到关心和赞美。

• 幼儿可以在群体中充分地表现自我控制。

• 幼儿把自己视为有自己的故事要讲（要导演）的个体，同时也把自己视为群体中的一员，一个观众或群众演员。在故事中，个体和群体的概念才没有相互抵触。

• 幼儿通过故事处理好与坏的问题，处理让他们害怕的事情。

• 故事缔造了一个不具有威胁性的场域，在那里，孩子们可以与老师、同伴彼此分享真实的自我。

• 将故事表演出来符合他们的发展水平——他们需要大声说出来，需要肢体的表达。

- 幼儿的幻想世界可以通过故事说演活动进入教室。

在发展进程中评价说故事

2005 年 4 月 16 日

寄信人：劳丽

收信人：帕奇

　　昨天，我浏览了这一整年里孩子们讲述的故事，我发现在这一年最开始的时候，我们得到了很多真实的故事——孩子们确实需要足够的时间才能爆发出来——而现在，在现实与幻想的天平上，我们已经向另一个方向倾斜了。你认为他们会受到年初这段时间里这些大量的个人叙述的影响吗？孩子们更多的是从真实生活故事开始他们的讲述，这是典型的状态吗？

与故事说演课程新手教师分享经验；把水搅浑

2005 年 5 月 24 日

寄信人：帕奇

收信人：劳丽

　　我希望你知道，昨晚能听到你的演讲，对我的学生们来说非常重要。我在说故事方面给他们出了一道难题,因为他们所在的场所以及教育经验来源,要么是在课外学校,要么是在那些把拼写单词当作读写课程全部任务的州的学校。我真的觉得我搅乱了你们的一池清水。但我非常希望你能认识我们的休斯敦团队。

2005 年 5 月 24 日

寄信人:劳丽

收信人:帕奇

见到你的学生真是太好了。我觉得我们的讨论几乎就要触及更深层次的问题了。说到我的教师会议,我们对所有孩子的户外活动进行了基本的观察,我们对所看到的各种各样的游戏,包括角色游戏、乐高游戏等等进行了讨论。

我们很想知道如何在我们现行的课程框架中支持超级英雄类型的游戏——我谈到了故事,在故事说演活动中,他们有多投入,故事对他们而言有多重要,而且很容易融入现有的课程当中。

我们还讨论了这种类型的故事可以加强孩子的团队意识,使他们成为团队的一分子,而不是一个个单独的个体。我还希望我能看到更多的案例,那些能实现发展适宜性教育的幼儿园案例。你说得对,你扰乱了我的一池清水,但我为此深深感谢你!水至清则无鱼,这意味着……我想不出合适的比喻了……无论如何,我的思考源源不断而来。看起来,了解儿童的发展水平至关重要。

向读写的转化：评价和评估

如果说《沃利的故事：幼儿园里的对话》是佩利说故事课程的开端，那它同时也标志着佩利从此决定不再谈论正式的读写教学：

> 参观者们常常对教室里贴得到处都是的几十个故事感到困惑。每个故事都写着记录日期和演出日期。假如孩子们希望再演一次某个故事，他们就会把故事留在学校里。他们要等到新故事比较少的那一天再演，而上面的日期会告诉我们哪一个等得最久。
>
> 一位参观者问："那你教阅读吗？这些故事就是你的教学方式吗？"
>
> 我回答："并不尽然，不过有些孩子的确从中学会了如何读这些故事。但我们只认为自己是演员，而这些故事是我们的剧本。"（1981：166）

直到10年之后，佩利才愿意承认故事说演也蕴含有正式读写的学习机会，包括规则意识的发展。那些规则使故事的创作、倾听和反应成为可能。她意识到，这些内容可以与读写学习的要求相关联，她说："（说故事和演故事）包含了语言和思维的全部内容。学术学习可以是戏剧创作智慧的接续和拓展。"（1990：35）最后，尽管佩利从未回顾过说故事课程对读写技能本身的影响，但她在《游戏是孩子的功课：幻想游戏的重要性》一书中为游戏对早期读写能力发展的贡献进行了正式辩护。

非正式的幻想游戏和说故事课程在语言和叙事方面有着相同的理论特征，是读写学习的两大关键需求（Dickinson, Tabors, 2001；Halliday, 1973；Snow, 1991；Snow, Dickinson, 1991；Wells, 1986）。二者的发展都依赖于词汇的发展、谈话能力的拓展和叙事感的发展，并同时为这些方面做出了积极的贡献。维尔茨（Wiltz）和费恩（1996）将说故事课程描述为"叙事课程"（narrative curriculum），它涉及书面语言的其他组成部分，如对印刷品的概念和对文本的理解。（请参考附录2中五岁马克的故事，这个故事反映了一学年里，幼儿的语言和叙事能力的发展。还有一些孩子在幼儿园到学前班之间的那个暑假中为期三周的夏令营里口述的各种各样的故事。这些故事呈现了孩子们是如何快速地从彼此的故事中挖掘到新的词汇、语言和概念的。）在我有限的实际观察基础上，我对说故事课程的组成部分进行了概念分析，分析结果表明：

与文献中所呈现的早期读写教学目标相比（参考 Cooper, 2005；Au, Carroll, Scheu, 2001；Cowen, 2003；Dickinson, Tabors, 2001；Morrow, 1990, 2002；Sadoski, 2004；Xue, Meisels, 2004），说故事课程满足了所有早期读写能力发展的重要指标。概述如下：

早期读写发展指标：口述记录

- 动机。
- 口语发展：口语表达，词汇，句型，母语，标准英语。
- 叙事形式：故事如何运作，故事从何而来，故事由什么组成，顺序，情节发展，人物塑造，写作过程，作者意图，想象力的运用。
- 书写的共识：书写的运作方式，包括书写的方向、单词之间的空格、字母、单词和标点符号。
- 代码：编码和解码的基本原理。
- 词语学习：常见字，拼音规则，拼写规则——阅读理解。

早期读写发展指标：戏剧改编

- 动机。
- 叙事形式：故事如何运作，故事来自何处，故事由什么组成，顺序，情节发展，人物塑造，写作过程，作者意图，想象力的运用。

- 理解：阅读理解。

使用多种早期读写标准化测量方法对说故事课程进行的实证性研究，虽然规模不大，但却呈现了不断增长的趋势。这些研究考察了说故事课程对特定读写技能的影响，并发现了一些颇具长期指导意义的结果。麦克纳米和同事们（1985）发现，参与故事说演的幼儿，其叙事能力远胜于控制组中单纯听故事的幼儿。艾珀碧（Applebee）1978年所改写的维果茨基的概念发展阶段为这种评价研究提供了理论模型。最近，我和我的同事提交了一项准实验研究报告，该研究讨论了说故事课程对双语儿童词汇发展以及对他们习得读写亚技能的影响。我们的研究结果表明，说故事课程对这两项指标的增长都具有显著性影响。[5]除了关于性别和身份的研究外，妮可洛普洛还做了一项关于说故事课程与叙事发展关系的研究，这一研究尤其引人注目（Nicolopoulou, 1996, 1997a, 2002；Nicolopoulou, McDowell, Brockmeyer, 2006）。[6]正如我们所见，在她的重要发现中，说故事课程为同伴群体提供了鹰架辅助幼儿思维发展的机会。

这些研究的重要性有两个层面。首先，他们证明，真实的、有上下文语境的、与文学相关的活动，如说故事课程，可以提高幼儿的语言和叙事技能。这对一般的早期读写课程的设计，以及对在早期教育教室内保留幻想游戏活动都具有重要的意义。第二，这些研究直接反驳了批评者坚持认为的低收入家庭儿童无法实践此类课程的说法，因为这些课程是深植于儿童的日常家庭生活的。考虑到语言和叙事发展对阅读和理解的长期影响，我们反倒应该问他们，那些处于经济弱势的家庭，如何实践那种无法提供日常语言文化脉络的课程。

建构意义

说故事课程可以通过对故事的审美性参与，发挥对幼儿词汇、口头叙事能力和读写亚技能的影响作用，进而对幼儿早期读写能力做出贡献，但这仅仅体现了一半价值。它的另一半价值在于让幼儿因为自己写故事的行动，而认同自己是个真正的说故事的人。当人们谈到"写作"（writing）这个概念时，我想它和佩利所描述的孩子们在自由玩耍时的"写作"场景并不是一回事。在自由游戏中，一个人写出的故事，会被其他孩子阅读并参与其中。那些小作家创造的形象鲜活生动。在说故事课程中，他们所从事的写作是非常真实的。他们当下完成的事情，是为未来成为条理清晰且具有创造性的作家所做的最初的、最重要的准备，而这才是"写作"这个词的本义。但是，说故事课程对儿童写作培养目标的理解，与其他旨在直接教授儿童写作技能和策略的课程相比有着不同的态度。我这里所指的，是那些推动在学前班开设"写作课"，或者在学校或幼儿园开设早期读写课程的现象。虽然这种相较于读写技能教育的关注较少，但它同样令人不安，因为它也同样与幼真正的早期读写学习的需求背道而驰。

幼儿写作课建立在这样一个假设上，即孩子们应该重视并依照成人作家的写作习惯来写作，越早越好。但从发展的角度来看，这对七八岁以下的儿童来说是一个非常可疑的命题。我有足够合理的理由认为，直到小学二年级才适合开始安排写作的预备课程。尽管我们在孩子们的幻想游戏和说故事中看到他们有能力创造出在心理学上具有意义的故事，但他们并不倾向于精心打磨他们的叙事技巧，以及有意识地、创造性地表达自己。他们讲述和表演的故事构成了维果茨基所谓的"书面语言"写作，这反映了他们关注的是参与文化的行动，而不是一套技能的呈现。如同我前面所讨论过的，幼儿们说故事——写故事——演故事这个过程的重点是去了解和被了解。过早地强调他们做得有多好，似乎完全错失了这一焦点。从附录3中的故事案例来看，孩子们的故事有时千篇一律，甚至单调乏味，那都不是问题。有时候我们会赞叹他们出其不意的用词或者意想不到的情节转折，我们甚至会误以为那是他们刻意的创作。然而事实是，幼儿园和学前班里的孩子，还不需要成为"作家"。他们更需要的是成为说故事的人，他们需要的是用叙述性的语言来展开他们的生命历程。而过早地聚焦于写作的基本技巧，反而会欲速则不达。

为幼儿设计的写作课程中，最为有名的就是露西·卡尔金斯（Lucy Calkins）及其团队的作品。她出版的《写作教学的艺术》

(*The Art of Teaching Writing*, 1994），以及最近出版的《新手作家单元课程：用一年学写作（学前班到二年级）》[*Units of Study for Primary Writers: A Yearlong Curriculum (K-2)*, 2003]，影响甚广。简单说来，在卡尔金斯版的写作课程中，所有的孩子一进入学校就会在她的帮助下成为一个作者。更重要的是，他们要像一个真正的作者那样从事写作。他们必须经常且独立地写作。无论他们的书写技能水平如何，都不能由人代笔记录口述故事。一旦他们掌握了足够的单词或符号时，也就不能再用图画表达意思了。他们被期望尽早开始注重写作技巧并且不断修改文章。我去拜访过的几乎所有教室里，都有规格一致的小作家们的笔记本和文件夹。他们已经完成的作品和正在进行中的作品，都会以大声朗读或自制书籍的方式"出版"。

就我的经验而言，我认为，如果忽视了孩子们对写作的内在兴趣，那么在二年级以下开设专门的写作课就会存在严重的问题，甚至可能有潜在危害。而且，这样也容易给教师带来不切实际的预期。正如维果茨基所说，幼儿能使用象征符号并不意味着他们就是数学家（1978：94），同样，孩子们那些远超出其实际需要的读写行为，也不意味着他们就是作家。正如杜威所写的，我们习惯性地使用作家这个概念，只是因为我们喜欢在教育中简单化地认为"起点即终点"（end in the beginning）。我们会认为授予孩子们作家的头衔并无恶意，也不会对他们造成任何伤害。但是，当我们对他们的实际表现有真如作家般的期待时，我们就会令孩子对自己的认识产生困惑。维果茨基告诉我们："在儿童早期，当我们把写作当成一种孩子能够灵活运用的技能来进行教学，而不是将其视为一种复杂的文化活动时，矛盾就出现了。"（1978：118）的确，有强有力的人类学研究表明，中产阶级的家庭环境为年仅一岁半的儿童提供了自由写作或绘画的机会，他们可以模仿成年人的行为，也可以对自己的想法做出反应（Clay，1975；Schickendanz，1999；Teale，1978；Taylor，1993，1998）。因此，我们有理由相信应该在幼儿的教室里布置大量的书写材料，有专门的写作空间，让他们有时间进行独立探索。孩子和老师一起进行的合作写作（shared writing）以及其他类似的活动是早期读写课程的精彩组成部分。但是，我要指出的是，专门的写作课的问题在于，它所依赖的作为前提的"文化活动（cultural activity）是"作者是艺术家的写作"，而这并不是幼儿在其发展阶段中最需要的写作文化。

让我们从禁止听写的规则开始，讨论一下说故事课程和儿童写作班之间的一些实际区别。有经验的老师都知道，用编码解码的方式进行单词教学，对年龄越小的孩子越困难，更不用说用符号来表达完整的思想了。首先，存在一种生理上的困难，小孩子要用很长时间手持铅笔，才能把想法记录在纸上，而这对他们来说是非常困难的。学前班的孩子们写得很慢，对一些孩子来说，即使一个只有 25 个字的故事也需要写很长一段时间。而马丁所讲的那个故事，足足有135个英文单词。另一个与编码解码教学相关的问题是，由于正常的语言和认知发展规律，小孩子想要讲的故事总是包括他们会说但不会拼写的单词。而这往往会让年幼的孩子感到焦虑，学前班孩子尤为严重。发展理论告诉我们，这个年龄段的孩子只是刚刚开始发现单词拼写的一般规则，他们很高兴自己能正确地拼写，即使这意味着他们需要更多帮助。在写作课上，老师通常会建议孩子们把不认识的单词借由发音规则的指导拼写出来，或者也可以请教身边的伙伴。但是，用发音规则来推测拼写，不仅会打断孩子们的思路，而且当他们目前掌握的语音规则不支持推测出这个单词的正确拼写时，那就更加无益了。请教同学也不一定是好的选择。我见过许多在写作班上遇到拼写困难的孩子，他们太害羞了，不敢向别的孩子求助，即使鼓起勇气求助，结果也是遭到拒绝。在写作课上，老师还经常会规定"不许涂改"（no erasing）。然而，我们却得到了另一种有趣的发现。无论是在说故事课程中使用听写的方法记录孩子的口头叙述，还是积极地为孩子的拼写提供帮助，都没有抑制孩子独立进行写作的兴趣。正如妮可洛普洛、麦克道尔（McDowell）和布罗克迈尔（Brockmeyer）（2006）提供的令人信服的证据表明，幼儿参与故事说演显然有助于提高其独立日记写作能力。

　　写作课的另一个与佩利的教育理念相悖的关键因素是它把写作作为一门技术（craft）来进行教学。例如，卡尔金斯（Calkins,

2003）建议教师可以围绕文学元素的使用来设计迷你课程，比如隐喻和明喻。她认为，这样可能提高孩子们的写作水平，提高作品质量。在说故事中，老师们用听写的方式记录下来的孩子们自发的讲述中，也会自然而然地出现隐喻，只是他们对语言的控制还没有达到有意制造出这些隐喻的元认知水平。因此，我们有必要质疑，这样的写作课对孩子们当下想要讲述的故事或他们未来成为一个写作者而言，到底有多必要？至于修改，如果孩子们想要"出版"他们的作品，那么写作课通常会要求他们对自己的作品进行编辑和修改。同样，只有当我们假设孩子们天生就喜欢让他们的故事在形式上尽善尽美时，这个要求才是合理的。

如果我们说以独立写作和以雕琢技巧为目标的写作教学对幼儿来说并不合适的话，那么这种教学目标的局限性与卡尔金斯所写的《点滴时刻：个人叙事写作》（*Small Moments: Personal Narrative Writing*，2003）一书中所概述的内容驱动型（content-driven）相比就显得微不足道了。在卡尔金斯写作课程的这一单元里，她认为，成为一个真正作家的最佳途径就是以"真实"生活为基础，并且以曾经亲身经历过的（或由此展开的）细节为更佳。显然，这种观点排斥了所有以幻想为基础的故事，而且它甚至试图把孩子的关注点从那些虽然他们并未亲身经历，但也许是真实的事物中抽离出来。我从"开启写作课程"（Launching the Writing Workshop）节选出以下文字，能更加清晰地表明这一观点。

这一段描述了一位老师如何用角色扮演的形式,来向学前班的小朋友示范一个真正的作者是如何选择主题的。那些孩子还只会选择自己喜欢的主题(比如彩虹),而老师则教他们真正的作者在选择主题时是如何思考和感受的:

> "嗯……我应该写什么呢?"她停顿了一下,用一种毫无热情的声音说:"我可以写彩虹……"她摇了摇头,似乎要打消这个糟糕的念头,她说:"但你知道吗?我从来没有和彩虹打过交道。我想我应该写一些我知道的事情。嗯……我知道,我每天早上都去跑步,当我跑步的时候,会有一些有趣的事情发生。我可以告诉你有一天在我跑步的时候发生了什么。"(2003:3)

先不说这位老师模拟的作家腔调和她所呈现的作家写作故事的真实性如何,但是,她的这番表演会让年幼的孩子们认为"在我慢跑的某一天发生了什么"比"彩虹"更吸引人。这种观念的传递,正是学前班或幼儿园教室不应该开设写作课的根本原因。正如意义教学法所指出的,孩子们想要写(或讲)的真实故事是他们当下陶醉其中的事情,或者是他们想要知道更多的事物,比如彩虹。这并不意味着他们所说或所写的事情是真实的或是能引起大家普遍兴趣的。无论写一个彩虹故事的愿望是与他们的绘画能力有关,还是与天空中真实存在但又难以捉摸的彩色条纹现象有关,小孩子,尤其是女孩,确实喜欢讲彩虹的故事。在我其中的一个班级里,在一次说故事活动中,就有孩子这样说:"他们早晨醒来看到了彩虹,然后他们就去上学了。"来自故事说演课堂的主题还有很多,比如,如何死而复生;一位教师如何同时既住在布朗克斯又住在海地。此外,还有绿女巫、笑虎、时间旅行、海绵宝宝(Sponge Bob)里所有的角色和黑暗骑士(Dark Knight)的故事。即使是四五岁的孩子,他们也能理解世界上的知识可以区分为真实的和想象的,他们并不会将二者混淆。令他们困惑的是,为什么有人会坚持认为其中一个要比另一个更好。

谢利·哈韦尼(Shelley Harwayne,2001)认为,写作课程在想象力问题上迷失了方向。她认为,即使是小学高年级学生,也不应该被强迫要求只写作那些绝对真实,或是只能反映主流文化观念的东西,她还敦促教师应该挺身而出,反对这样的要求。尽管有她和其他人的反对声音,但还是有大量的证据表明,在全国各地的写作课教室里,那些富有想象力的故事情节被系统性地从小小说故事的人的创作中禁止了。我认识的一些学前班老师每周有两天实施说故事课程,因为他们想这样做,而其他时间则是写作课,因为他们不得不这样做。在上写作课的日子里,规则是"必须写真实的故事,孩子们要独立写作"。而在说故事活动的日子里,规则就变成"你想说什么都可以,老师帮你记下来"。孩子们有时会被搞糊涂。我亲耳听到许多孩子这样问老师：今天是讲真实故事的日子，还是讲我们自己的故事的日子呢？

维果茨基将写作描述为"循序渐进的发展"（organized development，1978：118）。从这个观点来看，很明显，急于让孩子们遵循年长作家的习惯和做法至少是欠考虑的；而更坏的影响则是不尊重幼儿的想象，不尊重他们对故事和审美的渴望，进而可以说是违背了幼儿阶段发展的规律和本质需求（Dyson，Genishi，1994；Rosenblatt，1978）。维果茨基认为，"书面语言"的成就，是基于"孩子所需要的""有意义"的东西的读写教学的结果。而最好的意义来源是环境和富有想象力的游戏（1978：118）。维果茨基对书面语言学习途径的论述与杜威的教学目标定位理论交相呼应。杜威写道："教师应该知道，我们让孩子去从事的活动，应该反映出他们今天的'最高能力和兴趣'，而不是明天的。"

> 对孩子们而言，趁热打铁这句话再合适不过。也就是说，有些事情，他们要么现在就做，要么就永远不会再做了。而这些珍贵的瞬间，如果加以选择、利用和强调，它们可能成为儿童整个成长历程中一个重要的转折点，但机会却往往稍纵即逝。孩子们的许多行为和感觉都可以被视为某种预言，它们仿佛光芒闪耀的曙光，将会长久地照亮孩子们未来的漫漫长路。

而我们能为他们所做的则寥寥无几，大概也只能是给予他们公平而充分的机会，然后静待未来展开它应有的方向。([1900] 1990：192)

对于四到六岁，甚至是七岁的孩子来说，故事说演最能体现他们的语言发展水平和想象力。如果早期教育要为孩子们的未来做好准备，那么包括写作课在内的这些方面就应该被给予特别关注。我们很难准确地指出孩子们什么时候才能准备好从写作课提供的诸多好处中受益，但可以肯定地说，我们可以安心等待他们总有一天会告别圣诞老人、迷路的小孩以及蝙蝠侠。在适当的时候，他们会将幻想安放在童年中期，也许是在地下，在兔子洞里，或者在彩虹上。那些写作体裁，以及各种风格相关的文学元素，都会令他们着迷，然而，若过早地坚持将这些作为知识灌输给孩子，反而不会让他们成为更好或更令人满意的作者、读者或者思考者。

☆

佩利的教育哲学衍生出围绕于故事说演的特定教学实践，这种方法既支持幼儿探寻意义的过程，又促进了他们早期读写的发展。幼儿园和学前班中的故事说演可以从其基本元素中看到它的优势，从给予幼儿自由想象的空间到通过提问、修正和引导技巧在与读写相关的问题上给予他们帮助。孩子们参与故事说演活动，扩展了幻想游戏自身的价值，并且提供了更多机会，让他们在与老师和同伴的互动中练习口语、词汇、叙事结构和有关文字的概念。作为一种有着丰富文化意义内涵的活动，参与故事说演也帮助幼儿获得了更为丰富的故事概念、叙事结构以及书面语言。这充分体现了佩利意义教学法理念的说故事课程，和幻想游戏一样，它彰显了佩利所强调的多种可能性、个性化以及在情景脉络中的指导等理念。

首先，因为老师完全可以相信孩子们一定会被故事说演活动所吸引，就像他们会被幻想游戏所吸引一样，所以她必须"编写"好教室时间表，以便能让故事说演活动变成教室里的常规活动。她还必须准备好相关材料和说故事的名单，以便能够按照名单上的顺序进行。

其次，由于故事说演是一种高度个人化的活动，教师的首要任务是帮助幼儿们创造出他们真正想要讲述的故事，也就是说，是真正属于他们头脑中的故事。在起步阶段，教师必须提出问题，并找到其他方法来确保她所记录下来的内容能够充分地表达说故事者的意图。她必须做好充足的准备来帮助孩子建立起生活中的一些连接，有时候，这些连接连孩子自己都未必意识得到。（一位教师在记录中这样写道："然后这个男孩说'哇，哇'？这就是你想让我记下来的吗？那个男孩是在哭吗？我猜你的宝宝哭得很厉害。"）帮助幼儿讲出个人化的故事，也意味着教师必须对自己如何接受孩子们的兴趣做出决定，因为总会出现一些看起来不那么合适的话题（比如我就会告诉孩子们，我不会记录下他们说的那些关于"厕所"的故事），但老师还必须对一些并不太冒犯，但也会让自己不那么喜欢的话题做出深思熟虑的回应，比如超级英雄的故事。还有一些需要小心处理的微妙话题，比如孩子的家庭问题。处理此类问题应参考教师在围圈谈话时间处理相关话题的标准。与充满争议的话题相对的另一个极端是枯燥乏味的话题，也就是那种被老师称为"然后，然后"的似乎什么也没发生的故事。一旦老师认为"然后"不再是孩子们为了继续发展故事而使用的连接词，而是表示孩子的思维被卡住时，她可以为孩子提供一些帮助，推动他们的故事继续前进。孩子们的叙事结构，为我们提供了大量直接教学的机会，同样也有大量发展读写技能的机会，而这正是我们可以从故事说演中延伸出来的第三课。

佩利说过，幻想游戏会让幼儿们反省、思考、想要知道"如果……会怎样？"（2004：92）。通过故事说演活动，他们可以更好地控制自己的思考过程。这些活动可以为孩子们创造出最适合他们的最近发展区，教师可以借助最近发展区来记录或指导故事，实现孩子们更好的发展。正如我所建议的，老师在面对孩子们的诉说时，可以为他们提供一些最基本的情绪上的协助，以帮助他们思考一些更高层次的哲学命题，比如，当你看到小弟弟肚子痛时，你会有什么感受。她还可以帮助幼儿对自己要讲的故事做一些梳理。比如，她在记录孩子的故事时，可以放下笔暂停一下，然后这样说:"我觉得你脑子里想的画面和你现在说的故事不大一样,你能先停一下,再给我讲讲……的事情吗?"此外,她还可以在特定的读写技能方面提供帮助。说故事和演故事都可以为教师提供随机加强孩子书写概念、单词学习以及读写技能和理解力方面的指导机会。她可能只是简单地让孩子注意她书写的某个特征,一个多次重复的单词或者一个句号是如何使用的。她也可以追踪孩子的视线,以了解他们的阅读状况。当老师、参与故事说演的孩子以及全班同学一起讨论故事里的角色与观点时,孩子们的理解力就会逐步得到提升。

① 以下是对说故事课程方法的概述。然而,无法尽数,只是提供一些建议。附录1中提供了更详细的指导方法,但也不可能完全包括。所有执行说故事课程的老师,包括佩利,都把自己的风格和喜好添加到实施过程中。附录2、附录3和附录4提供了一些来自教学现场的故事范例、故事听写记录和注释。
② 在《塔利老师的教室:孩子们,我们来说故事》一书中,佩利建议,当幼儿的年龄、时间或课堂条件不允许听写个别孩子故事的情况下,可以用群体记录的方式,来获取孩子们说的故事。
③ 在学校读写和文化项目的课堂说故事计划中,许多教师都曾尝试用电脑记录孩子的故事。现在,他们中的绝大多数已经回归到用纸和笔进行记录。首先,手握铅笔可以让老师在教室的任何地方进行听写。更重要的是,坐在孩子旁边听他讲故事会产生一种亲近感,这种亲近感总是比坐在电脑屏幕前更令孩子满意、更有成就感。
④ 本文中所用的教室里所有的名字,包括劳丽,均为化名。这些电子邮件经过了简单编辑,以简化格式和消除小错误。
⑤ 我们利用表达性词汇测试(Expressive Vocabulary Test)、皮博迪图片词汇测验(Peabody Picture Vocabulary Test)和怀特赫斯特的阅读准备测试(Whitehurst's Get Ready to Read)等工具,收集了测试前和测试后的分数。我们发现,在皮博迪图片词汇测验和阅读准备测试中,都呈现了显著性差异(我们猜想是孩子的英语技巧妨碍了他们在表达性词汇测试中的表现,该测试是根据地区要求用英语进行的)。
⑥ 妮可洛普洛和里希纳(Nicolopoulou, Richner, 2004)的研究发现,同伴依赖结构的故事说演课

程显著地提高了儿童的叙述技能（在表达性词汇测试和基于形象的叙述任务测得）。还可以参考费恩、阿迪拉-雷伊（Ardila-Rey）和格罗思（Groth，2000）的研究，他们将儿童对与文学相关活动的兴趣，与他们参与说故事课程或"作者椅"（author's chair）活动相关联，"作者椅"就是专门为孩子设置的和同学分享故事的地方。研究结果表明，在说故事的教室里，孩子们的幻想游戏增加了，在有"作者椅"的教室里，与书本相关的活动也增加了。考虑到幻想游戏在儿童发展中的叙事和语言技能方面的作用，这至少是一种有趣的权衡。最后，关于说故事课程对幼儿读写能力发展影响的研究很可能会随着时间的推移而增加。在对三种类型的"创造性戏剧"——主题即兴创作（生活主题）、基于故事的即兴创作（以文学为基础）和古典式即兴创作（儿童创作）——与口语发展之间关系的研究回顾中，我们发现，只有古典式即兴创作的研究一直延续到新世纪（Mages，2008：131）。

但茂源（4岁）

PART II

Relational Matters: A Pedagogy of Fairness

第二部分 人际关系：公平教学法

Teaching as a Moral Act, Classrooms as Democratic Spaces

第四章　教学是道德行为，教室是民主空间

> 对每个人而言，自我与社会都存在着某些纠葛，而冲突表现的方式却千差万别。
>
> ——薇薇安·佩利《共读绘本的一年》

小小孩都需要的教室　The Classrooms All Young Children Need

在本章中,我将探讨教学中支撑公平优先的理论基础。就某些定义而言,在教室中要求完全公平,显然是一种自相矛盾的目标。为了满足一些人的需要,另一些人势必就要做出牺牲。这又何谈公平呢?可以说,这是对公平教学法的挑战,但它却贯穿了佩利研究的所有主题。公平教学也意味着我们要主动去发现每个孩子的独特故事,也就是说,我们不能守株待兔。我将从自己作为教师的亲身经历中,反省不公平教学对幼儿的学校生活带来的无心后果。

☆

薇薇安・佩利的作品从一开始就受到公平教学理念的影响。她的第一本著作《白人老师》的写作灵感,就来自于黑人孩子遭受不公待遇的种族公平议题。她把这个问题带进了此后所有的研究当中,每一年她都会扪心自问:"我的教室,对每一个走进来的孩子,都是公平的吗?"([1979] 2000 : xv)我在描述佩利的公平教学法时,总会提到她所说的:小孩子最初走进学校时要面对的最大的恐惧是孤独,因为学校的运作方式带来一个残酷的事实——不是每个人都受欢迎。尽管我们的文化总是把学校描绘成一个公平的地方,把童年早期描绘成一个天真无邪的纯真时代,但佩利却极力反对这种神话。她让我们看到,从对学业成就的期望到谁被邀请参与游戏,排挤现象早就渗透到幼儿学校生活的方方面面。随着研究的深入,佩利发现早期儿童教育对排挤现象有着很高的容忍度,而且这一问题影响极为广泛。因此佩利也不得不挖掘得更深。她告诉我们:"我们试图在学校教育中达到很多目标,然而我们的孩子却不见了。我们对此负有不可推卸的责任。我们必须意识到每个孩子本质上的孤独。无论哪个年龄段的教室,都应该看起来更像一个快乐而且安全的家。"(1990:147)她还主张,如果教学要成为一种"道德行为"(moral act),那么对那些被忽视的孩子而言,"公平的目标"(goal of play)甚至应该超越幻想游戏和故事,成为儿童早期课堂的首要任务(1990:xii)。

公平教学法会出现在课程的各个环节和侧面。在我看来,其首要关注点是构成包含多组关系的教室生活的生态系统:教师与单个儿童的关系、教师与群体儿童的关系、儿童个体与个体之间的关系、儿童与同伴群体之间的关系。从方法论的角度来看,公平教学法,简单来说,就是在教学中关照所有这些关系。可能有人会提出质疑:关注公平的教学怎么算是一种教学法呢?而佩利则会反问:怎么会不算呢?当我们明明知道存在着一种普遍的经验，它会影响幼儿的自我认同，甚至会影响他们未来的学业成就，我们怎么可能不去竭尽所能地教授它呢？

我们不应该把公平教学法与早期儿童教育中更常见的如分享和合作等目标相混淆。这些当然是教室生活中重要的生活准则，但它们是公平教学的结果，而不是公平教学法本身。公平教学意味着，教师和教室内的其他成员都应该去发现、重视并牢记幼儿所需要的尊重，不论他们的种族、性别、受欢迎程度或发展水平差异。由此看来，公平教学法就变得非常具体。我们可以用一个简单的例子来说明公平教学法如何运作——谁能参加说故事课程。要想做到公平，就要求教师对孩子们的教室生活有充分的理解，知道那些没有说故事，或没有被选中在故事中表演的孩子面临着怎样的处境。实际上，他们就是那些被参与了说故事课程的孩子所制造出来的集体阶级意识排斥在外的一群。因此，对那些被排斥在外的孩子来说，那种被集体拒绝所带来的问题，甚至比他们因为自己的故事没有被听到或没有被邀请参与演出而感到的不可避免的伤心和失望更严重。因为这使他们失去了与集体在心理上建立联系的机会。一个重视公平教学的教师会避免这种排斥现象的发生，她不会把幼儿参与故事说演视为一种随机的行为。相反，她会非常重视故事说演的参与者名单，她可能会特别提醒一些孩子去报名参加。有时候，她可能会采取这样的策略，比如把班级名单放在说故事资料夹中，当孩子到故事桌讲过故事之后，就把孩子的名字从名单中画掉,当名单上的每个孩子都讲完故事后,下一轮说故事活动才会重新开始。在演故事环节,教师也会采取类似的处理方法。她会请故事的作者从尚未参与过表演的幼儿名单中挑选演员(附录1中提供了如何处理轮流问题的参考方式)。对外人来说,这些策略可能没什么大不了,但对那些有可能被集体排挤或是处于集体生活边缘的孩子来说,这却是一份了不起的礼物。

另一个直接指向小团体排斥现象的公平教学的案例,是佩利的教室格言"不可以说:'你不能玩'!"(you can't say you can't play)。在这个案例中,佩利禁止学生在教室内的一切拒绝他人参与的行为,她试图用这种方式来对抗所谓受欢迎带来的社交暴力。接下来,以及在本书的第六章,我将会完整讨论佩利写于1992年的同名书籍《孩子国的新约——不可以说:"你不能玩!"》,这本书因为与传统上认为"孩子有权选择想和谁一起玩"的看法相左而闻名。毫不意外地,孩子们(甚至是老师)直觉上都不大可能接受"不可以说:'你不能玩'!"的规定,然而佩利却让它成了一个探讨公平教学法的最佳案例。

当然,佩利的公平教学法也涉及一些不太透明的议题,包括性别问题、发展水平差异以及种族等问题,这些问题可能会威胁到教室生活的全面包容性。我首先会在第五章讨论种族问题,因为这是佩利开始探索公平教学法进而成为公平教学教师的起点。

第六章，我将会介绍她对教师处理性别和个体发展差异所持态度提出的批评观点。要知道，除非我们能够深入了解佩利经年累月记录的那些故事，并理解她最初以公平作为教育目标的来龙去脉，否则我们可能很难理解佩利作为一个教导有色人种小孩的白人老师对师资培育事业所做出的贡献，也很难理解她对教室内性别议题和个体发展差异问题分析的巨大价值。

公平教学的基石

教与学是一个不可拆分的整体,因此佩利的意义教学法和公平教学法在理论上势必有一定的重叠。公平教学法和意义教学法一样,二者都在社会建构理论和社会文化学习理论中找到了理论支撑,并要求教师承担起为儿童的学习和发展提供脚手架的责任。同时,二者也都撷取了发展论的观点,尊重儿童的内驱力、先天需求以及不同发展阶段的特征。值得注意的是,公平教学法还对一些当代教室中没有得到充分关注的有关儿童发展的关键议题进行了回应,而这正是公平教学法和意义教学法的区别所在。意义教学法聚焦于那些影响幼儿在课堂上追求真理的课程,公平教学法关注的是影响教师课堂道德使命感的相关问题,显然它不是课程之外的。佩利的作品往往聚焦于非常具体明确的议题,如前文提到的那些议题——教师和传统学前教育对某些儿童潜藏的偏见,对这一时期儿童与家庭和母亲分离时的敏感的漠视,民主社会中早期教育的目的和潜力。

关于教师偏见的问题,佩利的公平教学法首先是在更大的文化规范的背景下对她自己的教学实践进行的反思（Banks，1988）。从社会文化的视角来看，公平教学法主张，不管走进校门的幼儿是谁，都不应该被学校和社会的偏见重新定义。另一方面，当一些课程方案会彰显幼儿之间的文化差异（包括性别差异）时，例如邀请祖父母到班级来参与阅读活动，公平教学法应首先致力于建立尊重感。公平教学法也要求教师务必非常诚实地检视自己的信仰和文化实践。她必须谨慎地回顾自己以往所秉持的信念对幼儿和他们的家庭产生的影响，以及机构的规范对班级关系形成的影响。简而言之，公平教学法与诺丁斯（Noddings）在关怀教育中关系本体论的观点有许多共同之处。诺丁斯写道："当我在意的时候，我就真的能听到、看到或感觉到别人试图传达的信息。"（1992：16）这种假设意味着课堂上存在着一种相互作用的关系。与诺丁斯的观点一致，佩利说教师首先必须知道孩子们在学校当学生的感受，也必须知道当老师是什么感受（［1979］2000：xvii）。佩利认为对教师感受的关注是实施公平教学法的关键。很多时候，来自外部的要求和对教师时间和决策权的控制，让人以为教师的感受与孩子的学习毫不相关。显然，这是十分荒唐的看法。在佩利看来，教师如果能敏锐地感受到自己的情绪和行为与孩子的学校生活经验相脱节，就会警觉到偏见的存在，同时应该警觉的还有过高的学业期待，片面的学业成就评价等，而这些都在预设着孩子们应该是什么样子，他们应该如何感受，或者（如学业压力向下延伸所暗示的）他们应该知道什么以及变成什么样。

就对儿童心理的关注而言，建立在关怀之上的公平教学法在课堂上的目的和意义教学法是不同的。意义教学法期望能创造具体的机会以激发幼儿的兴趣，而公平教学法则要求教师关注幼儿在发展上所接受的挑战，包括进入学校生活的挑战，包括从婴儿到幼儿阶段的转变。幼儿园和学前班时期，大致与埃里克·埃里克松[1]（Erik Erikson）发展理论中所描述的生命的第三阶段"主动对内疚"（Initiative VS. Guilt）阶段相重合。埃里克松认为，这个阶段的主要发展任务是幼儿在脱离家庭和主要照顾者方面取得重大进展，逐步迈向团体生活，同时发展出个体心理意识。他们要充满信心，因为他们的智力在日益发展。埃里克松写道，幼儿可以通过运用他们新发现的自己对身体的控制力以及他们惊人的语言能力来实现这些目标。他们丰富的想象力也有助于提升他们解决问题的能力。埃里克松说，通过这些方式，这个阶段的孩子在日常生活中就会变得更加"强大"，更善于"合作"，更加"目标明确"。而成就感能使他们从与父母和老师的互动中获得更多的好处，并使他们确信自己将来会被同龄人所接受（[1950] 1985：255）。埃里克松发展理论的基础是，人生任何一个阶段的成就都是在为下一个发展阶段做准备。他认为，对儿童来说，幼儿园和

---

[1] 美国著名的精神病学家、精神分析学家、发展心理学家。本文译名采用规范译法。

学前班的经历就意味着"人生的入口"——或是教育的起点(258)。埃里克松所处的时代,幼儿园和学前班的教育与小学阶段的教育有着明显的区别,与今日的情形截然不同。今天的学前教育试图给老师增加更大的压力,以使得学前儿童尽可能获得更高的成就以满足入读小学的需求,而这样似乎才更受欢迎。埃里克松对心理发展和社会关系的关注,为教师提供了一个审视发展差异的视角,如果忽视这些差异,就有可能损害孩子们想要成功融入教室生活的努力。

信奉公平教学原则的幼儿教师会尽其所能促进幼儿成长中的身体运动技能、语言能力和智力的发展。她也会意识到儿童有时会受当前能力所限,而阻碍他们有效地探索新知。例如,她会意识到,某个阶段的幼儿往往会做出一种夸张的虚张声势的行为,用以掩盖他们尚不成熟的逻辑思维能力,正是这种尚不成熟的思维能力让他们深陷于离开家庭带来的不安全感中。她也知道,当幼儿试图为了避免对其自身的成长过程产生内疚,从而对自己的身体发展、社会交往以及智力发展等方面进行自我规范时,教师应该给予直接的支持。

如果为佩利的公平教学法列出优先级;那么处于顶端的一定是老师们对学前教育的目的和潜在价值所做的假设。佩利采纳了杜威的观点,认为教育的道德目标和社会目标是不可分割的且具有民主属性的。佩利和杜威一样,都认为道德存在于人与人之间的相处与互动中。杜威曾写道:"只要存在着人际间的行为,就一定存在着道德。道德潜在地影响着我们所有的行为,哪怕有时我们在行动中不曾思考过道德。"([1916]1966:357)正如我在接下来的章节中所讨论的,佩利运用了多种途径来说明教师的责任:如果她想成为一名信奉公平教学原则的教师,她就会遵循教室中的道德准则。在其著作《孩子的天使心》(*The Kindness of Children*, 1999)的题词中,佩利引用了一段古老的希伯来文:"道德世界的建立依赖于学龄儿童的语言。"她想以此表明我们为什么在孩童如此年幼时就应该开始注重道德教育。然而,正如杜威所指出的,传统上认为培养民主制度中的选民仅仅是培养出一个能获取信息的人,这大大低估了学校教育的潜力,其结果就是让学校变成了一个纯粹的信息中转站。相反,杜威写道,一个民主国家真正需要学校培养的是具有民主品格的人,他们能够做出明智的判断,能够超越个人利益(Boisvert, 1998:98)。杜威认为,真正的民主需要的不只是外在的装饰和肤浅的知识,它需要一种"求真的氛围",鼓励人们自由地进行思想交流。面对那些试图威胁自由交流的力量,杜威警告道:"由于对宗教、政治或商业的不同见解,由于种族、肤色、财富或文化程度的区别,而不能相互包容,甚至侮辱、谩骂,都是对民主生活方式的背叛。因为任何试图阻碍自由、充分交流的行为都是在设置藩篱,把人类分裂成一个个小团体,分成对立的派别,从而破坏民主的生活方式。"

(1939：x）杜威的这些主张都和佩利公平教学法中所关注的议题有异曲同工之处。

佩利在道德和民主课堂的目标方面明显地受到杜威的影响，因此我们很有必要对她的教育哲学思想追根溯源。但是，杜威给了我们相对笼统的"学校即社会"（school as society）的概念，而佩利则通过极具个人色彩的以教室为基地的公平教学实践，为我们清晰展现了"学校即教室"（school as classroom）的概念。在这个过程中，她把议题从教室是社会理想面的镜子，转换为教室是教师灵魂的镜子。正如拉科特（LaCorte）和麦克德莫特（McDermott, 2004）所指出的，她是道德抉择的模型，迫使教师正视并依照新的标准来重新评估自己的教师身份。佩利对课堂关系和公平教学的关注促发了她的理想课堂愿景。她将理想的课堂描述为"一个富有情感的安全岛屿"（1990：1），在那里，幼儿们可以在情感和智力上自由地实践和发展民主习惯。

我所描述的佩利的公平教学法在多个学科中引起了不同寻常的关注。有趣的是，师资培育之外的领域似乎对此更感兴趣。且多数评论，尽管不是全部，都是被佩利在品格教育背景下提出的"不可以说：'你不能玩'！"的激进言论所激发的。但是，任何对公平教学法和品格教育的批评都应该知道一个事实，那就是佩利在关于公平问题的思考上身先士卒，对自己比对孩子有更严格的要求。她还听从杜威的建议（[1916] 1966：340），聚焦于那些可以帮助孩子逐步养成习惯的经验,而不是单纯的信念灌输,这样才能让它们进入孩子们的潜意识,成为必须且良好的习惯。有了这些精细的改进,佩利的公平教学法有了更为广泛的反馈——尽管它有诸多的不便和问题,但公平教学法仍是一种道德义务,我们在早期儿童教育中绝不应忽略它的价值。

公平的矛盾

佩利的教育思想受到了杜威的深刻影响,所以她对一个公平的,也就是一个道德和民主的教室的追求,并不具有开创性。但是,即使是在最好的情况下,佩利所追求的公平的教室也是极为稀缺的。佩利坦承自己的工作环境非常优越,在其探索的道路上也几乎没有遇到什么阻碍。但她也经常开诚布公地表示,对孩子们来说,自己的课堂往往并不能算是一个公平或者民主的地方,尤其是在她职业生涯的前半段。很多致力于发扬民主思想的教师往往会遇到一个难题,那就是科瓦列斯基(Covaleskie)在关于佩利的描述中所提到的"教育的悖论"(paradox of education),或者说是我们对民主的理解,理论上,民主保障的是个人的权利和自由,但它保障的是所有人的普遍权利,因此也就可能和个人的某种权利形成了冲突(2003:330)。这种共同的利益有时要求牺牲个人利益,其结果就是在个别儿童的需要和集体的需要之间形成了一种不可避免的紧张关系。理性告诉我们,这两者常常是不一致的。而佩利试图在课堂上运用她的道德权威来定义"美好童年"(good childhood)的教育实践，可能也加剧了这种紧张关系。达尔伯格、莫斯和彭斯（Dahlberg，Moss，Pence，2006）将这种悖论描述为早期教育必须面对的挑战，但却极少有教师愿意对此表明自己的态度。"不可以说：'你不能玩'！"直接面对了这个悖论，这招致了一些人的谴责（Goodman，2000），但同时也获得了另一些人的拥护。佩利先是在课堂上学会了如何运用道德示范的力量，将民主目标融入教学之中，进而通过不懈的努力，最终让教室内的种族矛盾得到调和。正如班克斯（Banks）所写的："只有我们改变核心原则，使其更具有包容性，更能反映我们国家的多样性，我们才能建立一个包容、民主和公民化的国家共同体。"（2006：195）对教师道德示范的认识，使佩利开始摆脱被玛克辛·格林（Maxine Greene，1995）称为"预设阴云"（cloud of giveness）的束缚，从而突破对教学想象力的局限。

为包容而教

无论孩子是从家庭进入到婴幼儿日托中心,然后再进入学前班;还是等年龄稍大,从家庭直接进入学前班(现在这种情况比较少见),幼儿学前教育研究早就发现,大多数幼儿不会自动信任新老师和新环境。佩利称孩子们在自我防卫上足够精明。尽管有许多诸如家访或半日在园体验的传统方式来帮助孩子们实现入园适应(Balaban,1985;Laverick,2008),佩利还是为我们提供了许多案例,以证明小孩子并不总是感觉教室的门是完全向他们敞开的。她分享了某一年她班上唯一的一个黑人孩子阿尔玛的故事。阿尔玛进入学前班后,有整整两周的时间,除了"Ysm"之外,几乎一句话都不说。我们都认为她可能只是文静、不爱说话,但佩利最终意识到,阿尔玛不爱说话的原因是,她害怕她的白人老师([1979]2000)。佩利还给我们讲了一个不受同伴欢迎的白人孩子克拉拉的故事。克拉拉的处境并非个例,但她告诉了佩利她非常个人化的感受:"如果别人不带你玩,那实在是太难过了。"(1992:20)

所有的老师都有责任帮助那些被排斥在群体之外的孩子。我一直不能理解我第一次带班时遇到的一个叫费边的男孩的遭遇。他和家人刚刚迁居到芝加哥，所以在那年秋天较晚时候入学。那一年，班里女孩的人数大大超过了男孩，所以我至今都记得，其他男孩为费边的加入激动不已，这也让我感到很高兴。起初，大家都觉得他知道很多东西，尤其是关于恐龙的知识非常丰富。这点令人印象深刻，也深深地吸引了我们所有人。然而好景不长，费边的明星光环逐渐褪去，他总喜欢和人靠得太近，太爱讲话，与别人有过多的肢体接触。因此，每当费边没完没了地大声宣布谁是他最好的朋友时，那些被他选中的人（包括我）都会很头疼。总而言之，他太希望被关注了。没过多久，男孩们收回了他们的友谊，而费边对他们的疏远感到很困惑。他转而投入到女孩们的阵营中，对女孩们而言，他的表现也只是稍微好一点儿而已。到年底的时候，他几乎已经完全被孤立在外了。

　　多年以后，我在学前班指导实习教师时，也发现了一个被班上同学冷落的小孩——赖莎。她很少和同学说话，也几乎没有人跟她说话。除了能明显地感觉到她害怕其他人之外，我无法准确地指出哪里出了问题。有可能是孩子们觉得，作为玩伴，她是一个无趣的人。然而不幸的是，我无法为当班教师提出任何明智的建议。事实上，多年来，我见到过太多的费边和赖莎，他们坐在满是孩子的教室里，却与孤独为伴。教师会和他们的父母谈论他们在社交上的问题。教师们总是力求保持客观，但却极少考虑自己在这个问题上的责任。

对于所谓适应不良的孩子，学前教育工作者传统的做法是采用消退法来解决问题，也就是通过矫正幼儿令人不愉快的习惯，使其得到其他孩子的喜爱。尽管近些年来普遍的做法改为提倡包容差异，而非消除分歧，可是，无论是包容差异还是消除分歧，都存在着一定的阻碍，包容那些没有人喜欢、欣赏或羡慕的孩子，往往被理解为一种关于同情的教育。但也许这并不是问题的关键所在。几乎没有老师意识到佩利在《孩子国的新约——不可以说："你不能玩！"》一书中所揭示的现象，她写道："到了学前班阶段，展现在孩子面前的是一个完整的社会结构，这也将是奠定其一生与别人互动的基石。有的人会享有排挤别人的特权，就这样，这些'统治阶级'会用自己的方法告知其他人他们的接受范围，而另外的一些人就得尝尝闭门羹的滋味。"（1992：3）大多数教师都能在佩利关于班级统治地位，以及那些被迫处于教室"生活圈之外"（11）的圈外人（借用佩利自传中的一个比喻）的描述中联想到自己班级中的情景。我们也知道，很多不受欢迎的孩子，在他们被告知自己是"圈外人"之前，就一直没法与他人良好相处。而我们面临的更为严峻的现实是，大多数老师都对这种现象束手无策。就像我在第六章里所呈现的那样，老师们对于"不可以说：'你不能玩'！"这条规则的反应是，他们无法让不受欢迎的孩子变得招人喜欢。无论是不是真的如此，这都不是问题的关键所在。根据佩利的说法，我们真正应该做的，是承担起道德责任，消除排斥选项。"不可以说：'你不能玩'！"和其他实践公平教学法的尝试，对幼儿教育实践来说是一个巨大的挑战。和早期读写能力发展对教师的期待不同，即使教师在教学实践中违背她对公平游戏机会的承诺，也不会产生什么公共后果。

小小孩都需要的教室

The Classrooms All Young Children Need

如无公平，何来意义

在我离开学前班教室转而从事师资培育工作之后的很长一段时间，我才因为一件终身难忘的事情彻底认识到了我作为一名公平教师的失败。讽刺的是，这种失败同时也意味着我在故事说演教学中违背了意义教学法的基本原则。那件事情是，当一个小女孩试图告诉我关于莱娅公主（Princess Leia）的事情时，我竟然听而不闻。

那是二十世纪九十年代末，电影《星球大战》（Star Wars）再度上映。在丈夫的强烈要求下，我们和孩子一起去观影。第一次上映时我没有去看，我想我不会喜欢这个电影（事实证明，我错了）。尽管我之前没有看过，但从学前班孩子们所讲的故事中，我已经对这部电影的角色和基本情节了如指掌了——至少我是这么认为的。在观影之前的午餐时间，我告诉家人我曾经带过一个学前班，那些孩子对这部电影的痴迷简直到了匪夷所思的地步。我向他们描述了教室内的激光剑大战，特别是一个小女孩，阿比，是如何迷恋莱娅公主的。我笑着告诉她们，她来上学时把头发盘在耳朵上，模仿那个经典的圆发髻，所有女孩都那么羡慕她，这让她非常开心，面露微笑。她的笑容非常漂亮。

电影一开始，我就把阿比的事抛到脑后。然而，随着情节的展开，我在大屏幕上看到了莱娅公主，我发现自己又回到了那所很久以前的学前班。突然间，我哭了。我错过了什么？我当初竟然没有意识到，阿比不只是喜欢莱娅公主，她需要的，是成为莱娅公主。更重要的是，她想告诉我，让我也知道这一点。但直到现在，当我坐在电影院里时，我才意识到，原来莱娅公主是我那满怀悲伤的阿比的完美的心灵伙伴。当时，在6个月前的一场火车事故中成为孤儿的阿比，和一个冷漠又苛刻的亲戚住在芝加哥。回想那个时候，我完全没有理解她真正的需要。尽管我知道她独特的遭遇，但我还是以为她的真实生活和大多数崇拜长发公主、喜欢扮演公主的小女孩并没有什么不同。换句话说，当时我以为把阿比的莱娅公主故事解读为一般小女孩的故事是恰当的，是符合发展适宜性的，并没有什么特别。

显然，我大错特错了。直到在电影院的那一刻，我才意识到为什么阿比总是不厌其烦地讲述和表演莱娅公主勇敢无畏的故事。莱娅公主强壮、聪明、有主见，这原本是我应该对阿比的评价。当然，这位星际公主还要足够惹人喜爱才值得被营救。从这点看来，莱娅公主正是阿比的需要和她的梦想。而我，却完全错过了那个关键时刻。我当时为什么没有看看这部电影呢，如果我当时足够好奇，就能理解阿比为何如此痴迷。我傲慢地滥用着我作为教师的知识，只把阿比当作一般的星战迷。结果，我错过了直接向阿比学习的机会，一路跌跌撞撞走来，直到 15 年后的今天，才幡然悔悟。我从未想过莱娅公主的故事可能抚慰阿比深深的创伤，可以在她的生活中创造出一个空间，让她可以超越自己与现实。尽管她一再暗示我，而我却从未站在她的角度看待这件事情。我也没有充分理解那些乐于参与阿比这出演不完的戏的孩子们，他们是如何看到那些我不曾看到的东西。阿比通过讲述莱娅公主的故事，并和小伙伴们一起演出来，为自己重新建立了一个家庭，他们温馨地生活在那里。

我的错误在于，我只看到了阿比所讲的故事，却忽略了那个说故事的人。这就是佩利在道德上所指出的"混淆了特殊和一般"。对阿比而言，因为我的过失，她不得不付出更多努力。

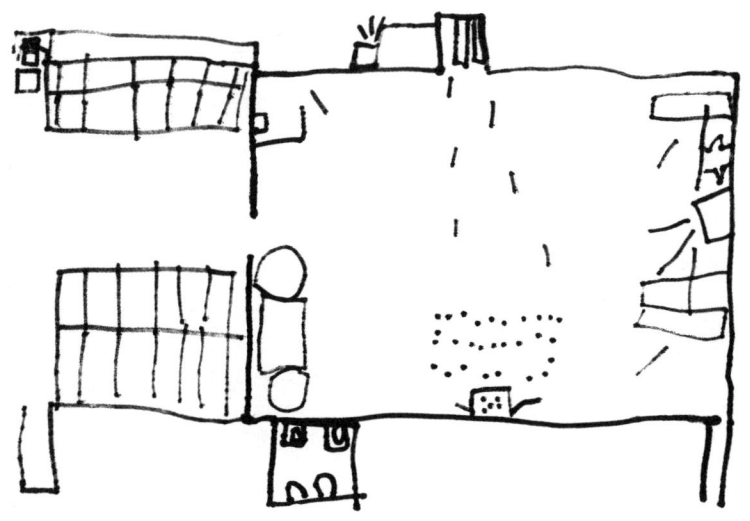

罗琰（6岁）

Race, Pedagogy, and the Search for Fairness

第五章　种族，教学法，追求公平之路

我不想在别人的文化中感受到自己是个外人。
　　　　　　——薇薇安·佩利《宽扎与我：一个教师的故事》

在本章中，我将以有关教师种族和族群认同发展的多元视角（Banks，1988；McAllister，2002）来审视佩利作为黑人孩子的白人老师进行公平教学的含义。我先从佩利的处女作《白人老师》（[1979] 2000）中的几个小插曲入手，这些小故事揭示了佩利最初天真地希望在一所种族融合学校里做一名公平的教师。然而，正如我们所看到的，她很快就意识到，她所秉持的对黑人孩子的一视同仁并不是公平教育的全部。我不得不提问，如果佩利自身的族群认同观念会让小孩子感到自己与别人不同，那么她自认为的和这些孩子的亲密关系，到底是让公平教学变得更清晰呢，还是更含糊呢？这是师资培育中一个备受争议的话题。《白人老师》这本书对师资培育领域产生了特殊的影响，同时也留下了值得探讨和争论的很大空间，而佩利则在她后续的两本书中，作为一个黑人孩子的白人老师继续成长着。她先后创作的两本书沿着不同的轨迹，呈现了她在种族和公平问题上思考的新阶段和新高度。我将追寻着她的写作历程来分析她的成长变化。《宽扎与我：一个教师的故事》(1995)是在《白人老师》出版16年后写成的,本书的主角是全国各地的黑人社区成员和教师。因此,这本书并不是对种族和公平教学本身的研究,而是对那些让佩利有所领悟的重要对话的研究。《共读绘本的一年》(1997)是佩利所写的最后一本以种族为主题的书,她让一个五岁的黑人孩子瑞妮就何为公平做了最后的总结。在这一章的最后,我试图探讨这样几个问题:我们可以从佩利的公平教育法中学到什么?当孩子和老师肤色不同时,到底是有效教学的障碍,还是教师发展的机会。虽然我们要讨论的是教师的肤色对他们教学公平性的影响,但我并没有把佩利的《塔利老师的教室:孩子们,我们来说故事》(2001)纳入讨论的范畴。尽管佩利显然对丽莲·塔利这位非裔美国老师非常敬佩,且从她身上获益良多,但因为塔利老师生长在实施种族隔离政策的美国南部,因此,她的教学法的核心受到了其童年经验的影响。另外一个我不把此书纳入讨论的原因是,这本书写于佩利退休5年之后。可以说,在她作为有色人种孩子的白人老师的发展上,这本书没有提供更多可供参考的观点。而且,这本书的重点并不是种族问题,而是说故事,尤其是老师作为说故事人的珍贵作用。

☆

对薇薇安·佩利的公平教学法的分析,必然会开始于她先在美国南部地区,后又在芝加哥南部任教的那段时间,作为一个黑人孩子的白人老师，这段教学生涯对她而言有着重要意义。如前所述，佩利的处女作《白人老师》的写作动力，就是她对自己作为黑人孩子的白人老师的表现的一种观察和反思。这种力量推动她继续创作了《宽扎与我：一个教师的故事》以及《共读绘本的一年》，后者是她任教期间写的最后一本书。以上这些书，每本书都以不同的方式展开，并且都呈现了令人意想不到的结论。它们都为师资培育提供了审视种族及其相关议题、族群身份认同和种族主义有关的课堂实践和专业发展的不同视角。尽管佩利关注的是面对黑人孩子及其家庭的白人老师的问题，但这一讨论对其他有色人种孩子和家庭的白人老师也有着显著的影响。

可以说，在二十世纪七十年代末的美国，佩利选择了一个最适合进行研究的主题。她在一所新成立的种族融合学校中对教学经历的自省式研究，成就了她的处女作《白人老师》。这本书所讲述的核心议题是民权运动数十年间兴办的种族融合学校的状况，这些学校并没能反映当地的人口结构，反而受到很多外在因素的影响，例如法院和地方法规、社区推广工作、有色人种父母期待融合学校的教育品质优于本地原有学校的愿望等。可以说，这些因素对于大多数种族融合学校的影响力延续至今。其结果正如佩利所描述的那样，许多所谓的种族融合学校，可能被称为"白人融合学校"（［1979］2000：10）更为准确。这意味着白人文化仍然占据主导地位，而且大多数教师都是白人，直到今天也是如此。

我们稍后也会谈到，这种状况对黑人儿童有着特殊的影响。因为在传统上，对他们而言，黑人教师的重要性不只是在教室里，他们通常还会充当行为模范、社区领袖、社区活跃分子以及母亲的替身（Brooks, 1987；Foster, 1997；Irvine, 1990；King, 1993；Ladson-Billings, 1994a；Lipman, 1998）。从今日以及未来可估算的课堂人口统计数据来看，当教师是白人时，这种重要的师生关系会在多大程度上发生改变，是一个不容忽视的问题。①

白人老师，黑人小孩

在《白人老师》一书中，佩利向我们展示了她作为黑人孩子的白人老师第一阶段教学生涯中的多次反复，所有这些都对新世纪的公平教学有着明确的影响。我将从她最初的承诺"眼中无颜色，耳中无颜色，口中无颜色"开始谈起（[1979] 2000：7）。[②]这种做法从二十世纪七十年代一直延续到八十年代，被许多白人教育家普遍接受。后来，多元文化教育运动（multicultural education movement）从理论上取代了它，多元文化教育运动主张在课堂上就种族问题进行公开的讨论，并且承认种族的存在（Banks, 1988, 1994; 2006）。但是，就像佩利在阿尔玛的故事中向我们讲述的那样，承认课堂上的种族问题也意味着要为孩子们的感受承担责任，她认为自己还没有做好准备，不敢贸然采取行动，而且我认为，至今仍有许多白人老师觉得困难。

阿尔玛是佩利的第一个黑人学生。从书中我们得知，最初，佩利决定刻意回避阿尔玛的种族问题，她以为这样对阿尔玛最为有利，然而阿尔玛却并未因此而避开这个问题。在开学整整两周后，佩利发现这个小女孩似乎很怕她,这让她感到不安。她开始反思自己处理种族议题的策略是不是出了问题。她写道:"我知道一个白人老师和一个黑人孩子的相处可能要经历一些挫折,可我无法容忍一个黑人孩子竟然会害怕我。"([1979]2000:2)佩利的坦诚揭露了许多白人老师思考上的盲点。虽然他们意识到有色人种儿童在白人为主流的教育机构中会面临文化障碍,但他们希望自己可以避免偏见或有失尊重。换句话说,她意识到了这个问题的存在,不希望自己成为帮凶。然而,当阿尔玛不小心撞翻了一个白人男孩搭建的房子后,佩利意识到自己的沉默可能让自己成了帮凶。

> 塔倒下来,其中一块积木打到了唐纳德。唐纳德涨红了脸,跳起来用尽全力推阿尔玛。阿尔玛撞到了壁橱的门上,唐纳德还大喊着:"你这个黑色的坏大便。"
>
> 阿尔玛的头撞到了门的边缘,她疼得失声尖叫,连忙用手捂住头。当她看到自己手上的血迹时,马上开始浑身发抖,大哭起来。我连忙跑过去用力把阿尔玛抱在怀里,随着她的呜咽声轻轻摇晃着她。我能感受到她的愤怒和恐惧。可怜的孩子,她一个人在这一整片白人脸孔中,该如何自处呢?(4)

从佩利的反应中我们可以看出她的困惑以及对自己的懊恼。此时此刻，她意识到，正是自己在种族议题上的刻意回避，让她成为这场羞辱伤害事件的帮凶。她凭着本能冲过去把阿尔玛揽入怀中时，一边不由自主地摇着她的身体，一边哼着她在新奥尔良听过的黑人妇女唱的黑人民歌曲调（4）。她说当小女孩听到这首歌时，才终于平静下来。

一些黑人学者认为，佩利试图采取一种贴近阿尔玛自身族群文化的方式与她交谈，但这并非白人老师擅长的选择（Boykin, 1992；Hale, 1986）。另外一方，如欧文（Irvine, 1990, 2003）则认为，教师在任何可能的情况下，都应该尽可能以孩子熟悉的文化与之交流，促成文化的一致性。无论如何，佩利并没有表示这次事件对她的教学实践发挥了什么神奇的作用。事情并不像电影情节那样发展，一个白人老师因为一个事件而发生顿悟。实际上，佩利承认，在那一年及随后的一年中，她还在继续实践着她的"肤色忽略信条"（creed of color blindness, 9），尽管她的班里已经有了2个黑人小孩。在这一点上，处于成长阶段的佩利和我的师资培育课上的许多白人学生一样，他们都感觉在教室里公开承认种族问题的存在，尤其是在个人层面上，真是说时容易做时难。直到二十世纪七十年代中期，佩利搬到美国北部时，她才终于停止了她的"肤色忽略教学"。在芝加哥大学实验学校的从教经历不仅迫使她变得更开放，并且让她能够更坦诚地面对自己作为一名黑人孩子的白人老师的角色。

她的新学前班由 19 名白人、3 名亚裔和 8 名黑人儿童组成。她意识到，孩子们都只能顺从要求去适应这个"白色机构"（以白人文化为主流的种族融合学校），此外别无他法。不过，她还是非常期待班级里会展现出文化的多样性。此外，还有很多事情支持她放弃了"肤色忽略教学"。其中一件就是她与班上一位黑人学生的妈妈霍金斯夫人的谈话。霍金斯夫人要求佩利在公开场合明确指出自己的学生是黑人这个事实。"这种差异是有积极意义的，"她告诉佩利，"差异往往耐人寻味……如果你们老师能学会更加重视差异。你重视什么，你就越会谈论什么。"（[1979] 2000：12）德尔皮（Delpit）在《别人的孩子：课堂上的文化冲突》（*Other People's Children: Cultural Conflict in the Classroom*，1995）中也提出了类似的观点。佩利立即接受了霍金斯夫人的建议。这建议对她助力良多。例如当一个棕色皮肤的女孩说她多么希望自己看起来像书中的白皮肤金发小孩时，霍金斯夫人的建议就让佩利意识到，自己应该找到适当的词语来赞美孩子美丽的棕色皮肤。但是，就师资培育所要吸取的教训而言，无论佩利以种族为基础的谈话有多大的改进，都还不够。因为，仅仅讨论种族问题，并不足以成为公平教学。

在 2000 年版《白人老师》的新版序言中，佩利讲述了一个她在初版本中遗漏的故事。这个故事关涉到这本书最初的写作动机，之所以在初版中被省略，可能是因为她太在意它的含义，以至于当时没法把它包括进去。她写道，有 6 位非裔美国人家长要求与教师讨论他们孩子在学校的经历。佩利和其他老师原以为会得到赞许，但出乎他们意料的是，他们得到的竟然是家长对他们的"偏见和不公"的指责（xii）。父母们说，他们的孩子在不该独处的时候被孤立，在应该得到回应的时候被忽略。佩利对这一指责感到十分震惊。于是，她开始记录自己对孩子行为的反应。她虚心检讨之后发现，黑人父母的担心确实不无道理。在面对黑人孩子时，她并没有做到总是完全公正。尽管有了新的反省，但那时的佩利似乎还没做好充分的准备，直到史蒂文事件的发生。史蒂文的话令佩利震惊不已，直接挑战了她的权威，而这也开启了佩利崭新的学习历程。

和之前谈到过的阿尔玛一样，史蒂文并没有准备好进入种族融合教室，以及这种属于中产阶级的学校环境。不过，他选择的应对方式不是像阿尔玛一样默不作声，而是采取了一种公开抵制的姿态。他甚至把种族歧视的语言反向用在佩利身上，比如"他妈的白鬼"（fuckin'honky）和"白鬼混蛋"（white motherfucker），甚至挑衅说："哪个白鬼都不要看我！"（[1979] 2000：13）佩利对史蒂文尝试使用行为矫正技术，包括正向强化等，但都无法阻止史蒂文向包括佩利在内的白人谩骂泄愤。当史蒂文开始攻击其他孩子时，佩利急了，她转而尝试其他新的策略。首先，她决定效仿史蒂文的行为方式。她不仅像霍金斯夫人建议的那样，用一种自然的方式和史蒂文讨论种族问题，更把关于种族问题的讨论尽可能地带进她与史蒂文以及其他孩子的谈话中。她会说，"史蒂文，那件橙色的衬衫和你棕色的皮肤很相配"，或者"查伦，你的爆炸头好柔软、好蓬松啊！"（18）她还与史蒂文定下一条协议，允许他一天之内可以但仅可以说两次脏话，这样就可以让史蒂文对自己有一些控制。很快，佩利的新态度和新方法有了效果。史蒂文不仅减少了肢体冲突，语言攻击也渐渐停止了。

佩利的做法值得很多白人老师学习，因为她取得成功的关键在于她愿意就史蒂文的行为与其沟通，而不是反对。佩利清楚地知道，史蒂文那些带来麻烦的行为，只是他发出的一个信号。他想要让佩利知道，他需要在佩利的帮助下成为教室里不可或缺的一分子。不过，大多数老师不一定会遇到史蒂文这样的孩子，不是所有人都会受到这种从语言到行为的种族敏感性挑战。如果从公平教学的角度来看佩利所受到的种族意识影响的话，她和同班另外两位黑人学生的关系，反而更具有普遍性，是老师们更常遇到的困境。第一个是阿琳，佩利称她为"她教过的五岁孩子里最聪明的一个"（24）。佩利不止对阿琳的学业成就有着很高期待，她甚至还发现自己希望阿琳的表现能抵消史蒂文给白人同学留下的印象，从而减少他们对黑色人种产生的负面想法。然后她意识到自己恰恰需要反省这种想法。在这个班上，其实最难相处的是一个白人小孩，为什么她从来没有担心过黑人孩子会如何看待白人同学？在此之前，她认为无论是白人孩子还是黑人孩子，没有人会通过一个孩子的行为来判断整个白人种族。那么他们为什么要这样评价整个黑人种族呢？佩利意识到自己"对白人处于强势地位"（26）的这个不自觉的假设，与作为公平机会支持者的自我定位并不相符，甚至让这种自我信念大打折扣。显然，她对黑人的整体表现有着较低的期待。

阿琳的故事提出了关于黑人孩子公平教育的另一个问题。这个问题既关涉种族问题，也关涉阶级问题。当佩利欣喜地看到阿琳在学业上的优势时，她还必须承认，阿琳的父母都是专业人士，她有着良好的中产阶层的典型行为特征，尤其是她能使用标准英语，这让她的优异成绩显得理所当然。与此相反，另一个黑人孩子凯茜就很难自然而然地获得同样的欣赏。凯茜和阿琳在同一个班里，她不能使用标准英语，她的父母也没有上过大学。事实上，当佩利从学校的另一位老师那里得知凯茜的姐姐在班上名列前茅时，她才开始意识到自己隐藏的偏见。佩利突然从一个新的角度发现凯茜也可以具有很强的潜力。她说："我开始更仔细地观察凯茜，我感到我的期待发生了变化。"（27）她与凯茜的互动变得更多、更深入，尤其在游戏中，更多地邀请凯茜加入。阿琳和凯茜的故事，不仅带给佩利关于公平教育的启发，也让我们有所思考：我们往往容易对中产阶层的阿琳抱有高度的期望，而对底层社会的凯茜却不会如此；这不仅仅是低估了凯茜，而且还违背了公平教学的原则。我需要再次强调，对许多有色人种小孩的老师来说，种族和阶级的刻板印象从过去到现在都是相当严重且棘手。

当佩利尝试在教学中融入种族与公平理念时，一个叫克拉里的孩子给她出了新的难题。不过，佩利已经从她与黑人孩子相处的经历中学到了足够多的东西，让她能够摆脱第一印象的限制。克拉里的父母是移民，她会说英语、法语和克里奥尔语[1]，但她很少讲话，即使讲话，也总让人搞不清她在说什么。她看起来也经常对别人问她的问题感到困惑。除了语言问题之外，佩利还发现克拉里似乎不知道如何与其他孩子一起玩幻想游戏，更不知道如何与其他孩子合作，因此其他孩子都对她避而远之。佩利向一位学习障碍治疗师朋友咨询，治疗师建议克拉里进行学习障碍测试。然而，经过一番思考，佩利拒绝了这个建议。她说服自己的理由很简单，因为她还不知道克拉里能做什么。这是她从凯茜身上学到的，对孩子的能力做出任何假设都是不公平的。佩利决定，要解决的第一个问题是帮助克拉里学会如何与他人一起玩耍。考虑到玩耍对提高语言和社交能力的作用，佩利和克拉里的父母制订了一个计划，让克拉里放学后留下来，在佩利的指导下和几个孩子一起玩耍。仅仅用了 4 周的时间，克拉里的游戏、语言、与其

---

[1] 由皮钦语演变而来，由两种或多种语言混合而成、在某一群体中作为母语使用的语言。

他孩子的关系就有了显著的改善。

执教史蒂文班级的那一年，佩利在公平教学和种族的相关问题上还学到了很多。但正是她无意识地寻找完美黑人孩子的举动，暴露了她在这个阶段对公平教学思考上的局限性。在刚开学不久，她就把这个完美角色给了艾安娜。很明显，这一特殊的位置并不是基于佩利对艾安娜游戏潜力的评估（尽管她看起来很能干），而是基于她在社交与情感上表现出来的成熟心智。佩利这样写道，艾安娜拥有一种安抚别人的天赋，尤其是在她的黑人同学面临压力时，她总是能够给他们安慰（71）。甚至佩利自己，一度也得到了艾安娜的宽慰。佩利还十分敬佩艾安娜胸有成竹地谈论白人与黑人差别时表现出来的那种高度的种族认同感。但是，后来，艾安娜却以一种与众不同的方式考验了佩利对黑人孩子的看法。艾安娜不再担当那个被指派的领袖角色，开始与班上的其他黑人女孩打成一片。如此一来，她在佩利心目中就没有那么完美了。"当艾安娜刚来到我们班时，"她写道，"我以为从她的富有同情心的行为中就认识了她的全部特质。我多么希望这就是真正的艾安娜，因为我还是需要黑人孩子用表现得比白人孩子更好来证明他们自己。可是，当艾安娜跟那些女孩走得更近时，她的表现也开始变得比较平常。这让我非常失望，我的完美小孩到底在哪里呢？"（106）

佩利坦言，对她来说，完美的黑人孩子意味着他们能在某种程度上超越种族身份，这是她作为黑人孩子的白人老师在公平教育成长过程中非常关键的一步。这使她开始正视自己潜在的偏好，也就是希望黑人孩子别那么像黑人。在正视自己潜藏的偏见之后，她终于可以让自己摆脱这种偏颇的态度。她从艾安娜身上学到的最重要的一课是，她坦然地接受了这个女孩对自己种族身份认同的观点。对艾安娜而言，重要的不是佩利的看法，而是她自己的态度。她要像其他黑人女孩一样，毫不伪装地努力在白人学校里走出一条自己的路，从而重塑自己在佩利眼中的形象。看着她，佩利终于明白，对待黑人孩子唯一公平的方式，就是以他们想要的方式来对待他们——承认他们是黑人。许多年后，《共读绘本的一年》中的主角黑人女孩瑞妮再次提醒佩利，让她了解到她必须接受并"单纯地以人存在的方式去考虑"（1997：15）。研究也显示，要在黑人孩子身上达到有效的教学和获得教学成就，非常重要的一点就是对黑人孩子族群认同的开放（Cooper，2003；Foster，1997）。

在《白人老师》一书中还有许多其他的小故事，记录着佩利作为黑人孩子的白人老师一路走来的成长历程，以及她的公平教学法的演变，还包括佩利发现自己和班上的白人孩子也从黑人孩子的存在中获益良多。在当时，佩利还有很多问题要解决。现在，重要的是要有一套能够与佩利从幼儿的幻想游戏与说故事中展现的意义探索巧妙结合在一起的公平教学法。但是，显然在教室里去采纳和完善公平教学法要比实现意义教学法困难得多。因为公平教学法不像幻想游戏或是故事说演，是小孩子自然而然会去做的事。佩利要想实现公平教学，就必须改造既有的社会关系秩序。事实证明，在美国的学校里，没有什么比种族关系问题更难解决的了。因此，正如我们所见，尽管《白人老师》并不是佩利对于种族议题最终的论述，而且其内容也颇受争议，但它已经被认定为师资培训中非常重要的一本书。事实上，即使我们对佩利关于公平教学的看法毁誉参半，但还是看到了她和她的观点在师资培育领域中持续发挥着影响。

《白人老师》的争议

佩利并不是第一个将种族问题摊开在美国公众面前的白人老师。早在 10 多年前,赫伯特·科尔(Herbert Kohl)的《36 个孩子》(*36 Children*,1966)和乔纳森·科佐尔(Jonathan Kozol)的《英年早逝》(*Death at an Early Age*,1967)就开始了这个话题。这两本书都谈到了贫穷的黑人小孩在学校里的不利处境,也达到了激起民众愤慨的预期效果。③ 与之不同的是,佩利在《白人老师》里所关注的是黑人小孩在看似资源供给充足且相当优渥的环境中所受到的不好的对待,佩利的愤怒是指向自己的。在很大程度上,《白人老师》对师资培育的重要意义体现在它那不具敌意且直白的书名上。因为近 30 年来,它让人们注意到美国教育中一个严峻且棘手的现实:那 10% 的老师(作为黑人孩子的白人老师)与美国其他 90% 的(白人)教师并没有什么不同,他们与深陷成绩差距危机中的有色人种孩子看起来全然不同。④《白人老师》是第一次由一个白人老师发出的质疑,她所讨论的不是美国白人如何欺骗黑人孩子,而是"我"是在用什么方式欺骗他们。正是这个独特而又重要的问题，开启了佩利的公平教学法。

相对于《白人老师》这本书的写作目的和所达到的效果而言，更加令人印象深刻的是它的长盛不衰。这本书在出版30多年后，仍持续出现在有色人种孩子教学的对话之中。它甚至已经成了一种标的物，持续且广泛地被社会公平教学、批判教育学、多元文化教育等领域的书籍、文章、研讨会所引用，也常被列入师资培育、社会学及心理学等课程大纲中。但这并不代表《白人老师》是毫无争议的。有些有色人种学者质疑佩利有何权威为有色人种孩子的需求发声，也有人质疑她在作为教师的自我认同探寻之路上，是否同时给予了有色人种孩子有效的教学。如同之前关于早期读写能力发展的讨论一样，我们必须认真对待这些批评的声音，否则就可能误解佩利独特的贡献。尽管那些反对意见很少被认真研究，我们还是有必要将之与佩利随后探讨种族与公平话题的《宽扎与我：一个教师的故事》以及《共读绘本的一年》结合起来并思考。

简单说来，对《白人老师》的反对意见可以分为两个方面。一是一些有色人种学者，包括拉德森－比林斯（Ladson-Billings, 1994b）在内，他们拒绝承认佩利作为黑人孩子教育专家的地位。他们警告说，在美国，最权威的黑人孩子的教育者一定是黑人老师。这并不是一种随意的观察，一般而言，对黑人孩子来说，白人老师的教学效果确实和黑人教师有些许不同。德尔皮（Delpit, 1994）更进一步发现，佩利因为缺乏局内人的身份（非有色人种身份),导致她的种族不敏感教学。德尔皮提到了在《白人老师》接近尾声时,积木区发生的那一幕。当时,雷娜和艾安娜在积木区聊天,佩利在一旁帮助她们收拾积木。

> "白人会说谎。"雷娜说。
> "没错,他们确实说谎。"艾安娜赞同道。
> "所有的白人都会说谎吗?"我问。
> 艾安娜似乎从我的脸上揣测着我的意思。"嗯……不。不是所有的白人。"她不安地看着雷娜……
> 这让我想起艾安娜有一次说:"云里面有天使在吹风。"我当时问她:"是天使吹的吗?"她并没有把我的问题当成评论,继续描述着天使是怎样一副毛茸茸的样子,如何吹着风。而现在,当我问她关于白人说谎的问题时,她很快就知道这不是一个安全的话题。显然,在问这个问题时,我没有做到在脸上保持中立的态度。([1979]2000:104)

德尔皮对艾安娜的不安表示同情,猜测这不是艾安娜第一次因为担心冒犯她的白人老师而感到焦虑。德尔皮说,如果佩利是黑人,艾安娜就会觉得很容易解释自己的话。德尔皮完全不信任白人老师有让黑人孩子在种族问题上放松的能力,并且认为当老师看起来和他们的外貌完全不一样时,那种压力总是会落在孩子身上。最后，她再次强调，她不会把自己的黑人孩子放在这样的环境中。她写道："佩利赞扬种族融合幼儿园的环境，那是因为她不需要担心自己是少数的有色人种。"（1994：132）

近年来，当把《白人老师》与在它之后出版的有关白人教师的书放在一起时，这本书受到了更为严厉的批评。威尔斯（Willis）和哈里斯（Harris）就语带指责地说这本书开启了一种高度含混暧昧的写作潮流，自从这本书出版之后，"就出现了太多这种看起来无休无止的个人叙事，而他们所讲述的那些细节描述的则是一群扮演着错误角色的教导者，因为在面对文化与语言背景与自己迥异的学生时，他们对自己白人研究者或教育者身份浑然不觉"（2004：294）。确实如此，在《白人老师》出版后，出现了许多类似的第一人称的教师自我成长叙事作品，这些教师面对的学生多种多样，各不相同。到了九十年代中期尤为明显（例如可参见 Dilg，1999；Howard，1999；Landsman，2001；McIntyre，1997）。⑤然而，有色人种儿童受到错误教育的说法是一项极为严重的指控，必须得到认真对待。因此，我有必要特别针对《白人老师》的反对意见，做一些说明。相对于白人老师，有色人种学者更有资格为有色人种孩子发声，说出他们的需要，这一点是毋庸置疑的。他们还为我们提供了一个更具有现代性视角的平台，让我们思考我们从《白人老师》那里所获得的公平教学的经验是否符合萨特韦尔（Sartwell，1998）所称的社会最高权威的标准。我指的是由黑人学者建立且已完成的有效教育黑人孩子的那些标准。而这些标准在佩利撰写《白人老师》时还尚未存在，如拉德森－比林斯所提出的文化响应教学法的三角模型（2000）。

文化响应教学法认为，对黑人孩子的有效教学应符合以下三个原则：第一，教师要有对黑人孩子学业成就的高期望；第二，教师应支持黑人孩子发展文化能力；第三，教师要培养黑人孩子的社会政治意识。⑥将这套系统运用到分析佩利在学前阶段的家庭式的交流和叙述当中似乎过于沉重，但最后却证明它相当有效。例如，我们从佩利与阿琳、凯茜和克拉里的互动片段中可以看出，佩利一开始就符合高期望原则，尽管她对这些黑人孩子有着不同程度的期待，但她并非对结果漠不关心。她对公平的持续追求，就是对孩子们学业成就的高期望的自然衍生物。关于文化响应教学的第二个原则，文化肯定，我们看到，随着时间的推移，佩利对黑人和白人儿童在各方面的差异有了越来越包容的态度，无论是语言、游戏、问题解决，还是在头发、衣着等各个方面。甚至当肯尼穿着印有"超级黑鬼"字样的衬衫来上学时，她也没有反应过度。而这种穿着在今天的学校是不被允许的。我们也知道，她经常想邀请所有家庭来学校分享他们独具家庭文化特色的故事和特别之处。同样，她所奉行的"平等发言权"（equal say）对她实现文化肯定也大有助益。

关于佩利是否充分满足了拉德森－比林斯的文化响应教学法

的前两个原则，显然还有很大的诠释空间，特别是在更加严格的多元文化主义标准之下。尽管《白人老师》的叙事结构很难让我们再做进一步的分析，但正因如此，我们却更有理由为佩利提出辩护。书中的种种迹象表明，佩利早就意识到了日后由拉德森－比林斯展开的这个研究方向。出于这个原因，我无法赞同威尔斯和哈里斯对佩利的指责，他们认为她是故意对黑人儿童进行错误的教育（但我并不否认他们关于身份认同的说法，也就是他们说的佩利将她作为黑人孩子的白人老师的发展过程视作自己个人身份认同的过程）。但是，《白人老师》并没有为我们提供佩利真正深入实践了拉德森－比林斯的第三条原则——培养孩子的社会政治意识——的证据。书里告诉我们，当一个白人家长指控一个黑人女孩西尔维娅心理不正常，不应该属于这所学校时，佩利曾经挺身而出为她辩护，但她并没有鼓励西尔维娅为自己辩护，这其中的意义是不同的。我们从她的黑人助教的叙述中可以得知，佩利对马丁·路德·金的故事处理得令人钦佩，但后续却没有发现更多关于政治不公的相关课程内容。当然，考虑到孩子们的认知意识水平，在拉德森－比林斯的三大原则中，社会政治意识是最难在幼儿园和学前班阶段教授的。但正如我在其他地方所指出的（Cooper，2003），培养儿童的政治社会意识是白人老师的普遍难题。这是因为白人老师（包括我自己）一方面在私下认识到自己的种族意识缺陷，但又必须在公开场合宣扬白人团体的一致的价值观。因此，佩利完全有可能在《白人老师》一书中，无法完全实现文化响应教学法的全部原则。

在当前的讨论中，更为重要的问题是，佩利对以一个公平教师的身份来教育黑人孩子所做出的贡献，是否发生了变化。我们需要通过阅读佩利后续出版的关于种族议题的作品《宽扎与我：一个教师的故事》《共读绘本的一年》，以及散见于《孩子国的新约——不可以说："你不能玩！"》中的一些和种族有关的幻想故事来仔细思考这个问题。此外，我们还必须要问的是，佩利是否有着和她的批评者相似的发展路径。也就是说，可能每个人都是处于一种盲人摸象的境况中。即使佩利在她后续的作品中契合了文化响应教学法的原则，她也非常清楚，那些《白人老师》中的黑人孩子的故事具有清晰的、各自表达的正当性，而这种对差异的广泛讨论的坚持，则来自于她本人作为一个犹太孩子在非犹太民族环境中成长的个人经验。尽管威尔斯和哈里斯（2004）认为这是一种错误的挪用，但正如黑人学者詹姆斯·科默（James Comer）和阿尔文·普里森特（Alvin Pouissant）在《白人老师》的序中所提到的，佩利对人类相似性的强调远胜于她对差异性的强调。在《宽扎与我：一个教师的故事》之中，佩利反复检视她关于种族融合教室的信念，她认为融合教室是一个拥有特殊力量的地方，可以让有色人种孩子和其他种族的孩子建立相互影响的关系，之后她又在《共读绘本的一年》中对这一观点进行了提炼。终于，这一信念成为佩利公平教学法中最具代表性的特色，其根源可以追溯到佩利自己曾经受排挤的童年经验。

支持差异性

"我总是会同情那些觉得自己与众不同的孩子。"佩利在《白人老师》（[1979] 2000：22）中写道。自从她在二十世纪七十年代末开始写作以来，这个主题就在她的书中反复出现。这让她作为局外人的身份更加明显。她总是会提及她作为一个犹太孩子在一个有着非犹太人教师的教室里，按照非犹太人的时间安排上课的那段童年经验，比如那些非犹太人的节日聚会，这些都让她记忆深刻。

然而，在《白人老师》出版 15 年后，德尔皮却完全无视佩利自己作为宗教少数群体身份的重要经验，断言佩利之所以能称赞这种种族融合课堂，仅仅是因为她没有作为有色人种的少数群体体验过这种课堂。对德尔皮来说，佩利的白人身份胜过了她的犹太人身份，因此就认为她缺乏教育黑人孩子所必需的种族敏感性。尽管德尔皮的说法看起来似乎有点儿道理，但是他误解了佩利。如果回头看看德尔皮用以谴责佩利的案例——佩利回应艾安娜和雷娜说白人都是骗子，我们看到，佩利并没有以一个黑人社群的局内人自居，也就是她并没有说她完全了解一个黑人女孩被白人老师责备时的感受。她只是说，她对一个在白人主流团体中的局外人的身份感同身受，也明白自我认同是不同的。这一视角提供了对积木区一幕不同的解读，尤其是当我们继续阅读《白人老师》后面的内容时。与德尔皮的解释相反，对艾安娜和雷娜将白人归入骗子的说法，佩利既没有反对，也没有发怒。她告诉我们，在她成长的过程中，她的祖母对待非犹太人时，也会用这种笼统的说法去否定一整个群体。从佩利的故事中我们可以清楚地看到，随着时间的推移，她学会了把她祖母那些关于非犹太人的言论放在更广泛的犹太人经历的背景下来检视。但她也写道，她从小就被教导要隐藏自己的犹太身份，以避免受到非犹太人的迫害。正是因为佩利可以感同身受地理解女孩们为了抵御曾经发生或者可能发生的不公正而自我保护的努力，所以她无法保持中立，但也无法在他们认为白人都是骗子的观点上推波助澜。德尔皮注意到了艾安娜的不安这一点非常重要，但具体到引发不自在的理由却需要讨论。但是他认为佩利的犹太人身份与她的反应无关，这就距离事实太远了。

另一方面，有些人认为佩利宣称的白人非多数地位是一种自相矛盾的说法，有些人拒绝她所倡导的包容性课堂的整体理念，对于这些说法，德尔皮似乎又缺乏足够的研究。反对的声音也是无法完全避免的。佩利在《白人老师》中讨论种族问题时，态度明确而且具有普遍性。她把这些观点与她那在更广大范围内对黑人孩子平等看待的观点融为一体。她认为，黑人孩子作为"每一个孩子"（Every Child，xix）都享有平等的待遇、机会和价值。她还坚定地相信，种族融合学校应该达到教育的极致体验，在那里，所有人都能被接受、被了解，并通过教师所具有的疗愈力量得以茁壮成长，而这一切都是外界无法做到的。正如科默和普里森特在他们给《白人老师》的序言中所写的："佩利认为学校不应该让孩子为进入一个结构如此糟糕的社会做好适应的准备。"（Paley，[1979] 2000：vii）她相信，学校应该具有一种缓冲的功能，来对抗种族主义、民族优越感和其他排外组织的力量。她在之后的著作中不断重述着这一信念，并在许多重要层面上反复检验，去芜存菁，有些观念也得到了修正甚至颠覆。无论佩利在那场积木区的对话中表达了怎样的意义，我们都应该了解佩利的这一信念和立场，这样我们才能以《白人老师》为起点，继续深入探索这一议题。

追求更深层次的公平

1995年出版的《宽扎与我：一个教师的故事》延续了《白人老师》未尽的话题。⑦在这本书里，种族和公平仍然是讨论的核心议题，但是时隔20年，佩利所钟爱的种族融合学校却正处于舆论的风口浪尖上，饱受攻击。也许正是这个原因，《宽扎与我：一个教师的故事》成为佩利所有著作中最具争议性的一本。在这本书里，她并没有通过为孩子们提供"平等发言权"的方法来探讨种族和公平话题，而是将目光转向成年人，透过他们的声音来帮助她再次探寻黑人孩子需要怎样的学校教育。这些声音主要来自她所在学校的黑人老师洛兰和她班上的几位黑人家长。佩利还咨询了全国各地有色人种教师和服务于有色人种儿童的教师们。因此，《宽扎与我：一个教师的故事》标志着佩利的公平教学法迈出了一大步，从学校教师走向了与社会合作教学，而这正是黑人儿童的有效教师的普遍特质（Cooper，2003）。

遗憾的是，在学术研究的视野中，《宽扎与我：一个教师的故事》的知名度比《白人老师》低了很多。很难说这究竟是由于它出版的年代，还是因为这本书的主人公不是孩子们，因此就失去了佩利早期作品那种独特的直观性。然而，想要严肃探讨佩利致力于种族与公平在师资培育上的意义，这本书则不容忽视。这本书的首要特点是，佩利将更大的社群作为论述的主体置于舞台中心，而将她熟悉的教室环境置于边缘位置。如果说，在《白人老师》中，佩利再三检视自己作为黑人孩子的白人老师的资格，那么在这本书中，佩利则对自己有更深入的剖析和暴露。尽管这样做会让她感受到自己的脆弱，但这也是她作为教师与班级现场研究者的必经之路。

《宽扎与我：一个教师的故事》开始于一位名为索菲的大学生的来访，而她就是《白人老师》中被称为艾安娜的那名幼儿园学生。佩利很想和她聊一聊。她告诉索菲，社会上关于黑人孩子和种族融合学校的争议让她"对黑人孩子这个话题感到压抑"（1995：2）。显然，她想消除自己内心的疑惑，而这疑惑在多年前的学前班教学经历中是她深信不疑的。"我想让她告诉我，对艾安娜来说，这个种族融合的教室仍然是个好地方，因为很多人认为它现在已经不再是了，甚至可能从来都不是。"（1）

佩利向索菲讲述了她从种族融合学校的经验中得到的反馈。她说，这所高中的一位黑人教师写了一篇文章，建议黑人家长把他们的孩子带离学校，尤其是男孩，她认为父母应该把他们送到黑人学校以确保他们的种族身份认同。与此相仿，一位黑人教授在佩利主持的一场专题讨论中非常气愤地表示,种族融合学校只会让黑人孩子感觉自己"又愚蠢又丑陋"。佩利很希望索菲告诉自己事实并非如此。但是索菲并没有如她所愿。她看起来不太高兴地问佩利:"难道你从来没想过,我们也会质疑这种种族融合学校吗?"(2)

佩利对此感到震惊,她说她一直认为种族融合学校是理所当然的。索菲告诉她,她要转学到斯佩尔曼学院,那是位于亚特兰大的一所历史悠久的黑人女子学院(也就是说她现在就读的学校是一所以白人为主的大学)。她向佩利致歉,因为她让佩利失望了,但她慎重地思考了一下后,还是用这样的话作为结尾,她说:"如果我当初读的是黑人学校,我的表现会更好一些,我会更自信。而我在这里,始终感觉自己是个局外人。"(6)她的话显然对佩利公平教学与包容教学的有效性提出了质疑。

索菲和佩利的对话恰好反映了种族融合学校自二十世纪九十年代中期以后所面临的内外交困,这使得他们的初心不得不屈服于现实的困境。这些困境包括私立学校的奖学金不足,为吸引白人社区而设立的热点学校或特殊公立学校缺乏资金支持,来自黑人社区内的小团体的反抗等。当然,也包括德尔皮在 1994 年的报告中所举的例证,黑人学者质疑"白人融合学校"对黑人孩子自尊心所产生的影响。

如果说在《白人老师》中,佩利过分高估了种族融合学校在保护黑人孩子免受局外人身份所带来的疏离感上的作用,那么在她《宽扎与我:一个教师的故事》一书中,则毫不犹豫地承认了这一点。同时,她也坦承了自己的苦恼。当她的黑人同事洛兰以及一个接一个的黑人家长对黑人孩子进入种族融合学校提出质疑时,佩利坦白地说,她不知道该如何应答。长期以来,她一直认为,对学前教育而言,种族融合是完全恰当的。然而,她的批评者给她的那些教训,都让她铭记于心。迫使她对《白人老师》中的主张进行修改的最重要的一条教训是,要"及时更新"自己对于作为一个老师或孩子(也包括家长)的感受。佩利承认,她"低估了在黑人社区里发生的变化"(1995:26)。现在面对这些变化,她必须接受自己和许多黑人社区成员之间可能存在着不可调和的分歧。例如,她可能想在课堂上反对种族主义(85),但黑人父母却不一定希望自己的孩子处于斗争的中心。她也多次收到各种提醒:一个教室,一位老师,不能代表一整个学校。她不可能一整天都把孩子置于自己的安全保护之内。此外,当佩利想要弱化肤色的重要性时(53),一些黑人家长却告诉她,他们想要一所优先黑人的学校。就像她从洛兰身上知道的,也许种族隔离学校是有存在的必要的。

如果我们分析的对象仅限于佩利的《白人老师》,那么那些在佩利作为一个黑人孩子的白人老师的成长过程中有着重要影响的声音就被忽略了。这并不是说佩利的第一本著作中的所有经验都是毫无价值的,也不意味着她的犹太身份不再影响她的学习和教学。她只是拓宽了她对公平教学的定义,并纳入比她自己更具权威性的专家的建议。在《宽扎与我:一个教师的故事》一书快结尾时,我们看到佩利与班上的一位黑人孩子母亲阿诺德夫人交谈,她正在考虑让她的儿子离开这所学校,去一个有更多黑人孩子和黑人老师的学校。佩利问她为什么会如此决定,阿诺德夫人告诉她:"你看,我知道这里的老师都是好意。但是,他们仍然在用他们的方式定义着我们黑人。"继而,她又反问佩利,请她换位思考,"假如换作你们犹太人,几个世纪以来被别人定义,而其中一些还是反犹分子,你会怎么想?"(1995:134)尽管这个问题有点儿讽刺意味,因为犹太人一直以来都在和刻板印象作着艰苦的斗争,但她还是从另一个角度思考着阿诺德夫人的意见。她想知道的是,她所写的宽扎的故事,她想方设法地与课堂上的黑人孩子建立联系的一种尝试,是否也是一种不自觉地对他们的定义呢。

在佩利的书中,《宽扎与我:一个教师的故事》是唯一一本以模棱两可的注释结尾的书。对佩利来说,这或许是种族和公平这个主题极其复杂的一个教训。在书的最后一页,她问洛兰,她认为这本书的价值何在?洛兰回答说,佩利可以引发一场对话。矛盾的是,就在佩利准备接受这种客套话时,洛兰又补充说,这种对话需要一个种族融合的环境。这时,某种转变发生了,佩利恢复了对种族融合学校的支持态度,并以她所教的学前班里的一个黑人孩子克沙的故事作为结尾。克沙说了一个黑人公主的故事给佩利听，那位黑人公主会说所有的语言，"因为她要求每个人都来教她"（1995：140）。从书的结尾看来，佩利似乎已经接受了种族融合学校对黑人孩子的发展具有限制的观点，但她还是无法放弃自己的信念，认为这种学校仍然有它的发展潜力。

为了呈现佩利在种族和公平方面研究的完整历程，我现在要讲讲她在1997年出版的《共读绘本的一年》，这是她最后一本直接针对种族议题的书，也是她退休前所写的最后一本书。到了二十世纪九十年代末，佩利对这所种族融合学校最大的担忧变成了现实。她在《白人老师》中描述的教室里，全班30个孩子中有8个黑人孩子，等到了《共读绘本的一年》时，她所在的学前班里只剩下两男一女共3个有色人种的孩子。而且，还有一个家庭正在考虑让孩子转到一个全是黑人的学校去。这一次，驱动佩利去探索的，不再是一个信奉公平教育的黑人孩子的白人老师角色，而是作为瑞妮的信奉公平教育的教师。瑞妮是一个很特别的黑人女孩，她在佩利的学前班教室里就读，她喜欢用褐色蜡笔为自己画像，那些画像既真实又生动。

除了她在故事和文学方面的非凡天赋外，瑞妮对自己的种族身份也非常自信。佩利在书中写到，当初在学校里，她从不敢公开提到自己的犹太人身份，但瑞妮却完全不同，她不仅骄傲地宣布自己是黑人，而且就在这个黑人的身份认同中，她也表现出了自己独特的气质。当一个黑人男孩叫她"短发黑妞儿",或者当他经过她身边随口叫一声"嗨,宝贝"时,瑞妮都会立刻还击(1997:2)。她不想被归类,也不想被类型化。相比之下,佩利回忆起她一年级的时候,当一个男孩指着她卷曲得紧紧的头发,叫她"臭丫头"时,她只会脸"羞得通红",她从来没有把这件事告诉过任何人,更不用说反击了。(3)

在佩利的教室里,处于课程计划之外的,瑞妮对李欧·李奥尼的诸多作品的探索持续了长达1年之久。佩利最喜欢引领这种"发明性"课程。这个主题的起因,就是瑞妮受李欧·李奥尼的一个图画书作品的主角弗雷德里克的启发,它是《田鼠阿佛》里的一只个性十足的褐色老鼠(1967)。随之而来的就是一连串关于李欧·李奥尼作品的阅读、表演和写作。恰巧,贯穿李欧·李奥尼作品的一个重要主题,就是局外人的角色。有一次,当瑞妮的祖母来参观教室时,瑞妮正在读李欧·李奥尼的《小黑鱼》(1963)。《小黑鱼》讲的是一条小黑鱼组织所有的红鱼来抵御巨大的捕食者的故事。在关键时刻,小黑鱼化身为"眼睛",周围所有的鱼聚集成一条巨大的鱼的形状,吓跑了捕食者。瑞妮的祖母告诉佩利,这是她的孙女在向她发送信息——"我想她的意思是:告诉我,埃蒂奶奶,我和大家那么不一样,我究竟是不是属于这里?或者我应该回到我们自己人那里去,就像在我之前的幼儿园或者是我们的教堂里。"埃蒂还告诉佩利,瑞妮知道自己的祖母希望她去黑人小孩多一些的学校。埃蒂说："如果她留在这里，她未来就无法领导自己的人民。"（1997：63）为了让佩利明白自己的意思，埃蒂告诉佩利，有一次，瑞妮的父亲被学校秘书误认为是电脑维修工，尽管他当时穿着西服；而与此同时，另一位白人父亲，尽管他穿着卡其裤和T恤衫，则自然而然地被认为是学生家长。

这时，佩利对黑人家庭所承受的种族歧视已经不再有任何怀疑。她回应埃蒂说："我认为，没有任何一个白人能够反驳你的看法，你所遭遇的事情就在这里发生着，而且没人能保证它不会再次发生。"（64）她多么希望这个世界不是这样的，但她不得不再一次对现实让步。尽管佩利已经充分认识到了黑人家庭的生活境况，但她对种族融合学校的信念，因为瑞妮对于自己的种族身份的探索而获得了一种新的支撑。是瑞妮让佩利意识到，黑人孩子在观看世界时，不可避免地透过了一个种族意识的镜头。例如，是瑞妮让佩利和其他孩子知道，他们一直低估了英语水平非常有限的同学沃尔特。瑞妮从李欧·李奥尼的一本书中获得启发，指出没有哪一片拼图比另一片拼图更重要，它们只是不一样而已。

综上所述，尽管佩利还是固执地坚持着做一个如布卢姆（Blum，1999）形容的"始终如一的融合主义者"，但她对做一个信奉公平教育的黑人孩子的白人老师的多方探究，让我们不得不和她一起接受了这个悖论——黑人社群比她更了解什么样的教育会对他们的孩子更好。尽管佩利一心向往着种族融合教室，但无论她个人有着多少对抗种族歧视问题的决心或能力,她都无权假设融合教室是解决种族歧视问题的最佳方案。对多元文化主义教育者而言,这是一个很重要的教训,佩利用了很长时间才学到这一点。那些只在佩利的《白人老师》中寻找证据以验证文化响应教学法的批评者们,是看不到她的这种转变的。对于那些想要真正实践公平教学法的人来说,这也是非常关键的一课。

☆

对当代多元文化主义者来说,即使他们想要表达对黑人文化特殊意义的尊重,他们可能也不会像佩利在《白人老师》里所写的那样,用"每一个孩子"的视角来看待黑人孩子。但是,他们肯定会使用"尊重"这个词,就像佩利在她的所有作品中,都会用这个词来描述黑人孩子。然而,在师资培育中,这个标签的重要性远不及佩利对教师们的叮嘱。佩利提醒教师们必须负起责任,抛开自身利益扪心自问,在学校里,做一个孩子是什么感觉,做一个教师又是什么感觉。这是公平教育的第一课。当老师和孩子具有不同的种族(佩利可能还想加上宗教)特征时,这个问题就变得更加重要了。

佩利的公平教学法并不能消除学校中的种族主义。但它所强调的一些经验教训却可以防止种族歧视问题恶化。然而,和幻想游戏和说故事不同,我们从公平教学法中获取的经验难以变成课程,除非我们理所当然地认为无论在任何方面,老师都可以对所有孩子一视同仁，而且他们全都具备在课程中整合基于优质文化的活动、书籍、特殊事件的能力。但是，尽管公平教学法难以化身为一个具体的课程，但它也不是无迹可寻的。佩利深知应该将它具体化。

第一，要假设黑人孩子和其他所有肤色的孩子一样，必须在课堂上受到尊重。

第二，要认识到种族歧视在美国以各种方式存在着，小到人际关系，大到制度规范层面。这就要求教师无论是在教学中，还是在教务会议的场合中，必须正视种族问题的存在，并且能够与儿童、家长以及教育同行进行公开的讨论。

第三，作为教师，我们必须承担起消除学校里的种族主义的责任，包括我们自己的种族主义偏见。这显然意味着我们必须虚心接受自己可能存在种族偏见的事实，就像佩利所进行的自省研究，而这种反思最后就变成了《白人老师》这本书。如果不能警觉自己潜在的种族偏见，就无法深入检视自己的信念，也就无法在公平教学的实践中有长远的思考。

第四，公平教学法要求教师不仅鼓励在学校就种族问题进行公开的讨论，而且要肯定基于种族特征的行为，包括不同的学习方式、语言风格、着装风格。就像佩利所说的，必须允许儿童向我们展示他们是谁。

第五，也许是公平教学法中最难实现的一点，就是老师必须虚心地向有色人种小孩及其家庭学习。这种学习可能包括文化信息，比如与宽扎节相关的习俗，但绝不仅限于此。要做到这一点，教师必须发自内心地去看见有色人种孩子与他们的社群对班级文化的贡献和关怀。

总而言之，佩利的公平教学法让教师可以将种族议题作为一种开诚布公但又很微妙的现象纳入课堂的讨论之中。这既要求教师弘扬种族和谐，但同时也要求教师为自己在种族问题上可能存在的忽视或者偏见承担起责任。佩利明言，以种族议题为中心的公平教学法，在教师职业生涯的不同时期里，有时容易，有时困难，但无论如何，这些都必须存在于教师的考虑之内，不可罔顾。

---

① 有许多报告记录了在过去几十年里，美国公立学校的少数群体教师的数量在减少（可见 Foster, 1997；Grant, 1990；Irvine, 1990）。2003 年，全国教育协会（National Education Association）发现，美国大约 90% 的教师是中产阶层的白人女性。2005 年，美国国家教育信息中心（The National Center for Education Information）报告说，白人教师约占教师总数的 85%，只比科克伦－史密斯（Cochran-Smith, 2005）估计的数字少了一个百分点，而且预计不会进一步大幅下降。1997 年，美国 20 个中心城市的有色人种学生占学生总数的 76%（Anyon, 1997）。这一比例似乎没有什么变化，因为国家教育统计中心（National Center for Education Statistics）2008 年的报告显示，在人口超过 25 万的城市中，77% 的学生是少数族裔或少数群体。这些数据清楚地表明，大多数有色人种的孩子受教于白人教师。
② 鉴于孩子和老师之间的种族差异常常伴随着阶级差异，因此在课堂上忽视种族存在的做法，实际上也同时消除了关于阶级的讨论。
③ 塞缪尔·G. 弗里德曼（Samuel G. Freedman, 1998）在《纽约时报》上写道："科尔的《36 个孩子》是城市学校改革运动的主要推动力。"
④ 参见本章注释①。
⑤ 希茨（Sheets）认为，只关注白人教师的信仰和态度，而不关注有色人种教师和孩子的信仰和态度，

会导致"有色人种从对话的中心位置上被取代"。她还驳斥了在白人教师中盛行的支持"种族意识"的意识形态，认为这种意识形态不足以对抗种族主义政策和行为（2000：16）。更重要的是，她坚持认为，白人教师对自己种族身份的探索，将他们的注意力从需要优先考虑的"公平教学法"转移到了诸如希望和倡导这样的模糊目标上。例如，她问道，霍华德（Howard）在 1999 年宣称自己是一名"积极分子和变革主义者"，是否真的必然导致其成为一个"在与孩子的互动中，在复杂的教学过程中，有能力和负责任的熟练教师"（17）。或者，刚好相反，是用白人身份焦虑代替有效的教学状况来维持白人身份？她把迪尔格（Dilg）1999 年、霍华德 1999 年和麦金太尔（McIntyre）1997 年的研究描述为白人研究运动的榜样，并回应了威尔斯和哈里斯的抱怨。在对希茨的回答中，霍华德承认她的观点的价值，即在"种族认同发展和教师能力"之间没有实证性联系（2000：22）。不过，他坚持认为，为了有色人种学生的潜在利益，应该对这一问题进行深入研究。同样，米尔纳（Milner）认为，种族认同工作可以帮助教师摆脱负面的刻板印象："种族反思可以被视为一种发现不明显现象的方式；它可以被视为一个理解隐藏的价值观、偏见和对种族的信仰的过程，然而这些在老师先前的思维中，往往是不明显的。"（2003：x）

⑥虽然文化响应教学法最初是拉德森－比林斯关于黑人儿童有效教师的研究，但现在这种教学法已经被认为适用于所有儿童。

⑦宽扎是佩利虚构的童话故事中一个人物的名字，她把这个故事嵌入书中讲给孩子们听。宽扎曾是一名奴隶，佩利用一个黑人家庭的节日为他命名。这个节日是由非裔美国学者罗恩·卡伦加（Ron Karenga）在 1966 年创立的。

蒋明昊（5岁）

Fairness Extended: Superheroes, Helicopters, and the Unchosen

第六章　公平延伸：超级英雄、直升机、落选之人

喜鹊，你听说过眼泪流成河的事吗？

　　——薇薇安·佩利《孩子国的新约——不可以说："你不能玩！"》

本章，我将讨论在一个由女性制订规则的学前班环境中，如何保障对男孩的公平教育，这是佩利在《男孩和女孩：娃娃家的超级英雄》中探讨的话题。然后，我转向她对成长性孤独的研究——尽管佩利本人拒绝把这个标签贴在《直升机男孩：教室里说故事的魅力》中贾森的头上。之后，我会讨论在《孩子国的新约——不可以说："你不能玩！"》里，佩利如何以颇具争议的新方法，帮助孩子们改正排挤他人的陋习。最后，我将会讨论佩利的公平教学法中，其他值得学习的经验。

☆

就像薇薇安·佩利对作为黑人孩子的（白人）教师的公平教育问题的观念是逐步发展起来的一样，她对教室内边缘化儿童的公平教育问题的观念也随着时间而转变。然而，与种族和种族融合学校的议题不同，佩利其他作品中关于公平教育的话题，关注的并不是如何让"边缘群体努力融入主流"（[1979] 2000：9）。恰好相反，可以这样说，她关注的是所观察到的教室内的主流群体如何突破自身的局限。这些所谓教室内的主流团体的问题被大多数教师忽视了太久,以致于作为教师的她即使完全无视这些问题,也不会受到责怪。然而,对于立志建设一个让其中的每一个孩子都被公平对待的教室的佩利而言,她无法容忍这样的局面。她要解决的第一个问题,就隐藏在每天、每个早期教育的教室里,就在最显而易见的地方,那就是小男孩与他们的女性教师和女性同学之间的身心距离和社交距离。佩利关心的第二个问题是在发展上与众不同的孩子,与他们的老师、同伴之间的距离,我们告诉自己,我们已经通过提供主流教室和融合教室解决了这个问题。然而,实际上问题依然存在。佩利所关心的最后一个问题,隐藏得更深,以至于在大多数情况下,幼儿师范教育甚至无视这个问题的存在。那就是教室内不受欢迎的孩子和那些最受欢迎的孩子之间的距离。

以上这些佩利关心的议题,无疑捕捉到了班级生活中各种人际关系的本质。和种族主义偏见一样,这些关系为教师提供了一份相当全面的清单,以解释为什么小孩子一进入学校,就会有一种不好的感觉。尽管这些问题都相当棘手,但他们对课堂所造成的影响,却足以成为教师们与之斗争的理由。显然,佩利对公平的追求把我们带回到了她的教育哲学和她对学校教育的终极目标:民主行动。佩利从来没有忘记过民主的教室,这个信念贯穿了她所有的写作,在她所有关于种族、性别、发展差异和包容等方面的公平性的讨论中,民主的课堂是她最理想的实现方式。

小小孩都需要的教室　The Classrooms All Young Children Need

我们不一样

《男孩和女孩：娃娃家的超级英雄》是佩利的第三本学前班研究著作。这个书名一直让我有一种困惑，一方面，它会让人联想起小女孩们装扮成神奇女侠的模样把宝宝哄上床的画面；另一方面，它又让人想起一个把自己打扮成十字军战士的小男孩脱掉披风，换上了领带。但实际上，这两种想象的画面都不存在。这个书名所描绘的娃娃家，是按照性别界限和性别角色被严格划分的游戏区域（这既是字面意义上的，也是比喻意义上的）。超级英雄的行为在学前班的娃娃家里并不受欢迎，就像积木区不欢迎照看婴儿的妈妈一样。当然，这对像佩利一样经验丰富的幼儿教师来说，并不是什么新鲜事。学前班的男孩和女孩在娃娃家里的性别游戏并不是幼儿园时期遗留下来的习惯。佩利写道：二者的区别在于"学前班阶段是幼儿性别刻板印象发展的高峰时期"（1984：ix）。也就是说，这个年龄段的孩子似乎在游戏中会透露出极端的性别差异。佩利担心我们会把这种发展归因于社会化的结果，而不是幼儿自己的性别选择，因此，她冒着被批评的风险提醒我们警惕这种想法:"成年人可能赞同或不赞同孩子的某种行为,然后从心理学家那里寻求对这种行为的解释。但是,孩子们却是在通过互相观察后,调整自己的行为。而这,才是最刺激的游戏。"(xi)尽管佩利对教室里的性别角色了如指掌,但她并不清楚这对她的教学有什么意义。这就是她企图要找到的答案。

虽然和佩利其他以公平教学为主题的作品比起来,《男孩和女孩:娃娃家的超级英雄》似乎更容易理解,但我却认为这本书胜在它的巧妙。在这本书里,佩利一如既往地通过捕捉孩子的游戏细节以引起共鸣。她注意到孩子们在游戏中的关系具有差异:在任何情况下,男孩们都执着于"谁获得了胜利",他们致力于寻找恶行的证据;与此相反,女孩们则致力于寻找善行的证据,她们问的是"谁获得了幸福?"佩利写道,当发生在娃娃家时,学前班的超级英雄们与其说是来拜访,不如说是来入侵。他们要么是好人来这里寻找坏人,要么就是坏人在逃亡途中路经此处。相比之下,娃娃家里的女性家长们与其说是邀请他们参与游戏,不如说是想方设法驯服他们。她们会训斥那些入侵者:不要捣乱,你来做爸爸吧。对女孩来说,娃娃家游戏是以家庭生活为主题的角色扮演游戏的高峰。虽然她们也可能会从房子里出去到森林里探险,但即使在探险游戏中,她们依然会保持着原本游戏中的家庭角色和义务。而对男孩来说,娃娃家和里面那些固定的角色,则是他们避之唯恐不及的事物。他们想把那个居家世界换成一整个宇宙,最好是正在爆发太空大战的宇宙。

佩利坦承,当男孩们离娃娃家越远,他们就越接近充满动作、噪音和模仿暴力的"节奏和形象",这让她很不舒服(xii)。更糟糕的是,即便女孩们的游戏会大声喧闹——这是绝对有可能的——她却觉得无伤大雅,仅仅因为女孩们的游戏主题比较不具有攻击性。这显然是不公平的教学,但事实是,佩利的反应在早期儿童教育中司空见惯,以致于人们对此视若无睹。显然,就一般情况而言,当男孩们的游戏越具有男孩游戏的典型特征时——这原本是正常的现象——他们的行为就越发难以获得老师的认同。大多数人都会同意佩利的观点:"当孩子们按性别分开时,作为老师的我,通常会站在女孩一边。因为我们往往步调相同,做的事情也类似。"(ix)①但是,在《男孩和女孩:娃娃家的超级英雄》中,佩利教我们的第一课就是,老师不能置身事外。事实上,她要我们思考,如果在孩子们都还没有学会系鞋带之前,老师就在心理上拉开与其中一半孩子的距离,这意味着什么?娃娃家的状况只是佩利的一个比喻,男孩们的兴趣与她自己兴趣的分歧并不只局限于幻想游戏。她所指的"活动"还包括在桌面上进行的,需要精细肌肉协调能力的手工和艺术活动,以及那些典型的"学校作业"。②她还进一步观察到,女孩们之所以容易被桌面活动吸引,是因为老师就在那里。学校长期以来建立起来的那一套运作模式,很容易被女孩们接受。我后续还会讨论,随着学业压力被提前到幼儿教育阶段的倾向愈演愈烈，幼儿教育工作者应该比以往更加关心男孩和他们的老师之间的分歧所带来的后果。

可能有人会说，在赫克·芬恩[1]（Huck Finn）之前，美国学校里的男孩们就一直在逃离教室和他们的女老师。在现代文学和流行文化中，从淘气的阿丹[2]（Dennis the Menace）到霍尔顿·考尔菲德[3]（Holden Caulfield）再到哈利·波特[4]（Harry Potter），都在颂扬那些不受拘束、特立独行的年轻男性形象。还有一些人认为，在美国教育史上，女孩们受到的来自学校和老师的不公平待遇更多。因此，即使佩利承认自己对男孩们有歧视对待，也不会承担什么舆论压力。但是，如果我们暂停一下，用黑人孩子来替换那些男主人公呢？或者棕色人种，或者穆斯林，或者犹太人，我们还会同样赞美他们吗？在怎样的标准下，我们才能坦诚地直视一个孩子的眼睛，对他们说："我可能和你不一样，但是如果必须如此，我会做你的老师。"

《男孩和女孩：娃娃家的超级英雄》和佩利其他关于种族与公平教学题材的书一样，具有重要的历史地位。但这种重要性可能和我们期待的不尽相同。要知道，菲利普·杰克逊可是用"无所畏惧"和"勇气十足"这样的词汇，来形容佩利是如何处理男孩

---

[1] 马克·吐温笔下的经典男孩形象。——译者注
[2] 美国漫画中的经典淘气男孩形象。——译者注
[3] 美国小说《麦田里的守望者》中的少年主人公。——译者注
[4] 英国系列魔幻小说"哈利·波特"的少年主人公。——译者注

在童年早期所遭受的性别偏见的议题的。要想理解杰克逊为何如此措辞，我们必须从二十世纪最后 25 年间所爆发的性别认同战争中寻找端倪。一些发展心理学和心理分析学派支持布鲁诺·贝特尔海姆（Bruno Bettelheim）提出的观点，认为性别扮演游戏代表了儿童性别角色发展的最后阶段。贝特尔海姆（1975）在回应佩利早期所写的一篇关于性别游戏的文章时指出，在幼儿晚期形成极端的性别刻板印象是一个必然的现象，借此才能确保女孩气和男孩气的形成，这对他们以后的性别发展十分重要。贝特尔海姆接着说，这个阶段之后会有一个潜伏期，为孩子们提供了时间和空间，让他们从极端对立的性别认识回归到对性别角色更细微的观察。从这个观点来看，我们根本无需担心娃娃家里众所周知的夸张化的性别分野会演变为长期的职业导向或者社会认同。因此，允许进行性别化的游戏，应该是理所当然的事情。

那些站在女权主义角度的研究者一直在检视学校对女孩们长期的蒙骗，却没有把佩利所说的她们愉快地享受儿童早期的成就列入讨论。卡萝尔·吉利根（Carole Gilligan）在女性主义研究领域具有开创性的著作《异样的声音：心理学理论与女性发展》（*In a Different Voice: Psychological Theory and Women's Development*），在佩利的《男孩和女孩：娃娃家的超级英雄》前两年出版，这本书刚好可以为我们评判佩利的大胆尝试提供一个可以对照的时代背景。吉利根力主性别差异不是"生理决定或社会构建"（biologically determined or socially constructed），而是两者合力的结果（1982：xix）。她说，对女孩来说，长期存在的问题是社会对性别的建构。这清楚地显现在学校教育对两性的期望上。从历史上看，学校体系就更倾向于典型的男孩擅长的分析式思维，而从结构上看则不倾向于女孩所擅长的对事物关系的思考方式。尽管吉利根的研究也引起了争议，但它同时也引发了大量研究。这些研究指出，在性别规范的期望下，尤其是在中学时期，女孩而不是男孩，在学校教育系统中蒙受了更多的损害。《败于公平：我们的学校如何欺骗女孩》（Failing at Fairness: How Our Schools Cheat Girls，Sadker & Sadker，1994）和《唤醒奥费利娅：拯救少女自我》（Reviving Ophelia: Saving the Selves of Adolescent Girls，Pipher，1995）就是两个典型的例子。德曼-斯帕克斯（Derman-Sparks）颇具影响力的"反偏见课程"（1989）也提出了许多警告，反对那些支持幼儿园和学前班里基于性别的扮演游戏的观点。

需要澄清的是，佩利在《男孩和女孩：娃娃家的超级英雄》中从来没有提出任何论点声称与男孩们相比，女孩们的发展不那么珍贵，需要较少的照顾。实际上，她非常关注如果女孩们只沉迷于刻板单一的游戏，将会引发什么后果。例如，她指出，女孩们对娃娃家游戏的喜爱，往往会占用她们其他的学习时间，而那些时间所提供的学习经验对她们的学习发展也十分重要。一个例子就是通过积木游戏来学习数理逻辑和空间知识，而大多数女孩很少光顾积木区。另外,让她懊恼的是,她发现自己过去竟然没有意识到女孩们可能和男孩们一样热爱肢体活动,尽管自己并没有刻意为她们提供相应的机会,但她们可能和男孩们一样喜欢跑来跑去。对一个以观察能力而自豪的老师来说,这个发现让她感到极为惭愧。然而,《男孩和女孩:娃娃家的超级英雄》的巧妙之处在于,它并不想要贬损女孩们在学校教育中的需要,无论是最初的,还是长期的需要。它试图向我们展示的是,男孩们从他们的第一任老师那里受到了冷遇,而这种冷遇的原因,仅仅是因为他们不像女孩们。从这个意义上说,佩利在《男孩和女孩:娃娃家的超级英雄》这本书中所提出的议题,甚至比她在《白人老师》中所提出的更为冒险。因为后者所谈到的关于种族的不公平教学,是很多人关心的主题,但是,从吉利根的作品引发的反对声浪中可以看出,为男孩们发声的佩利,几乎是在孤军奋战。随着时间的流逝,佩利的一些预见也得到了证实。近年来,很多探讨男孩们在学校所遭遇的困境的文章相继发表。研究表明,从阅读成绩到辍学率,男孩们在几乎所有的学业成就指标上都落后于女孩们。可悲的是,使男孩们再度受到公众关注的,是他们与校园暴力事件攀升之间的紧密关联。人们也越来越意识到,这个问题不仅存在学校里,还延伸到校外。例如,在 2008 年一项关于年幼男孩与他们老师的关系的研究中,瑞德尔-罗思(Raider-Roth)和同事们发现,无论教师自己的性别身份认同是什么,他们往往会过度限制男孩们的男孩倾向,这使得他们从入学之初,就开始反抗学校和老师。纽柯克(Newkirk,2002)对吸引男孩的题材进行了深入的分析,像是电子游戏和电视节目等题材的作品,在阅读和写作课程中普遍受到贬低,男孩们只得把自己发自内心喜爱的兴趣搁置多年,直到他们有权利自己选择阅读内容为止。当然,到那个时候,他们可能也不再对那些感兴趣了。布思(Booth,2002)详细介绍了一种读写教学法,它利用了漫画、动作导向的故事、戏剧等典型的男孩感兴趣的事物来教授读写,借以消除男孩们认为阅读和写作是女孩们的事情的想法。③

佩利《男孩和女孩:娃娃家的超级英雄》一书的基本假设是,年幼的孩子们想要去做的事情中,必然蕴含着某些真相,如果抓住这些真相所提供的线索,就能找到最佳的公平教育方式。按照这个假设,那么一个年幼男孩学习的关键,就在于他的老师不仅能容忍他对更大声、更吵闹、更具攻击性的游戏和活动的兴趣,而且老师还要思考他为什么觉得这些游戏有意义(这就把我们带回到佩利的意义教学法的讨论中)。在研究的尾声,佩利不得不对自己的学前班提出质疑:对男孩们来说,这个地方是否欠缺安全感呢?打个比方说,除了她对娃娃家的偏爱总能带给女孩们更多好处外,还有桌面游戏的问题。对于男孩们来说,桌面游戏在他们的学前班生涯中是不可回避的活动,尽管它的内容或多或少局限于艺术和手工活动或入学准备活动。桌面活动通常依赖于两项技能：精细肌肉的运动协调技能（包括拿铅笔），静坐 15 分钟或 15 分钟以上的能力。大多数情况下，它不太需要孩子的想象力。一般而言，男孩们不如女孩们擅长这两项技能，这是大部分男孩一进入幼儿园就已经知道的事实了。当男孩们的那些和女孩们不一样的兴趣达到顶峰时，他们就会准备好以各种各样的方式，向着与老师预期相反的方向四散奔逃。然而，正如佩利明确指出的那样，学前班总是规定了"不许跑"，最好连超级英雄都不要有。我们或许还可以在这个规定清单上再加上不要大声吼叫，不过，正如佩利所写的：在学前班里，"男孩们越是感到缺乏保护，他们就吼叫得越大声"（1984：50）。这就引出了公平教学的下一个问题：教师应该给予男孩们需要的保护吗？

到研究接近尾声时，佩利不仅学会了同情男孩们在试图"征服世界"时所需要的心理安全感，还意识到了他们这样做的目的。对于男孩来说，"一旦离开娃娃家，就不一定需要那么多的超级英雄出现"（99）。男孩们的游戏，是他们面对无法做好的事情，至少是现在还没能做好的事情时，一种需要得到保护的反应。佩利总结说，在她的学前班里，自由游戏和桌面活动的平衡分布更有利于女孩们的天然取向（85），因此，她做出了一个足以影响她整个教学生涯的决定。既然男孩们在能够坐下来和女孩们一起进行桌面活动之前需要更多而不是更少的时间来表演一个男孩应有的样子，那么就给他们充分的时间去那么做好了。她改变了班级的时间安排，把自由游戏时间加倍，即使用今天的标准来看，这种改变都是一种颠覆性的尝试。在这样做之后，她证实了自己的预感，果然，当男孩们有足够的时间来表演一个男孩子应该有的样子时，他们就会变得"没那么像男孩们"了。也就是说，当男孩们有足够的时间奔跑，去大声叫喊，最重要的是，去投入到幻想游戏之中后，他们就会在桌面活动中合作性更强，也会表现出较为友善的校园行为。为了维护公平教学的原则，佩利也会相应地鼓励女孩们花更多的时间在积木区游戏。

直至今日，《男孩和女孩：娃娃家的超级英雄》都还是具有超前意识的作品。就像佩利所指出的，根本的问题既不是某些男孩是特例，也不是大多数男孩无法符合学校的要求；真正的问题在于男孩们与早期教育中女性化的规范不相容，直到我们承认这一点，我们才在给予他们公平教育的起点上，跨出最开始的一小步。而在这之前，我们做的事情太少了。我们会继续把他们送到小学，让他们处于与学校的规范和老师的期望不同步的紧张不安之中。他们中的绝大多数人能成功地做出调整，当然，这只能证明他们自己的适应能力，而不是我们对教学的集体想象。至于那些无法有效调整的人，我们也就无能为力了。

小小孩都需要的教室　The Classrooms All Young Children Need

他们自己的车子

正如书名所示，佩利1990年出版的《直升机男孩：教室里说故事的魅力》主要讨论的是故事说演教学。在佩利于1981年出版的《沃利的故事：幼儿园里的对话》中，故事说演首次登场。从很多方面而言，《直升机男孩：教室里说故事的魅力》是对这本书的有益延续。更重要的是，它加深了我们对佩利公平教学法的理解，她的教育信念也因为直升机男孩贾森而越发坚定。很多读者在第一次阅读这本书的时候，都想知道，为什么佩利坚持把贾森留在班里，而不是送到一个特殊的教育机构。当然，她在书中给出了许多似乎足以为自己的决定辩护的细节。她描写了贾森无法进行一般性的对话和人际互动，但她也向我们展示了贾森具有讲话的能力。贾森似乎对他人的游戏邀请无动于衷。佩利向我们详细描述了贾森要在教室的边缘做一个孤独的玩家的决心，他围绕着一架螺旋桨已经坏掉的直升机，创造了一个只属于他自己的世界。事实上，我们还了解到，当佩利或其他孩子试图与贾森互动时，他经常会愤怒地回应。而另一些时刻，他又选择了退缩，仿佛他们的问题和关注，给了他无法承受的刺激。

佩利预料到读者会对贾森产生一些疑问，但是她希望我们先暂且搁置这些疑问。她在序言中写道："也许一些标签可以贴在贾森身上。可是，我们既不会去界定他，也不会将他归类。"（1990：xii）。她的意思是，虽然人们可能习惯使用一些常见的标签来区分和定义孩子，但在她讨论公平教学和学校教育目的的作品中，她希望有不一样的表达。对佩利而言，贾森并不是一个需要接受特殊教育的学生，他只是一个局外人，"一个纯粹的局外人。超越人种，不属于任何一个区域，也不属于任何一个年龄段"（xi）。但是，仅仅如此还不足以解释为什么贾森的故事能如此戏剧性地推动佩利的公平教学理论向前发展。事实上，贾森提出了一个对公平教学法而言最关键的但也常被忽视的难题：那些最需要被吸纳进公平教室的孩子，却往往拒绝我们的邀请。然而，佩利告诉自己，如果她的公平教学法"无法包括贾森，那它就是不可靠的"（31）。我们需要注意的是，佩利乐于接受挑战，仿佛投身到未知海域的探险家，舍弃标签，进行纯粹为了接纳与了解的教学。

《直升机男孩：教室里说故事的魅力》不是佩利第一次打破教室内的屏障，让每个人都可以自由交往和游戏，当然也不会是最后一次。然而，和佩利所有关于公平教学的作品不同，贾森的独特之处在于，造成他与老师、同伴疏远的原因，既不是他的背景、性别和肤色，甚至也不是他的个性。虽然他可以成为以上这些团体的代表,但在佩利的教学生涯中,贾森(和他的直升机)并没有成为某个团体的代表。相反,佩利发现,她别无选择,只能跟随贾森和他的直升机,无论他们要去往哪里(57)。佩利将此描述为她从理论创造者到说故事人的教学转向过程。最终,贾森的直升机游戏揭示了他的社交问题,可能来自于他的被遗弃恐惧,包括害怕被丢弃在学校里。但这并不意味着贾森的问题就此得到了完满地解决。他也并没有因此立刻摆脱孤立的行为。在佩利观察的这一年里,他似乎没有那么阴郁了,但他依然保持着他的特立独行。

这就是佩利的观点。她并没有治愈贾森的能力。她的工作是相信孩子在学校里有受到关心和重视的权利,并使学校成为一个安全的地方,对每一个进入学校的人都必须如此。"但如果学校要成为每一个人温馨而且安全的岛屿,那么我们就必须学习将贾森这样的一个人纳入我们的学校文化。"(xi)正是在这个意义上,贾森的故事延续了佩利早期对那些因为种族、性别等原因被排斥的孩子的观察,这一次,是因为不合群。"贾森与他的直升机的故事提醒着我们,每一个小孩都是乘坐一辆由他自己推动的车子进到教室里来,各自都有他们独特的步调以及特别的目的。教室是孩子开始公平学习的地方,也是教学成为一种道德行为的地方。"(xii)。西多尔金(Sidorkin)对《直升机男孩:教室里说故事的魅力》的分析也注意到了这一点,他借用巴赫金(Bakhtin)

的复调理论（众声喧哗），将佩利的书当成一部小说（当然，那不是一部小说）来分析，他认为，在这本书中，老师的角色是帮助孩子们"把他们的力量联合起来，以对抗共同的敌人：孤立、沉默和误解"（2000：6）。

接下来，在讨论公平教室的最后一节中，我将要谈谈佩利在她的班里所做的一个颇具争议的实验计划。这个计划要求所有孩子都要遵守一个承诺，那就是"不可以说：'你不能玩'！"。这也是她在1992年出版的一本书的书名。正如诺丁斯建议教师必须帮助学生培养关爱的能力（1992：18），佩利则相信只有教师主张公平是不够的。佩利比大多数人都更了解，教室里的故事，教师只能发挥一半的作用。

自相矛盾的公平：强制接纳

《孩子国的新约——不可以说："你不能玩！"》可以被视为《直升机男孩：教室里说故事的魅力》的续集。这本书在1992年出版时，以《圣经·利未记》第十九章第三十四节中第一句话——和你们同居的外人，你们要看他如本地人一样——作为题记。这让我们立刻注意到，佩利仍然在关注所谓的局外人。只是这一次，局外人和陌生人不是我们不了解的某个孩子，而是那些不请自来的人。《孩子国的新约——不可以说："你不能玩！"》以佩利的一段颇感遗憾的评论开篇："六十岁以后，我对教室里排挤别人的声音变得更加敏感。尤其是'你不能玩'这句话，听起来真让人感到难受，就像一记冷酷的耳光，响彻教室的每个角落。一个孩子不经意的一句话常常决定了另一个孩子的命运。"（1992：3）佩利很快断定，问题出在孩子们"拒绝的习惯"上。突然之间，而且似乎是全无预兆的，她无法再容忍这种习惯。因此，她在她的学前班教室里挂了一块牌子，上面写着8个简单的字——不可以说："你不能玩！"。紧接着，她开始了对这种用规则强制接纳他人加入游戏规定的调查。

从各个角度看,《孩子国的新约——不可以说:"你不能玩!"》都不是典型的佩利式的作品。也就是说,她在这本书里并不是试图揭示幼儿在学校自然的成长或经验,而是在试图改变它的进程。这也是她最激进的一本书,因为这本书的信条直接向早期儿童教育的一些业已建立的基石提出了挑战,包括以儿童为中心的课程、儿童自主社交、教师的引导者角色以及学校作为现实生活的预备。这就可以解释为什么这本书很少被教师培训所采用,以及为什么复刻研究在数量和样本量上如此有限,其中两个例子是哈里斯特(Harrist)和布拉德利(Bradley)在2003年的研究、萨蓬-谢文(Sapon-Shevin)等人在1998所做的研究。与此同时,尽管佩利这一激进的尝试缺乏追随者或效仿者,但它却是课程大纲和与教育、社会正义相关的文章中的常客,一直备受关注。这个话题持续保持争议热度,也表明了我们大多数人都无法遗忘在学校被排挤的痛苦。

《孩子国的新约——不可以说:"你不能玩!"》这本书把佩利的公平教学法推到极致。之前,她把理解和教育孩子们认识种族、性别和社会认同视为自己的职责,现在她要求孩子们也负起责任来。这种由教师引导幼儿走向普遍公平的观点,对当代课堂实践提出了严峻的挑战。对教师来说,要求自己有很高的包容性是一回事,要求孩子们也能如此,则是另一回事。但是,如果不这么做的话，佩利对公平教室的哲学信念，将无从立足。从我接下来的分析中可以看到，这并不意味着她的创新得到了广泛的支持。我的分析有以下两个证据来源。第一部分是包括我对35名师资培育项目中的学生、现任教师和教师培训者的调查结果。这项调查要求在小组讨论后发表书面或口头意见，所收集到的回应从支持到反对都有。第二部分是文献探讨，同样包括含有正反双方意见的文献，以及对于这项规定在民主教育上的意义的相关探讨。

在调查之初，那些支持"不可以说：'你不能玩！'"的一方表示，这个规则早就应该出现了。他们认为，允许班上一些孩子在游戏时间（包括课间休息）充当看门人毫无积极意义。事实上，多位被调查对象把排挤和更大范围的长期人际交往和社会问题建立了关联。其中一位被调查者写道："如果我们不去教导或者促进富有情感的内容（类似"不可以说：'你不能玩！'"这种规定），那么我认为我们就没有资格去抱怨社会上不断攀升的暴力事件和人与人之间的情感疏离。"赞成者中，也有人采取了比较个人化的观点，他们回应了佩利的个人反省：永远不要只在那些受欢迎的孩子的阴影下自鸣得意。他们感谢她的创举，并愿意和她一起建立一个不仅消灭拒绝，而且不会想象拒绝的世界。我应该特别说明，在那本书刚出版时，这是在热门书评中普遍的回应。

另一部分的被调查者则表示，这个概念在理论上很吸引人，但在实践中却是不现实的。反对意见主要集中在它需要严密的监控才能执行:"我的第一感觉是,这是一项有吸引力的规定,因为它提供了一种没有漏洞的结构,试图建立一种全系统的、包含所有学生在内的公平……但是,它可行吗?"这一陈述也反映了萨蓬-谢文及其同事在1998年进行的复刻研究中4位小学教师的观点。我们应该不会对这样的回应感到惊讶,老师们不喜欢执行那些需要高度监控的任务。"不可以说:'你不能玩!'"显然也属于这一类,至少一开始是这样。调查对象中的其他成员表现出犹豫态度,因为他们担心会遇到来自孩子们的阻力。他们的直觉告诉他们,大多数孩子的反应都会像佩利书中的莉萨[1]一样抱怨说:"那有什么好玩儿的啊?"他们认为,只有少部分的孩子会欢迎这个新规定,像是班上受到排挤的"眼神哀伤"的克拉拉(1992:14)。老师们不喜欢勉为其难地劝说孩子们接受别人,尤其是那些在班里有一定影响力的孩子。最后,这群持有怀疑态度的调查对象提出他们的质疑:以对所有孩子公平的名义将老师关于人际关系的世界观强加给每个孩子,这在道德上是否公平。

对于最后这点质疑,佩利也曾经对强迫包容的伦理合法性表示过怀疑,她承认这有点反人性。她指出,毕竟,就算是教师们自己,也会更喜欢和意气相投的朋友们一起坐在餐厅里。她只想承认确实存在一种"接纳某些人而排斥另一些人的自然而然的意愿"(73),却不想对此做评判。但是,经过深思熟虑,她并没有因为这项使

---

[1] 莉萨是班级中比较强势的孩子,经常会拒绝别人。——译者注

命的不切实际或是自己心里仍存有疑虑而停滞不前。相反,她却任由自己追随着安杰洛的感受:"孤独的人,眼中总是充满泪水。"因此,她决定:"明确而公开地把进入王国的钥匙交到孩子们手中,让他们不要那么悲伤。"(74)最后,"不可以说:'你不能玩!'"的规则,带给所有孩子潜移默化的改变,这让佩利大为振奋,甚至像莉萨那样的小孩也发生了改变。令她高兴的是,她学前班里的孩子们很快就适应了这条新规定,而她最初担心的难以执行以及需要由上到下的监管等问题,实际上都没有发生。

尽管佩利为自己辩护的案例颇具说服力,但她并没有说服所有人。在调查和文献中对"不可以说:'你不能玩!'"的第三种回应,虽然说法多样,但基本上都对其价值持反对意见。古德曼(Goodman,2000)至少认为它只是过于"简单化",是一种对"友善"准则的极端和肤浅的灌输,这些准则包括乐于助人、分享、轮流等(与之相对的是,不要刻薄、打架或欺负人)。而其他人则认为,这个规则既简单又无效。一名被调查者写道:强迫一个人和别人玩并不能解决被排挤的问题。他还说:"不管老师怎么说,我都不会和我不喜欢的人玩得很愉快。"其他被调查者则担心,这条规定本身可能就会唤起人们对孩子被排挤状态的关注,从而加剧孩子被排挤的感觉。佩利自己的同事也提出了类似的反对意见。

古德曼反对的第二个理由是,他认为这项规定会带来更加极端的后果。如果说,佩利将这项规定看作是纠正不合格问题的努力，古德曼认为这可能带来一种灾难性的大滑坡。它会迫使孩子们去接纳那些不受欢迎的行为，甚至是一些真正的反社会行为。从这个角度来看，那些排挤别人的人，反倒成了受害者；而原本被排挤的人，则可以有恃无恐地欺负人。古德曼写道："当然，我们都希望孩子能够关心他人、体贴、乖巧和善解人意，但我们也希望他们诚实、坚强、勇敢。我们希望他们能抵制来自同辈的压力，公开反对不正当的行为，拒绝同流合污，哪怕付出冒犯他人的代价。一个高尚正直的孩子，为了选择站在真理一边，可能就要冒着伤害别人，或者疏远别人的代价。"（2000：30）

在某种意义上，诺丁斯预料到了古德曼在他的讨论中对背叛友谊的看法，古德曼认为，背叛友谊会带来不良的影响。然而，在诺丁斯看来，真正考验友爱关系的不是冒犯，而是如何回应。她说，真正的朋友绝不会因为受到冒犯就对其弃之不理；相反，他们会竭尽全力地帮助那些冒犯者。"从关怀的角度来看，道德要求和友谊之间没有内在的冲突，因为我们原本就有责任帮助朋友与人为善。"（1992：99）此外，诺丁斯也不认为交朋友就需要放弃常识，尤其是小孩子。她写道，一旦出现了不可修复的伤痕，那么付出的友谊就可能被收回。所以，从诺丁斯的角度来看，古德曼对"不可以说：'你不能玩！'"在教室中的潜在后果，可能有些夸大其词了。对这一点，我要质疑古德曼关于事态会发展到警戒状态的假设。没有证据显示佩利要教师刻意忽略孩子们真正的、严重的社会违规行为（尽管我怀疑佩利能想象出孩子们会做出真正的反社会行为）。她只是想平衡所有学前儿童教室里浮现的那些冷漠的排斥。如果她努力从事的是让孩子们用一种是非不明的态度来取代排斥的习惯，那就是古德曼说对了。但是实际上，我们在佩利的作品中，从未看到她鼓励孩子或读者对不诚实、违法或不光彩视而不见。

尽管古德曼对这项规定可能对幼儿造成潜在的心理危机的警告很极端，但她的第二个回应更加令人匪夷所思，而这项回应，恰好也是教育界受访者最为普遍的回应。他们认为，被排挤自有被排挤的好处。我指的是一位被调查者所说的被拒之门外的"希望之光"（silver lining）以及古德曼所说的"道德修炼"（morally productive lessons），而这些好处，在所有孩子都能不被拒绝和排挤地玩耍的教室里就会消失。古德曼在书中这样描述那些被拒绝的孩子："被拒绝的孩子可能会意识到被别的孩子排挤也没有那么可怕，他完全可以耸耸肩，和更能接受他的孩子一起玩，他不必把自己看成是受害者。"（2000：30）对一些人来说，古德曼显然是有道理的。大多数项目被调查者认为，我们不仅应该容忍拒绝排挤行为，甚至应该在教室里欢迎排挤行为的出现，因为它会对被排挤孩子的"性格"产生积极影响。更有趣的是，越是承认自己曾经有过被排挤经验的受访者，就越是对这个规定持反对态度。例如，一名师资培育专业的学生写道，他在中学时因为体重超标和篮球打得不好而被排挤。

我现在满脑子想的都是"不可以说：'你不能玩！'"这个规定。我反复思考自己对这个规定的看法，我有些摇摆不定。最近，我又有了一个新的想法：难道不是应该应用适者生存法则吗？如果可以强迫每个人都要接纳别人一起玩，那么就没有人会为了得到别人的接纳而努力了。

这位被调查者分享了他从被拒绝经历中获得的好处：他的体重减轻了，篮球打得比以前好了。另一位师资培育专业的学生写了一则"因排挤而获益的个人故事"。

一开始，我的棒球打得很糟糕，因此被那些打得好的男孩排斥在外。我去找爸爸，他陪我打球，教我怎么打。一旦我学会了怎么打棒球，我就不再被排挤了。如果那些男孩一开始就被迫接受我，我想我永远也学不好打棒球，而且我也不会拥有那段和父亲在一起的美好记忆了。

第三位受访者叙述了她在五年级时排挤班上另一位同学的往事。

有个女孩叫珍妮,她总是想加入我们的团体。我们偶尔会带她一起玩,但大多数时候是我们四个一起玩,把她排除在外……如果我们被迫带珍妮一起玩,最终的结果可能是我们对她很坏,而这会让她感觉更不好……我绝对相信拒绝是不好的,不应该让任何一个孩子感觉像一个完全的陌生人,但我不认为佩利那样的规定是解决问题的办法。在我看来,珍妮最好不要和我还有我的朋友做朋友,因为我们永远都不会成为她真正的朋友(即便有佩利那样的规定在)。她应该找到她真正的朋友。

最后,一位就读师资培育专业四年级的学生这样写道:当你被拒绝时,好吧,"这就是生活"。

学生们对排挤价值观的认知无疑受到了家庭、阶级、文化等诸多因素的影响。但肯定的是,从学前班开始,学校就在其中扮演了重要的角色。佩利写道,从学前班开始就形成了一种社会等级制度,一些孩子被允许拥有决定班上其他同学命运的权利,这意味着一些孩子可以玩,而其他孩子则必须"学习着承受被排挤的刺痛"(1992:5)。从佩利自己对所在学校小学生的调查中我们知道,早期被排斥的后果不会等到大学才出现,甚至也不必等到高中。佩利询问小学生对"不可以说:'你不能玩!'"这个规定的看法,从孩子们的反馈中可以看到,排挤效应在小学一年级就已

经发酵了:

一年级

"总得有一个人当老大,他会告诉每个人,谁能玩,谁不能玩。"

"被拒绝的人就得走开,这样比较好。"

二年级

"是啊,这个规定很公平,但是有些人可能就是不喜欢某些人,这会破坏游戏。"

"这样会更公平,但可能会玩得不好。不过,这是个好规定。"

三年级

"他们才不想要他们不喜欢的人。他们不要我。"

"这个规则行不通。如果人们不喜欢他们就不带他们玩,如果有规定的话,那些被排挤的人就会去告诉老师,如果老师一定让他们带他玩,他们才不会对那个人好呢。"

四年级

"这个规则行不通的。我们比小时候更坏了。"

"一般男孩们比较容易接纳别人。而女孩们更可能告诉另一个女孩不带她玩。"

五年级

"在你的一生中,你不可能处处受欢迎,不被排挤。所以你不妨现在就先学学吧。"(1992)

所以,当佩利询问"必须这样吗?"的时候,她不仅仅是让所有孩子都可以参加游戏,她想做的更多。她完全不同意古德曼的意见。她询问的是,为什么我们不鼓起勇气,在排挤已经成为孩子的习惯之前,在它发生潜在的危害之前,就把它赶出教室呢?佩利让我们意识到,如果早在孩子们换牙之前,在他们还相信圣诞老人的时候,就已经发现有些人比另一些人更重要,更有价值。那公平吗?

为什么我们会允许排挤问题在幼儿园里泛滥成灾,我认为有几个可能的原因,而这些原因最后都让我觉得我们更加需要"不可以说:'你不能玩!'"这个规定,我们也可以将此作为判断佩利这一挑战是否必要的依据。那些原因各有道理,而且还有一个共同的假设:总会有一些孩子受欢迎,一些孩子不受欢迎,这是不可避免的。

从经验上讲,学前儿童研究权威早就根据正常社会发展的概念,提出了一条社交钟形曲线,其中就包含那些不适应环境的儿童(Spodek, 1993; Williams, Fromberg, 1992)。拉德(Ladd)和科尔曼(Coleman)在1993年的一篇文献综述中指出,第一,孩子在很小的时候就有能力形成同伴关系;第二,有一些重要的途径可以让孩子建立友谊,让同龄人接受;第三,同伴关系在儿童的生活中很重要,可能对他们的发展和幸福感产生重要的积极影响。被定义在正常范围之外的被排挤儿童的相关研究表明,同龄排挤现象在童年早期就开始了(Coie, Dodge, 1983; Howe, 1988; Ladd, Price, 1987; as cited in Ladd, Coleman, 1993; Spodek, 1993; Williams, Fromberg, 1992)。教师对这些被排挤孩子的评价可能包括"缺乏社交技能"或"在与他人建立积极关系方面需要教师的帮助和支持"等用语(Bredekamp, Copple, 1997:123)。然而,研究也表明,孩子们被排挤的地位往往会贯穿整个童年,因此也可以看出,老师所建议的所谓"帮助和支持"对改善他们的境况并没有什么效果。

不受欢迎的孩子的形象在我们的集体想象中是如此强大,是我们对童年集体定义的很大一部分,正如早期的研究所揭示的,那些不受欢迎的孩子自己也接受了这一点,仿佛这是一种命中注定。雪上加霜的是,那些非常年幼的、不受欢迎的孩子,并不一定表现出了古德曼所警告的恶劣的反社会行为,也不一定是文化偏见、种族主义或其他更公开的排挤形式的受害者。也许可能有人会说，这些偏见起源于既定的普遍认同的社会阶层之中。但佩利明确地指出了一个令人心碎的事实：在幼儿园和学前班里，被拒绝的理由很简单，一个孩子只要不够吸引人就足够了，他们可能是因为口语表达不流畅，动作反应不敏捷，太胖，或者穿着不够体面。换句话说，只要他们和那些受欢迎的孩子不一样，他们就有理由被排挤了。

佩利在尽力与之对抗的另外一种众所周知的力量，在教室里维持着受欢迎的孩子和不受欢迎的孩子之间壁垒分明的状态。这种力量认为：孩子应该首先接受他们自己，在此之前，他们无法接受同伴。这一信念导致了一些让我们耳熟能详的做法：根据儿童的个人情况发展他们的自尊。这一做法体现在由美国幼儿教育协会出版的极具影响力的发展适宜性教育实践的建议中。下面这段话是该方案计划再版时，关于建立班集体的指导建议，我们不妨来思考一下：

> 教师们应使用多种策略帮助孩子们建立一个具有向心力的团体。孩子们有机会参加全班都参与的集体活动……教师们鼓励孩子们亲身体验这种集体活动，以让每一个小孩都明确感受到自身的价值。（Bredekamp, Copple, 1997：124）

发展适宜性教育实践进一步建议，教学决策应基于"对群体中每个孩子的优势、兴趣和需求的了解，以便能够适应不可避免的多变的个体，并对其做出及时响应"（9）。

毫无疑问，支持发展适宜性教育实践建议的老师们致力于确保所有孩子的健康发展，这当然包括佩利想通过"不可以说：'你不能玩！'"来拯救的那些孩子。然而，很明显，全面包容的路径似乎无法依靠"所有人都认同"的群体活动来实现。实际上，想要真正地参与到集体活动中，为了共同的利益，就必须压抑个人的力量、兴趣和需要，也许不是全部的压抑，但至少是部分的压抑。建议中明确指出的"重视每个孩子"并不能清晰地导致"重视所有孩子"。例如，"我很特别"或"我喜欢我"的活动在学前班很常见。这样做的目的是帮助孩子们认识到自己的独特性，并欣赏他人的独特性。这一观点隐含着这样一种信念，即适当程度的自我价值感可以让孩子们能够真正地接纳他人的特殊品质。我们先假设这一信念是真的，但我们一定不要忘记，接纳别人的不同并不等同于会邀请别人加入游戏。事实上，如果对自己的爱能轻易地转化为对所有人的接受，那么就没有所谓的社交钟形曲线，也就不存在"不可以说：'你不能玩！'"的必要。学校教育的残酷事实是，有些特质确实比其他特质更吸引人。

大多数教师都能证明，自我价值感的另一个问题是，排斥他人的孩子往往表现出大量的自我价值。他们似乎拥有稳固的友谊，在学校的任务中表现出色,看起来很快乐,在班级中处于领导地位。此外,除了在选择甚至挑选玩伴的时候有苛刻的标准外,他们也很注意维护自己在集体中的地位。例如,在我最近参观的一个学前班教室里,两个在教室里明显拥有一定地位的男孩在自由游戏时间兴奋地选择了乐高积木区。他们刚玩了几分钟,萨曼莎出现了,她是一个没什么玩伴的孩子。"萨曼莎来了。"乔丹用一种啊哦的语气对迈克尔说。然后,他们轻易地放弃了刚刚才到手的原本渴望的东西,用一种假装漫不经心的声音宣布:"我们不想玩乐高了,对吧?迈克尔。"说完,他们就走了。在我看来,对这些孩子而言,老师无需再试图增加他们的自我价值感,他们的自我意识都足够好了。此外,即使提升了自我价值,也不能提升他们接纳那些他们天生不喜欢的人的倾向。

佩利决定不再将儿童的个体性作为课程的中心,而是以包容性取而代之。这不仅给孩子们的生活带来了翻天覆地的变化,也对教师提出了截然不同的问题。佩利明确表示,新的规定并不是仅仅来自以身作则或日积月累这两种传统幼儿教师常用的方法,它要求教师直接、及时、大胆、坚定地干预孩子的人际关系。通过设立"不可以说:'你不能玩!'"的规则,佩利公开地把传统上作为儿童关系促进者的教师,换成了作为道德权威的教师。数十年的观察让佩利知道,不能指望小孩子为那些与众不同的孩子的利益着想。"在我们小时候,必须有人告诉我们应该遵守什么规则。

成年人必须在孩子们还愿意聆听的时候，尽早地告诉他们，让道德规则和神话共同传达他们应有的信息。"（1992：110）这个问题可以链接到维果茨基的脚手架式学习理论，重点不是孩子在自发状态下会做什么，而是他们在他人的支持下能做到什么（Bodrova，Leong，2007；Vygotsky，1978）。佩利这种直截了当的做法中，隐含着这样一种观点，如果教师无法创建具有包容性的教室，或者无法设计出聚焦于被排挤孩子的缺失感的课程，那么他们将会使教室里的拒绝和排挤现象变成常态。他们将无法促使我们去思考，被允许的排挤行为是否会导致一些问题，或者其本身是否就是问题。

最后，佩利很轻易地接受了诺丁斯的说法：教师和孩子之间的权力分配显然是不均衡的，而且必须如此。因为只有这样，教师才能为孩子的最大利益服务。诺丁斯援引了马丁·布伯（Martin Buber）关于"特殊责任"（special responsibilities）的说法，即教师的特殊责任在于要像孩子们那样看待世界。当然，这意味着，要像所有孩子那样看世界，也包括那些被排挤的孩子。她说："师生关系必然是不平等的。教师有学生无法承担的特殊责任。马丁·布伯曾写道教师必须实践'包容'，也就是说，教师必须采取双重视角：他们自己的和他们的学生的。"（Noddings，1992：107）

优先考虑被拒绝孩子的需求，挑战了通常让利己主义驱动课程的进步做法，并引发了我们所说的教育民主问题。梅休（Mayhew）

和爱德华兹（Edwards）是杜威所在的芝加哥大学实验学校的开校元老教师，也是《杜威学校》(*The Dewey School*, 1936）的作者，他们对禁止拒绝的规定和允许选择的进步主义原则之间的关系提出了他们的见解。梅休和爱德华兹认为，孩子总是"人际关系中的一个独立的个体……但他同时又是社会的一员，而这个社会又对他产生了巨大的影响。当一个人的兴趣和目的与一个群体的兴趣和目的一致时，当他们一起完成一个共同的项目时，一个人就会找到他最好的表达方式"（1936：427）。在佩利的学前班教室里，孩子们的"共同项目"不是基于数学或科学，而是基于游戏。她在书中写道，孩子们之间存在着一道看不见的屏障，他们在两边权衡。游戏对他们来说是合适的，因为它也有其他目的，这在第二章和第三章讨论过。在我看来，小孩子和别人一起游戏时，并不需要接纳对方的不同之处，只需要在游戏中练习接纳就可以了，就像加入别人的游戏时别人的做法一样。同时，在游戏中，那些之前被拒绝的孩子，也在练习着被别人接纳。

我认为这个过程类似于维果茨基在 1978 年对想象游戏的描述。从本质上说，接受和包容的练习为所有的孩子提供了表现自我的机会，这里的自我，不是当前这个实际的自我，而是潜在的自我，或者说，是他们在集体中的自我。佩利"不可以说：'你不能玩！'"的规定，要求幼儿教育工作者超越现有的思考格局，从思考如何以及何时支持单个孩子的发展问题，到思考如何以及何时支持集体中的每个孩子的发展问题。正如梅休和爱德华兹所建议的那样，这种观点让我们把集体看成是（对个人权利的）授权而不是威胁，是对集体中每个人的欢迎而非拒绝。还有更多的证据表明，集体在儿童发展中所扮演的角色是如此重要，只有在作为集体一员的身份得到认可时，所有的孩子，包括那些受欢迎的孩子，才能实现最佳发展（Erikson,［1950］1985：85）。因此，如果教师以教室中应以儿童为中心的名义来回避集体的重要性，那是与儿童的长远利益背道而驰的。诺丁斯在这里又回到杜威的话题上，她说："杜威儿童中心说的追随者们……过于关注孩子过去和现在的期望，却忘了教师对孩子们的未来的经验与成长负有更大的责任。"（1992：64）

毫无疑问，"不可以说：'你不能玩！'"的规则挑战了传统上师生之间围绕社会关系的权力平衡。它甚至挑战了学校教育的宗旨。用这样一条规定，佩利颠覆了人们长期以来的看法。人们一直认为，学校应该提供一个模仿现实生活的场景，以使学生在其中进行练习，从而未来能够适应真实的社会生活。事实上，佩利之所以要制订禁止拒绝的规则的首要因素，恰恰是因为，她认为学校是一个民主机构。最初，她还心存疑虑，她问自己："如果我想帮助克拉拉，那么因此而破坏了莉萨和辛西娅的游戏，这公平吗？"但当她意识到自己所处的空间是一所学校时，她再次发问："在学校里，一些孩子不让另一些孩子参与游戏，这公平吗？"显然，是否在学校里是一个明显的区别。"毕竟，"她继续说，"这个教室属于我们所有人。它不像我们的家那样是个私人领域。"(1992：16) 集体所有权强调集体，而不是选择参与。就像我们建造高楼不是为了测试飓风的强度一样，我们也不会为了体现适者生存而建设教室环境，而这正是"不可以说：'你不能玩！'"整个方案的意义所在。最终，佩利决定，在学校里，包容的权利应该胜过偏好的权利，游戏的权利应该胜过拒绝的权利。在学校里，教师应该可以对此做出决定。当然，一些被排挤的孩子（当然不是全部），确实会表现出令人反感的行为。当他们可以加入游戏时，无论双方是否自愿，都有可能会改变双方相互作用的方式。当然，为了让游戏不被他们彻底搞砸，他们可能确实需要一些帮助。但这些问题的存在，应该否定他们作为学校里集体的一分子的身份吗？佩利认为不应该，科瓦列斯基（Covaleskie, 2003）赞同佩利的说法。

有计划地抵制拒绝行为的受益者并非只有那些被排挤的孩子，其他人也同样可以从中受益。一个令人惊讶的结果是，这样的规定对佩利所谓的"统治阶级"（ruling class）中那些看似幸运的成员的需求，也产生了影响。如果仔细观察，我们可能会发现，一些孩子，当然不是所有的孩子，会因为太受欢迎和比其他人的权力大而感到负担。即使他们会从自己的地位中获益，但那些被排挤者流下的眼泪和轻易拒绝他人的习惯，也会形成一种沉重的负担，压在这些"统治阶级"的孩子身上。"我不想当老大。"柯蒂斯告诉佩利,"但他们一定要我当。"有时候,孩子们会把他们的力量变成一种自我拒绝。正如我们在前面看到的,一个四年级的女孩告诉佩利,男孩不会给彼此造成这种痛苦,而"我们女孩对彼此都很刻薄"。另一个女孩说:"我们现在越来越坏了",随着时间的推移,"我们比在学前班时候坏多了"。

孩子们有时候会被自己最喜欢的角色限制住。这让我想起了勒妮,她是我所在的学前班里一个体重超标、不受欢迎的六岁孩子。那是在我遇到"不可以说:'你不能玩!'"这句话之前的事情。当时,我们的班级故事演出是由当天的故事讲述者分配的,不是像我们后来那样由老师安排。几个月来,孩子们都沉浸在把关于王国和城堡的故事改编成剧本,这是学前班孩子们的共同兴趣。但是有一天,勒妮再次错过了她最想演的角色,于是她爆发了:"为什么劳伦总是演公主?"我查看了我的笔记,发现勒妮从来没有被她的同学选择成为公主的扮演者,而且,其他女孩当公主的机会也很少,只有三个女孩各自入选过一次。而劳伦,一个非常漂亮的孩子,大人孩子都喜欢,毫无疑问这令她十分吸引人。几乎每一次大家都选她做公主。我问劳伦是否介意从公主的角色中休息一下,给其他孩子一个机会。劳伦看起来很吃惊,然后明显地松了一口气。她说:"我不介意。我很高兴。"孩子们听了劳伦的话,选择让她演邪恶的继母,甚至王子。她好像在她被拓宽的"戏路"上玩得风生水起,而勒妮和其他女孩,也非常享受公主的角色。

此外,"不可以说:'你不能玩!'"的教室规则,与对非西方的育儿实践研究产生了共鸣。研究者认为,在美国以外,许多文化中在孩子们试图将自己的个人属性从集体中区别出来之前,就寄希望于学校先行向他们灌输作为集体一员的意识(Bernhard et al., 1998)。托宾、吴和戴维森(Tobin, Wu, Davidson)在1989年对中日美三国的幼儿园进行的跨文化研究发现,中日两国的家长理所当然地认为他们的孩子会和其他孩子做同样的事情,比如运动或跳舞;美国的家长甚至学校的工作人员则相反,他们对这种一致性表达了"矛盾"的感觉。美国家长对儿童个人权利的重视甚至超过了多数人的民主权利的目标,除非是那些会关系到他们自己孩子的福祉的公共政策。该研究的作者写道:"美国人对个人主义、自由和自我实现的重视取代了对平等的讨论。显然,平等主义的关注只会出现在行政政策的讨论中,似乎与学龄前儿童所受到的待遇无关。"(Tobin, Wu, Davidson, 1989:146)全球化的另一个影响是否就是儿童中心这一观念的输出,还有待观察(Dahlberg, Moss, Pence, 2007)。尽管随着时间推移,我们会发现幼儿园和学前班中的移民家庭也越来越能欣然接受儿童中心的观点,我们的教室里也容纳了越来越多的来自世界各地的文化,但是学前教育工作者仍然必须保持着对这一问题的检视,当我们说集体成员、平等主义、个人主义以及其他关于班级生活的假设时,我们到底所指为何。

佩利和她的支持者都不曾声称,"不可以说:'你不能玩!'"能够彻底消除排挤行为。无论我们多么成功地塑造小孩们最早期的社会经验,我们都无法保护他们免受其他形式的拒绝,而这些约定俗成的拒绝无疑就在未来等待着他们。用不了多久,对某些个别孩子的偏爱就不仅仅是教育系统对个体差异的反应,而是对整个系统的要求。例如,总有一些幼儿缺乏融入社会所必需的社交技能,而另一些幼儿则认知能力欠佳。"选拔分流计划"(Pull-out programs)致力于先将非熟练者和熟练者区分开来,再将有天赋的学生从中区分开来。到四年级的时候,所有的孩子都知道谁聪明,谁有艺术天赋,谁有运动天赋,或者什么都没有。最终,种族还是成了一个因素,就像佩利在《宽扎与我:一个教师的故事》一书中提醒我们的那样。当然,我们也无法通过"不可以说:'你不能玩!'"的规则使公平成为一种制度,从而消除教室里的种族主义,也不会永远拯救那些不受欢迎的孩子,使他们免于不应有的命运。正因如此,当孩子们被或明或暗地排斥在班级之外时,我们绝不能对他们所背负的巨大负担视而不见。最后,佩利和她的学生们都意识到,"敞开大门要比把人关在外面容易得多"(1992:118)。在学前班的这一年里,也许还有许多其他的课程需要学习,但肯定没有比这更重要的了。

☆

佩利作为一名黑人孩子的白人老师,多年来学到的教学经验与她所倡导的对所有孩子进行公平教学的理念高度一致。值得重申的是，这些经验不仅在道德上具有说服力，而且呈现了一条真理：教导孩子接纳、包容别人，是所有教师的首要责任。佩利让我们作为教师和演员在一个普通的教学事务中变得人性化了，因此她的方法易于使用。在佩利看来，"学校教育"从来不是小孩被要求做什么的问题（尽管如我们所见，这种观点并非少数），她认为，学校教育首先是、也最重要的是，让孩子成为他自己，或者更确切地说，做老师允许他成为的那个人。

佩利在她的关于教室内种族问题的研究以及她坚持的避免无视肤色的立场，给予我们很多关于公平教育的启示。第一，当我们在涉及性别问题、发展差异、社交拒绝等话题时，教师需要同样直接地对待因此而产生的各种排挤现象。也就是说，教师必须主动积极地去和孩子们讨论那些相似和相异的群体，并认识到自己的观点对教与学可能造成的影响，教师们不应该再假装那些区分无关紧要。

第二，当教师发现了教室中，包括班级计划、课程实施以及最重要的人际互动习惯等，存在着让每个孩子在所有活动中获得全然接纳的障碍，就应该勇敢地效仿佩利，制订一条类似于"不可以说：'你不能玩！'"的规则。教师可以根据自己的意愿，或者像佩利那样张贴一个提示标志，或者只是以口头告知的方式向所有孩子宣布这项教室规则。

第三，要想实现每个孩子在所有活动中获得全面接纳，教师必须努力把教室打造为民主的空间，在这里，所有的"故事"都能被聆听，所有思想的交流都能得到重视，并得到培育机会。

最后，在公平教学法中，我们学到必须尊重黑人孩子及其家庭的智慧，并向他们学习；由此，我们也必须乐于向所有被排斥在教室核心文化圈之外的孩子学习。佩利说，只有这样，"小孩才能公平地开始学习，我们也才能让教学成为一种道德行为"（1992：xii）。

---

① 诚然，男教师可能对娃娃家有不同的看法。然而，学前班教师的男女比例如此之悬殊（98:2）以至于这一点几乎可以忽略不计（National Center for Education Statistics, 2004）。男性教师的出现也没有改变学前班成功的标准，而这些标准一直是由女性来决定的。

② 佩利只提到"学校作业"和精细肌肉运动活动。据推测，这也包括读写能力的子技能，比如字母书写，这在二十世纪八十年代中期是很典型的。

③ 布思（2002：27）写道，他从佩利书中学到的关于性别的差异，远多于其他途径。

参考文献

Ainsworth M, M Blehar, E W aters, et al. 1978. Patterns of attachment. Hillsdale, NJ: Lawrence Erlbaum

Anyon J. 1997. Ghetto schooling: A political economy of urban educational reform. New York: Teachers College Press.

Applebee A. 1978. The child's concept of story: Ages two to seventeen. Chicago: University of Chicago Press.

Ashton-Warner, Sylvia. 1963. Teacher. New York: Bantam Books.

Au K H, J H Carroll, J A Scheu. 2001. Balanced literacy instruction: A teacher's resource book.2nd ed. Norwood, MA: Christopher-Gordon.

Balaban N. 1985. Starting school: From separation to independence. New York: Teachers College Press.

Banks J A. 1988. Multiethnic education: Theory and practice.2nd ed. Boston: Allyn and Bacon.

Banks J A. 1994. An introduction to multicultural education. Boston: Allyn and Bacon.

Banks J A. 2006. Multicultural education: Characteristics and goals. In Multicultural education: Issues and perspectives, ed. J A Banks, C A Banks, 3-31. New York: John Wiley.

Beatty B. 1998. From infant schools to Project Head Start: Doing historical research in early childhood education. In Issues in early childhood education research, ed. B Spodek, O N Saracho, A D Pellegrini, 1-29. New York: Teachers College Press.

Berk L E. 1994. Vygotsky's theory: The importance of make-believe play. Young Children, 50 (1): 30-39.

Berk L E, T D Mann, A T Ogan. 2006. Make-believe play: Wellspring for the development of self-regulation. In Play = learning: How play motivates and enhances children's cognitive and social-emotional growth, ed. D G Singer, R M Golinkoff, K Hirsh-Pasek, 74-100. New York: Oxford University Press.

Berk L E, A Winsler. 1995. Scaffolding children's learning: Vygotsky and early childhood education. Washington, DC: National Association for the Education of Young Children.

Bernhard J K, J Gonzalez-Mena, H N Chang, et al. 1998. Recognizing the centrality of cultural diversity and racial equity: Beginning a discussion and critical reflection on "developmentally appropriate practice." Canadian Journal of Research in Early Childhood Education, 7 (1): 81-90.

Bettelheim B. 1975. Some further thoughts on the doll corner. School Review, 83 (2): 363-368.

Bishop C H. 1938. The Five Chinese Brothers. New York: Coward-McCann.

Blum L. 1999. Race, community and moral education: Kohlberg and Spielberg as civic educators. Journal of Moral Education, 28 (2): 125-143.

Bodrova E, D Leong. 2006. Developing self-regulation: The Vygotskian view. Academic Exchange Quarterly, 10 (4): 33-38.

Bodrova E, D Leong. 2007. Tools of the mind: The Vygotskian approach to early childhood education. Englewood Cliffs, NJ: Prentice-Hall.

Bodrova E, D Leong. 2008. Developing self-regulation in kindergarten: Can we keep all the crickets in the basket? Young Children, 63 (2): 56-58.

Boisvert R D. 1998. John Dewey: Rethinking our time. Albany, NY: SUNY Press.

Booth D. 2002. Even hockey players read: Boys, literacy, and learning. Ontario: Pembroke.

Bowlby J. 1973. Attachment and loss. Vol.2, Separation: Anxiety and fear. New York: Basic Books.

Boykin A W. 1992. The triple quandary and the schooling of Afro-American children. In The school achievement of minority children: New perspectives, ed. U Neisser, 59-70. Hillsdale, NJ: Lawrence Erlbaum.

Bransford J, L Darling-Hammond, P LePage. 2005. Introduction to Preparing teachers for a changing world: What teachers should learn and be able to do, ed. L Darling-Hammond, J Bransford, 1-39. San Francisco: Jossey-Bass.

Bredekamp S, C Copple. 1986. Developmentally appropriate practices in early childhood programs. Washington, DC: National Association for the Education of Young Children.

Bredekamp S, C Copple. 1997. Developmentally appropriate practices in early childhood programs. Rev. ed. Washington, DC: National Association for the Education of Young Children.

Bredekamp S, L Shepard. 1989. How best to protect children from inappropriate school expectations, practices, and policies. Young Children, 44 (3): 14-24.

Brooks C K. 1987. Teachers: Potent learning forces in the learning lives of black children. In Educating black children: America's challenge, ed. D S Strickland, E J Cooper. Washington, DC: Bureau of Educational Research.

Bruner J S. 1960. The process of education. Cambridge: Harvard University Press.

Bruner J S. 1986. Actual minds, possible worlds. Cambridge: Harvard University Press.

Bruner J S. 1991. Acts of meaning: Four lectures on mind and culture. Cambridge: Harvard University Press.

Burdell P, B B Swadener. 1999. Critical personal narrative and autoethnography in education: Reflections on a genre. Educational Researcher, 28 (6): 21-26.

Calkins L. 1994. The art of teaching writing. New ed. Portsmouth, NH: Heinemann.

Calkins L. 2003. Units of study for primary writing: A yearlong curriculum. Portsmouth, NH: Heinemann.

Carter K. 1993. The place of story in the study of teaching and teacher education. Educational Researcher, 13 (1): 5-12.

Case R. 1985. Intellectual development: Birth to adulthood. New York: Academic Press.

Case R. 1991. The mind's staircase: Exploring the conceptual underpinnings of children's thought and knowledge. Hillsdale, NJ: Lawrence Erlbaum.

Cazden C. 1992. Whole language plus: Essays on literacy in the United States and New Zealand. New York: Teachers College Press.

Cermak L S, G Sagotsky, C Moshier. 1972. Development of the ability to encode within the evaluative dimension. Journal of Experimental Child Psychology, 13: 210-219.

Chafel J A. 2003. Socially constructing concepts of self and other through play. International Journal of Early Years Education, 11 (3): 213-222.

Chall J. 1970. Learning to read: The great debate. New York: McGraw-Hill.

Christie J F, K A Roskos. 2006. Standards, science, and the role of play in early literacy education. In Play = learning: How play motivates and enhances children's cognitive and social-emotional growth, ed. D G Singer, R M Golinkoff, K Hirsh-Pasek, 57-73. Oxford: Oxford University Press.

Clandinin D J, F M Connelly. 2000. Narrative inquiry: Experience and story in qualitative research. San Francisco: Jossey-Bass.

Clay M. 1975. What did I write? Auckland: Heinemann.

Clay M. 1991. Developmental learning puzzles me. Australian Journal of Reading, 14 (4): 263-275.

Clift R T, L R Albert. 1998. Early learning and continued development for teachers: Teachers as researchers. In Issues in early childhood educational research, ed. B Spodek, O N Saracho, A D Pellegrini, 139-155. New York: Teachers College Press.

Cobb P, E Yackel. 1996. Constructivist, emergent, and sociocultural perspectives. Educational Psychologist, 31 (3/4): 175-190.

Cochran-Smith M. 2005. The new teacher education: For better or worse?

Educational Researcher, 34 (7): 3-17.

Cochran-Smith M, S Lytle. 1993. Inside outside: Teacher research and knowledge. New York: Teachers College Press.

Coie J D, K A Dodge. 1983. Continuities and changes in children's social status: A five-year longitudinal study. Merrill-Palmer Quarterly, 29 (3): 261-281.

Coles G. 2000. Misreading reading: The science that hurts children. Portsmouth, NH: Heinemann.

Coles G. 2003. Reading the naked truth: Literacy, legislation, and lies. Portsmouth, NH: Heinemann.

Coles R. 1989. The call for stories. New York: Basic Books.

Connelly F M, D J Clandinin. 1990. Stories of experience and narrative inquiry. Educational Researcher, 19 (5): 2-14.

Cooper P M. 1993. When stories come to school: Telling, writing, and performing stories in the early childhood classroom. New York: Teachers and Writers Collaborative.

Cooper P M. 2003. Effective white teachers of black children: Teaching within a community. Journal of Teacher Education, 5 (3): 413-427.

Cooper P M. 2005. Literacy learning and pedagogical purpose in Vivian Paley's "storytelling curriculum." Journal of Early Childhood Literacy, 5 (3): 229-251.

Cooper P M. 2009. Children's literature for reading strategy instruction: Innovation or interference? Language Arts, 86 (3): 178-187.

Cowen J E. 2003. A balanced approach to beginning reading instruction: A synthesis of six major U.S. research studies. Newark, DE: International Reading Association.

Cooper P M, K Capo, B Mathes, et al. 2007. One authentic early literacy practice and three standardized tests: Can a storytelling curriculum measure up? Journal of Early Childhood Teacher Education, 28 (3): 251-275.

Covaleskie J F. 2003. Paley's paradox: Educating for democratic life. Philosophy of Education Yearbook, 330-337.

Crosser S. 1991. Summer birth date children: Kindergarten entrance age and academic achievement. Journal of Educational Research, 84 (3): 140-146.

Dahlberg G, P Moss, A R Pence. 2007. Beyond quality in early childhood education and care: Languages of evaluation. London: Routledge-Falmer.

Daniels H. 2003. Vygotsky and pedagogy. London: Routledge-Falmer.

Daniels H, M Cole, J V Wertsch, eds. 2007. The Cambridge companion to Vygotsky. New York: Cambridge University Press.

De Vise D. 2007. More work, less play in kindergarten. Washington Post, May 23.

Delpit L. 1994. Seeing color: A review of White Teacher. In Rethinking our classrooms: Teaching for equity and justice, ed. B Bigelow, L Christensen, S Karp, et al, 130-132. Milwaukee: Rethinking Schools.

Delpit L. 1995. Other people's children: Cultural conflict in the classroom. New York: New Press.

Dempster F N. 1988. The spacing effect. American Psychologist, 43: 627-634.

Derman-Sparks L, the A.B.C. Task Force. 1989. Anti-bias curriculum: Tools for empowering young children. Washington, DC: National

Association for the Education of Young Children.

Dewey J. [1900]1990. The school and society: The child and the curriculum. Chicago: University of Chicago Press.

Dewey J. 1904. The relation of theory to practice in education. In John Dewey on Education, ed. R D Archambault, 313-338. Chicago: University of Chicago Press.

Dewey J. [1916]1966. Democracy and education. New York: Macmillan.

Dewey J. 1933. How we think. Boston: D. C. Heath.

Dewey J. 1934. The need for a philosophy of education. In John Dewey on Education, ed. R D Archambault, 3-14. Chicago: University of Chicago Press.

Dewey J. 1938. Experience and Education. New York: Collier Macmillan.

Dewey J. 1939. Creative democracy-the task before us. In John Dewey, the later works, ed. J A Baydston, 14: 224-230. Carbondale: Southern Illinois University Press.

Dickinson D K. 2001a. Putting the pieces together: Impact of pre-school on children's language and literacy development in kindergarten. In Beginning literacy with language: Young children learning at home and at school, ed. D K Dickinson, P O Tabors, 257-287. Baltimore: Paul H. Brookes.

Dickinson D K. 2001b. Large-group and free-play times: Conversational settings supporting language and literacy development. In Beginning literacy with language: Young children learning at home and at school, D K Dickinson, P O Tabors, 223-256. Baltimore: Paul H. Brookes.

Dickinson D K. 2002. Shifting images of developmentally appropriate practice as seen through different lenses. Educational Researcher, 31 (1):

26-32.

Dickinson D K, K E Sprague. 2002. The nature and impact of early childhood care environments on the language and early literacy development of children from low-income families. In Handbook of early literacy research, ed. S B Neuman, D K Dickinson, 2: 263-280. New York: Guilford Press.

Dickinson D K, Tabors P O, eds. 2001. Beginning literacy with language: Young children learning at home and at school. Baltimore: Paul H. Brookes.

Dilg M. 1999. Race and culture in the classroom: Teaching and learning through multicultural education. New York: Teachers College Press.

Dixon-Krauss L. 1996. Vygotsky in the classroom: Mediated literacy instruction and assessment. Upper Saddle River, NJ: Prentice Hall.

Dixson A D. 2003. When race matters: Examining race-conscious education policy and practice. Educational Researcher, 32 (8): 39-43.

Donaldson M. 1978. Children's minds. New York: Norton.

Dyson A H. 1994. The ninjas, the X-men, and the ladies: Playing with power and identity in an urban primary school. The Teachers College Record, 96 (2): 219-239.

Dyson A H.1997. Writing superheroes: Contemporary childhood, popular culture, and classroom literacy. New York: Teachers College Press.

Dyson A H. 2002. Writing and children's symbolic repertoires: Development unhinged. In Handbook of early literacy research, ed. S B Neuman, D K Dickinson, 1: 126-141. New York: Guilford Press.

Dyson A H, C Genishi. 1993. Visions of children as language users: Language and language education in early childhood. In Handbook of research in the education of young children, ed. B Spodek, 122-136. New York: Macmillan.

Dyson A H, C Genishi. 1994. The need for story: Cultural diversity in classroom and community. Urbana, IL: National Council of Teachers of English.

Early Childhood Sexuality Education Taskforce. 1998. Right from the start: Guidelines for sexuality issues, birth to five years. Available online from SIECUS (Sexuality Information and Education Council of the United States). http://www.siecus.com/pub/RightFromTheStart.pdf (accessed July 18, 2007).

Elkind D. 1986. Formal education and early childhood education: An essential difference. Phi Delta Kappan 71: 631-642.

Engel S. 1995. The stories children tell: Making sense of the narratives of childhood. New York: Freeman.

Erikson E. [1950] 1985. Childhood and society. New York: Norton.

Feiman-Nemser S. 2001. From preparation to practice: Designing a continuum to strengthen and sustain teaching. New York: Bank Street College of Education.

Fein G. 1981. Pretend play: An integrative review. Child Development, 52 (4): 1095-1118.

Fein G, A E Ardila-Rey, L A Groth. 2000. The narrative connection: Stories and literacy. In Play and literacy in early childhood, ed. K A Roskos, J F Christie, 27-44. Mahwah, NJ: Lawrence Erlbaum.

Forman E A, N Minick, C A Stone, eds. 1996. Contexts for learning: Sociocultural dynamics in children's development. 2nd ed. New York: Oxford University Press.

Foster M. 1997. Black teachers on teaching. New York: New Press.

Freedman S G. 1998. A century of art on a blackboard canvas. New York Times, May 17.

Fromberg D P. 2002. Play and meaning in early childhood education. Boston: Allyn and Bacon.

Fuller B. 2007. Standardized childhood: The political and cultural struggle over early education. Palo Alto, CA: Stanford University Press.

Gadzikowski A. 2007. Story dictation: A guide for early childhood professionals. St. Paul, MN: Redleaf.

Gaskins S, W Haight, D F Lancy. 2007. The cultural construction of play. In Play and development: Evolutionary, sociocultural, and functional perspectives, ed. A Göncü, S Gaskins, 179-202. Mahwah, NJ: Lawrence Erlbaum.

Gehlbach R D. 1986. Children's play and self-education. Curriculum Inquiry, 16 (2): 203-213.

Gilligan C. 1982. In a different voice: Psychological theory and women's development. Cambridge: Harvard University Press.

Göncü A. 1993. Development of intersubjectivity in social pretend play. Human Development, 36: 185-198.

Göncü A, J Becker. 2000. The problematic relation between developmental research and educational practice. Human Development, 43 (4/5): 266-272.

Göncü A, J Jain, U Tuermer. 2007. Children's play as cultural interpretation. In Play and development: Evolutionary, sociocultural, and functional perspectives, ed. A Göncü, S Gaskins, 155-178. Mahwah, NJ: Lawrence Erlbaum.

Goodman J F. 2000. Moral education in early childhood: The limits of constructivism. Early Education and Development, 11 (1): 37-54.

Graue M E. 1995. Ready for what? Constructing meanings of readiness for kindergarten. Albany, NY: SUNY Press.

Graves D H. 2003. Writing: Teachers and children at work. 20th anniversary ed. Exeter, NH: Heinemann.

Greene M. 1995. Releasing the imagination. San Francisco: Jossey-Bass.

Greenfield P M, R R Cocking. 1994. Cross-cultural roots of minority child development. Hillsdale, NJ: Lawrence Erlbaum.

Gutek G L. 2004. Philosophical and ideological voices in education. Boston: Pearson.

Hale J E. 1986. Black children: Their roots, culture, and learning styles. Baltimore: Johns Hopkins University Press.

Halliday M A K. 1973. Explorations in the functions of language. London: Edward Arnold.

Hammerness K, L Darling-Hammond, J Bransford, et al. 2005. How teachers learn and develop. In Preparing teachers for a changing world: What teachers should learn and be able to do, ed. L Darling-Hammond, J Bransford, 358-389.San Francisco: Jossey-Bass.

Harrist A W, K D Bradley. 2003. "You can't say you can't play": Intervening in the process of social exclusion in the kindergarten classroom. Early Childhood Research Quarterly, 18 (2): 185.

Hart B, T R Risley. 1995. Meaningful differences in everyday experience of young American children. Baltimore: Paul H. Brookes.

Hart B, T R Risley. 2003. The early catastrophe: The 30 million word gap. American Educator, 27 (1): 4-9.

Harwayne S. 2001. Writing through childhood: Rethinking process and product. Portsmouth, NH: Heinemann.

Howard G. 1999. We can't teach what we don't know: White teachers, multiracial schools. New York: Teachers College Press.

Howard G. 2000. Reflections on the "white movement" in multicultural education. Educational Researcher, 29 (9): 21-23.

Irvine J J. 1990. Black students and school failure: Policies, practices, and prescriptions. Westport, CT: Greenwood.

Irvine J J. 2003. Educating teachers for diversity: Seeing with a cultural eye. New York: Teachers College Press.

Johnson J E, J F Christie, F Wardle. 2005. Play, development, and early education. Upper Saddle River, NJ: Prentice Hall.

Johnson J E, J F Christie, T D Yawkey. 1999. Play and early childhood development. New York: Addison Wesley Longman.

Katch J. 2001. Under deadman's skin: Discovering the meaning of children's violent play. New York: Beacon Press.

Katch J. 2003. They don't like me: Lessons on bullying and teasing from a preschool classroom. Boston: Beacon Press.

Katz L G. 1993. Dispositions: Definitions and implications for early childhood practice. Champaign, IL: ERIC Clearinghouse on Elementary and Early Childhood Education.

Kauerz K, J McMaken. 2003. Full day kindergarten: An exploratory study of finance and access in the United States. Denver: Education Commission of the States.

King J E. 2005. Black education: A transformative research and action agenda for the new century. Mahwah, NJ: Lawrence Erlbaum.

King N R. 1990. Book reviews [Children and play in the Holocaust, Bad guys don't have birthdays, and The ecological context of children's play]. Teachers College Record, 92 (1): 152.

King S H. 1993. The limited presence of African-American teachers. Review of Educational Research, 63 (2): 115-149.

Kirp D L. 2007. The sandbox investment: The preschool movement and kids-first politics. Cambridge: Harvard University Press.

Kirp D L, J Wolf. 2007. The imprimatur of science. In The sandbox investment: The preschool movement and kids-first politics, by D L Kirp, 93-135. Cambridge: Harvard University Press.

Kohl H. 1966. 36 Children. New York: New American Library.

Kozol J. 1967. Death at an early age. New York: Houghton Mifflin.

LaCorte J J, J C McDermott. 2004. Vivian Paley as a model for moral decision-making. Early Child Development and Care, 174 (6): 505-514.

Ladd G W, C C Coleman. 1993. Young children's peer relationships: Forms, features, and functions. In Handbook of research on the education of young children, ed. B Spodek. 57-76. New York: Macmillan.

Ladd G W, J M Price. 1987. Predicting children's social and school adjustment following the transition from pre-school to kindergarten. Child Development, 58 (5): 1168-1189.

Ladson-Billings G. 1994a. The dreamkeepers: Successful teachers of black children. San Francisco: Jossey-Bass.

Ladson-Billings G. 1994b. Who will teach our children? Preparing teachers to successfully teach black students. In Teaching diverse populations, ed. E Hollins, J King, W Hayman, 106-129. Albany, NY: SUNY Press.

Ladson-Billings G. 2000. Fighting for our lives: Preparing teachers to teach African American students. Journal of Teacher Education, 51 (3): 206-214.

Lake V E. 2004. Moral, ethical, and caring education for young children. Early Child Development and Care, 174 (6): 503-504.

Landsman J. 2001. A white teacher talks about race. Lanham, MD: Rowman and Littlefield.

Laverick D M. 2008. Starting school: Welcoming young children and families into early school experiences. Early Childhood Education Journal, 35 (4): 321-326.

Linn S. 2006. The case for make believe: Saving play in a commercialized world. New York: New Press.

Lionni L. (1963). Swimmy. New York: Dragonfly Books.

Lionni L. 1967. Frederick. New York: Random House Children's Books.

Lionni L. 1975. Pezzetino. New York: Knopf.

Lipman P. 1998. Race, class, and power in school restructuring. Albany, NY: SUNY Press.

Long S. 2005. Review of A child's work: The importance of fantasy play. Journal of Early Childhood Literacy, 5 (3): 312-315.

Mages W K. 2008. Does creative drama promote language development in early childhood? A review of the methods and measures employed in the empirical literature. Review of Educational Research, 78 (1): 124-152.

Manzo K K. 2008. Reading first doesn't help pupils "get it." Education Week 27 (36): 1-14.

Marx S. 2004. Regarding whiteness: Exploring and intervening in the effects of white racism in teacher education. Equity and Excellence in Education, 37 (1): 31-43.

Mason J M, S Sinha. 1993. Emerging literacy in the early childhood years: Applying a Vygotskian model of learning and development. In Handbook of research in the education of young children, ed. B Spodek, 137-150. New York: Macmillan.

Mayhew K C, A C Edwards. 1936. The Dewey school: The laboratory school of the University of Chicago. New York: Appleton-Century.

McAllister G. 2002. Multicultural professional development for African American teachers: The role of process-oriented models. In In search of wholeness: African American teachers and their culturally specific classroom practices, ed. J J Irvine, 11-32. New York: Palgrave.

McAllister G, J J Irvine. 2000. Cross cultural competency and multicultural teacher education. Review of Educational Research, 70 (1): 3-24.

McIntyre A. 1997. Making meaning of whiteness: Exploring racial identity with white teachers. Albany, NY: SUNY Press.

McLane J B, G D McNamee. 1990. Early literacy. Cambridge: Harvard University Press.

McNamee G D. 1992. Vivian Paley's ideas at work in Head Start. Quarterly Newsletter of the Laboratory of Comparative Human Cognition, 14: 68-70.

McNamee G D. 2005. Learning to read and write in an inner city setting: A longitudinal study of community change. In Vygotsky and education: Instructional implications and applications of sociohistorical psychology, ed. L C Moll, 304-318. Reprint ed. Cambridge: Cambridge University Press.

McNamee G D, J McLane, P M Cooper, et al. 1985. Cognition and affect in early literacy development. Early Child Development and Care, 20:

229-244.

Milner H R. 2003. Reflection, racial competence, and critical pedagogy: How do we prepare pre-service teachers to pose tough questions? Race, Ethnicity and Education, 6 (2): 193-208.

Mintz S. 2004. Huck's raft: A history of American childhood. Cambridge: Harvard University Press.

Mitchell R W, ed. 2002. Pretending and imagination in animals and children. Cambridge: Cambridge University Press.

Moll L C, ed. 2005. Vygotsky and education: Instructional implications and applications of sociohistorical psychology. Reprinted. Cambridge: Cambridge University Press.

Morgan H. 2007. Early childhood education: History, theory, and practice. New York: Rowman and Littlefield.

Morrison F J, E M Griffith, D M Alberts. 1997. Nature-nurture in the classroom: Entrance age, school readiness, and learning in children. Developmental Psychology, 33 (2): 254-262.

Morrow L M. 1990. Preparing the classroom environment to promote literacy during play. Early Childhood Research Quarterly, 5: 537-554.

Morrow L M. 2002. Literacy development in the early years: Helping children to read and write. 4th ed. New York: Allyn and Bacon.

Morrow L M. 2003. Make professional development a priority. Reading Today, 21 (3): 6-7.

Narahara M. 1998. Kindergarten entrance age and academic achievement. ED421218. Education Resources Information Center. http://eric.ed.gov/.

National Center for Education Information. 2005. Profile of teachers in the U.S. Washington, DC.

National Center for Education Statistics. 2004. Kindergarten teachers: Public and private school teachers of the kindergarten class of 1998-1999.Washington, DC: U.S. Department of Education.

National Center for Education Statistics. 2008. Digest of education statistics, 2007. Washington, DC: U.S. Department of Education.

National Education Association. 2003. Status of the American public school teacher, 2000-2001. Washington, DC.

National Reading Panel. 2000. Teaching children to read: An evidence-based assessment of the scientific literature on reading and its implications for reading instruction. A report for the National Institute of Child Health and Human Development. http://www.nichd.nih.gov/publications/nrp/smallbook.cfm/.

National Reading Panel. 2003. Put reading first: The research building blocks for teaching children to read. NRP Publications and Materials. http://www.nationalreadingpanel.org/Publications/researchread.html/.

Neuman S B, C Copple, S Bredekamp. [1998] 2005. Learning to read and write: Developmentally appropriate practices for young children. Washington DC: National Association for the Education of Young Children.

Neuman S B, K Roskos. 2005. Whatever happened to developmentally appropriate practice in early literacy? Young Children, 60 (4): 22-26.

Newkirk T. 2002. Misreading masculinity: Boys, literacy, and popular culture. Portsmouth, NH: Heinemann.

Nicolopoulou A. 1993. Play, cognitive development, and the social world: Piaget, Vygotsky, and beyond. Human Development, 36: 1-23.

Nicolopoulou A. 1996. Narrative development in social context. In Social interaction, social context, and language: Essays in honor of Susan Ervin-Tripp, ed. D I Slobin, J Gerhardt, A Kyratzis, et al, 369-390. Mahwah, NJ: Lawrence Erlbaum.

Nicolopoulou A. 1997a. Children and narratives: Toward an interpretive and sociocultural approach. In Narrative development: Six approaches, ed. M Bamberg, 179-215. Mahwah, NJ: Lawrence Erlbaum.

Nicolopoulou A. 1997b. Worldmaking and identity formation in children's narrative play-acting. In Sociogenetic perspectives on internalization, ed. B D Cox, C Lightfoot, 157-187. Mahwah, NJ: Lawrence Erlbaum.

Nicolopoulou A. 2002. Peer-group culture and narrative development. In Talking to adults, ed. S Blum-Kulka, C E Snow, 117-152. Mahwah, NJ: Lawrence Erlbaum.

Nicolopoulou A, J McDowell, C Brockmeyer. 2006. Narrative play and emergent literacy: Storytelling and story-acting meet journal writing. In Play = learning: How play motivates and enhances children's cognitive and socialemotional growth, ed. D G Singer, R M Golinkoff, K Hirsh-Pasek, 124-144. Oxford: Oxford University Press.

Nicolopoulou A, E S Richner. 2004. "When your powers combine,I am Captain Planet": The developmental significance of individual- and groupauthored stories by pre-schoolers. Discourse Studies, 6 (3): 347-371.

Nicolopoulou A, B Scales, J Weintraub. 1994. Gender differences and symbolic imagination in the stories of four-year-olds. In The need for story: Cultural diversity in classroom and community, ed. A H Dyson, C Genishi, 102-123. Urbana, IL: National Council of Teachers of English.

Nielsen J, E Cooper-Martin. 2002. Evaluation of the Montgomery County

Public Schools assessment program: Kindergarten and grade 1 reading report. Montgomery County, MD: Montgomery County Public Schools, Office of Shared Accountability.

Noddings N. 1992. The challenge to care in schools. New York: Teachers College Press.

Noddings N. 2006. Critical lessons: What our schools should teach. New York: Cambridge University Press.

Okshevsky W C. 2003. Reconstructing paradoxes of democratic education. From the Philosophy of Education Yearbook. PES Publications. http://philosophyofeducation.org/pubs.htm/.

Paley V G. [1979] 2000. White teacher. Cambridge: Harvard University Press.

Paley V G. 1981. Wally's stories: Conversations in the kindergarten. Cambridge: Harvard University Press.

Paley V G. 1984. Boys and girls: Superheroes in the doll corner. Chicago: University of Chicago Press.

Paley V G. 1986. Mollie is three: Growing up in school. Chicago: University of Chicago Press.

Paley V G. 1988. Bad guys don't have birthdays: Fantasy play at four. Chicago: University of Chicago Press.

Paley V G. 1990. The boy who would be a helicopter: The uses of storytelling in the classroom. Cambridge: Harvard University Press.

Paley V G. 1992. You can't say you can't play. Cambridge: Harvard University Press.

Paley V G. 1995. Kwanzaa and me: A teacher's story. Cambridge: Harvard University Press.

Paley V G. 1997. The girl with the brown crayon. Cambridge: Harvard University Press.

Paley V G. 1999. The kindness of children. Cambridge: Harvard University Press.

Paley V G. 2001. In Mrs. Tully's room: A childcare portrait. Cambridge: Harvard University Press.

Paley V G. 2004. A child's work: The importance of fantasy play. Chicago: University of Chicago Press.

Paley V G. 2006. The business of intimacy: Hurricanes and howling wolves. Schools: Studies in Education, 3 (2): 11-15.

Pellegrini A D. 1992. Kindergarten children's social cognitive status as a predictor of first grade achievement. Early Childhood Research Quarterly, 7: 564-577.

Pellegrini A D. 2005. Recess: Its role in development and education. Mahwah, NJ: Lawrence Erlbaum.

Pellegrini A D, B Boyd. 1993. The role of play in early childhood development and education: Issues in definition and function. In Handbook of research on the education of young children, ed. B Spodek, 105-121. New York: Macmillan.

Pellegrini A D, P Davis. 1993. Confinement effects on playground and classroom behavior. British Journal of Educational Psychology, 63: 88-95.

Pellegrini A D, L Galda. 2000. Commentary: Cognitive development, play, and literacy; Issues of definition and developmental function. In Play and literacy in early childhood, ed. K A Roskos, J F Christie, 63-76. Mahwah, NJ: Lawrence Erlbaum.

Pellegrini A D, R M Holmes. 2006. The role of recess in primary school. In Play=learning: How play motivates and enhances children's cognitive and social-emotional growth, ed. D G Singer, R M Golinkoff, K Hirsh-Pasek, 36-53. Oxford: Oxford University Press.

Pellegrini A D, P D Huberty, I Jones. 1995. The effects of play deprivation on children's recess and classroom behaviors. American Educational Research Journal, 32: 845-864.

Pellegrini A D, P K Smith. 1993. School recess: Implications for education and development. Review of Educational Research, 63 (1): 51-67.

Pipher M B. 2001. Reviving Ophelia: Saving the selves of adolescent girls. New York: Ballantine Books.

Postman N. 1996. The end of education: Redefining the value of school. New York: Knopf.

Preskill S. 1998. Narratives of teaching and the quest for the second self. Journal of Teacher Education, 49 (5): 344-345.

Raider-Roth M B, M K Albert, I Bircann-Barkey, et al. 2008. Teaching boys: A relational puzzle. Teachers College Record, 110 (2): 443-481.

Raines S, R Canady. 1990. The whole language kindergarten. New York: Teachers College Press.

Ramsay J. 2003. Savor the slump. Education Week, 22 (31): 28.

Raspberry G W. 1996. The classroom as living room and laboratory: Appreciating the work of Vivian Gussin Paley. Curriculum Inquiry, 26 (2): 203-210.

Reifel S. 2007. Hermeneutic text analysis of play. In Early childhood qualitative research, ed. J Amos Hatch, 25-43. New York: Routledge.

Rescorla L. 1991. Early academics: Introduction to the debate. In Early academics: Challenge or pressure? ed. L Rescorla, M Hyson, K Hirsh-Pasek, 5-13. San Francisco: Jossey-Bass.

Richner E S, A G Nicolopoulou. 2001. The narrative construction of differing conceptions of the person in the development of young children's social understanding. Early Education and Development, 12 (3): 393-432.

Rosenblatt L. 1978. The reader, the text, the poem: The transactional theory of the literary work. Carbondale, IL: Southern Illinois University Press.

Rosenblatt L. 1981. On the aesthetic as the basic model of the reading process. In Theories of reading, learning, and listening, ed. H R Garvin, 17-32. Lewisburg, PA: Bucknell University Press.

Roskos K A, J F Christie, eds. 2000. Play and literacy in early childhood. Mahwah, NJ: Lawrence Erlbaum.

Rothman J. 2006. Life lessons: Story acting in kindergarten. Young Children, 61 (5): 70-76.

Sadker M, D Sadker. 1995. Failing at fairness: How our schools cheat girls. New York: Touchstone.

Sadoski M. 2004. Conceptual foundations of teaching reading. New York: Guilford Press.

Sapon-Shevin M. 1998. Everyone here can play. Educational Leadership, 56 (1): 42-45.

Sapon-Shevin M, A Dobbelaere, C R Corrigan, et al. 1998. Promoting inclusive behavior in inclusive classrooms: "You can't say you can't play." In Making friends: The influences of culture and development, ed. L H Meyer, H Park, M Grenot-Scheyer, et al, 105-132. Baltimore: Paul H. Brookes.

Sarason S B. 1995. Some reactions to what we have learned. Phi Delta Kappan, 77: 84-85.

Sartwell C. 1998. Act like you know: African-American autobiography and white identity. Chicago: University of Chicago Press.

Sawyer K R. 2002. The new anthropology of children, play, and games. Reviews in Anthropology, 31 (2): 147-164.

Schickendanz J A. 1999. Much more than the ABCs. Washington, DC: National Association for the Education of Young Children.

Sheets R H. 2000. Advancing the field or taking center stage: The white movement in multicultural education. Educational Researcher, 29 (9): 15-21.

Sidorkin A. 2000. Toward a pedagogy of relation. Philosophical Studies in Education, 32: 9.

Singer D G, R M Golinkoff, K Hirsh-Pasek, eds. 2006. Play = learning: How play motivates and enhances children's cognitive and social-emotional growth. Oxford: Oxford University Press.

Smith M L, L A Shepard. 1987. What doesn't work: Explaining policies of retention. Phi Delta Kappan, 69 (2): 129-134.

Smith P K. 2007. Evolutionary foundations and functions of play: An overview. In Play and development: Evolutionary, sociocultural, and functional perspectives, ed. A Göncü, S Gaskins. New York: Psychology Press.

Snow C E. 1991. The theoretical basis for relationships between language and literacy development. Journal of Research in Childhood Education, 6: 5-10.

Snow C E, M S Burns, P Griffin, eds. 1998. Preventing reading difficulties in young children. Washington, DC: National Academy Press.

Snow C E, D K Dickinson. 1991. Some skills that aren't basic in a new conception of literacy. In Literate systems and individual lives: Perspectives on literacy and schooling, ed. A Purves, T Jennings, 175-213.Albany, NY: SUNY Press.

Spodek B. 1985. Early childhood education's past as prologue: Roots of contemporary concerns. Young Children, 40: 3-7.

Spodek B, ed. 1993. Handbook of research on the education of young children. New York: Macmillan.

Sulzby E. 1986. Writing and reading: Signs of oral and written language organization in the young child. In Emergent literacy: Writing and reading, ed. W H Teale, E Sulzby, 50-89. Norwood, NJ: Ablex.

Tabors P O, K A Roach, C E Snow. 2003. Home language and literacy environment: Final results. In Beginning literacy with language: Young children learning at home and at school, ed. D K Dickinson, P O Tabors, 111-138. Baltimore: Paul H. Brookes.

Tabors P O, C E Snow, D K Dickinson. 2003. Homes and schools together: Supporting language and literacy development. In Beginning literacy with language: Young children learning at home and at school, ed. D K Dickinson, P O Tabors, 313-334. Baltimore: Paul H. Brookes.

Taylor D. 1993. From the child's point of view. Portsmouth, NH: Heinemann.

Taylor D. 1998. Family literacy: Young children learning to read and write. Portsmouth, NH: Heinemann.

Teale W H. 1978. Positive environments for learning to read: What studies of early readers tell us. Language Arts, 55: 922-932.

Teale W H, E Sulzby, eds. 1986. Emergent literacy: Writing and reading. Norwood, NJ: Ablex.

Texeira M T, P M Christian. 2002. And still they rise: Practical advice for increasing African American enrollments in higher education. Educational Horizons, 80 (3): 117-124.

Thompson M G. 2004. Why are we afraid of our boys? A psychologist looks at solutions. Children and Libraries, 2 (1): 26-30.

Tobin J J, D Y H WU, D H Davidson. 1989. Preschool in three cultures: Japan, China, and the United States. New Haven, CT: Yale University Press.

Tracey D H, L M Morrow. 2006. Lenses on reading: An introduction to theories and models. New York: Guilford Press.

U.S. Congress. 2001. No Child Left Behind Act. Public Law, 107-110. Washington, DC.

Van Allen R. 1976. Language experiences in communication. New York: Houghton-Mifflin.

Vygotsky L S. 1962. Thought and language. Cambridge: MIT Press.

Vygotsky L S. 1978. Mind in society: The development of higher psychological process. Cambridge: Harvard University Press.

Wells G. 1986. The meaning makers: Children learning language and using language to learn. Portsmouth, NH: Heinemann.

Welty E. 1984. One writer's beginnings. Cambridge: Harvard University Press.

Wertsch J V. 1991. Voices of the mind: A sociocultural approach to mediated action. Cambridge: Harvard University Press.

Wertsch J V. 2005. The voice of rationality in a sociocultural approach to mind. In Vygotsky and education: Instructional implications and applications of sociohistorical psychology, ed. L C Moll, 111-126. Reprint ed. Cambridge: Cambridge University Press.

Whitehurst G J. 2001. Young Einsteins: Much too late. Education Matters, 1 (2): 9, 16-19.

Williams L R, D P Fromberg, eds. 1992. Encyclopedia of early childhood education. New York: Garland.

Willis A, V J Harris. 2000. Political acts: Literacy learning and teaching. Reading Research Quarterly, 35 (1): 72-88.

Willis A, V J Harris. 2004. Afterword to Multicultural issues in literacy research and practice, ed. A Willis, G E Garcia, R Barrera, et al, 290-296. Mahwah, NJ: Lawrence Erlbaum.

Wiltz N W, G G Fein. 1996. Evolution of a narrative curriculum: The contributions of Vivian Gussin Paley. Young Children, 51 (3): 61-68.

Wolf D P. 1993. There and then, intangible and internal: Narratives in early childhood. In Handbook of research in the education of young children, ed. B Spodek, 42-56. New York: Macmillan.

Xue Y, S J Meisels. 2004. Early literacy instruction and learning in kindergarten: Evidence from the early childhood longitudinal study-kindergarten class of 1998-1999. American Education Research Journal, 41 (1): 191-229.

Zigler E F, S J Bishop-Josef. 2006. The cognitive child versus the whole child: Lessons from 40 years of Head Start. In Play = learning: How play motivates and enhances children's cognitive and social-emotional growth, ed. D G Singer, R M Golinkoff, K Hirsh-Pasek, 15-35. Oxford: Oxford University Press.

Zimpher N L, E A Ashburn. 1992. Countering parochialism in teacher candidates. In Diversity in teacher education: New expectations, ed. M Dilworth, 40-62.San Francisco: Jossey-Bass.

附录 1

佩利故事说演课程操作指南

本指南体现了多年来多位老师的集体智慧，他们成功地将说演故事融入了自己的幼儿园和学前班课程中。每个老师都会根据自己的喜好和需要对教学过程进行修正。从这个意义上说，这也正符合了佩利探索这种方法的过程。我要特别感谢学校读写和文化项目的所有老师和工作人员，感谢他们为本指南所做的贡献。

计划

实施频次。理想的情况是，老师每天都可以为所有感兴趣的孩子提供说演故事的机会。但是，鉴于老师时间的限制，往往无法做到。要想让故事说演真正地对孩子发展发挥价值，就要保证足够的频次。基于对教室实际情况的考虑，我们可以做这样的最基本的要求：三四岁的孩子需要至少每隔一周口述一个故事，至

少每周演出一个故事。五岁的孩子可以在两次听写之间多花一些时间,但是他们也需要每周完成一个故事的演出。

材料。老师手边必须准备好充足的铅笔和白纸。A4纸[1]就可以,老师可以试一试是否合手。老师可以准备复写纸,这样就能及时得到记录故事的副本。孩子可以把其中一张收起来带回家,老师则有一张可以读给大家听(同时也可以作为评估资料保存)。很多老师会把副本放进透明资料袋,装在资料夹中,按照孩子姓名字母排序,存放在班级图书馆中,这样孩子们整年都可以将其作为参考资料来翻阅。

位置。老师应该选择一个能让自己看到教室各个角落的位置落座,再听写孩子们说的故事。大多数老师喜欢坐在桌前,但是使用书写板更为灵活,这样就可以在教室的任何地方记录孩子们说的故事。无论老师坐在哪里,都应该给临时听众留出足够的空间。故事表演通常在教室的大地毯区或者集会区进行。如果在演出场地旁边有一个整齐的小空间给"演员"做后台,用于候场,将会有助于表演的顺利进行。

说故事(听写记录)

就座。说故事的孩子应该坐在老师(记录者)写字那只手的相反一侧,这样老师的胳膊就不会挡住孩子的视线。

---

[1] 原文为 8½ × 11 inches,大约是 A4 纸的大小。——译者注

名字和日期。听写开始前，老师在记录纸的左上角写上孩子的名字，在右边写上日期。老师应该大声告诉孩子自己正在写什么。

如何开始。第一次说故事的人和非常害羞的孩子，可能都需要一些帮助才能开始。我们可以在孩子熟悉这个过程之前，给他们一些建议，例如："我真的很喜欢你这双新鞋，你想给我讲讲你去买鞋那天的事情吗？"有时候，我们只需要提供一个开头的句子，或是一种切入的途径，例如我们可以说："人们说故事的时候，经常会先说'有一天''从前'或者'从前有个小男孩'，你想怎么开始呢？"

长度。由于时间限制，故事通常被限制在一页纸之内。老师可以教会那些想继续说故事的孩子，如何使用分章、连载以及"且听下回分解"的方法。

主题问题。对题材的限制越少越好。（除了那些明显涉及色情、露骨性行为、对其他孩子有不友善的描述等情形之外。）

回应。老师一边记录，一边把孩子刚才说的话用较慢的速度重复一遍，例如，"一天，一只熊，来吃晚餐。"这样可以让老师和孩子都跟上进度，并且让孩子能注意到老师所记录下来的那些文字。

一个犹豫的说故事人。如果孩子一边想一边说，犹豫不决，老师应该用一种轻松的态度鼓励他（例如"是吗？然后又发生了什么呢？"或者"很好啊，你可以继续讲。我已经准备好了。"）

促进写作和叙事的发展。就故事本身进行讨论，老师可以借此帮助孩子扩展写作的思路。例如,"哇!怪物来的时候你一定很害怕。你尖叫了吗?你愿意把它写进故事里吗?""那个小宝宝做了什么事,让大家都笑了?"让孩子们在把故事改编成戏剧演出前进行讨论,会对改编有所帮助。例如你可以说:"告诉我,孩子们在扮演老虎的时候会做些什么?也许你可以现在就把这些写进你的故事里。"老师在记录孩子故事的时候,应该表现出积极投入的态度,例如可以这样回应说故事的人:"真的吗?哇哦,那可真吓人!""嘿,我好喜欢消防车开口说话这一段!""哦,这可真让人难过,你说这是糟糕透顶的一天?我喜欢你用的这个词。"

技能发展。老师向孩子间接指出或向他们询问关于语言知识的一些问题,如单词的首音、双辅音、押韵等。老师也可以偶尔让孩子拼写一个比较具有挑战性的单词,例如"你还记得如何拼写'地板'吗?"关于语法和标点使用的一些知识点也可以很容易地插入到故事听写中。例如你可以询问孩子"我应该把引号放在哪里"。

编辑和修改。老师可以在孩子说故事的过程中,随时提出关于事件顺序、叙事发展等问题,例如:"你是说你妈妈先带你去商店,然后才去了学校。是这样吗?"一般听写完成后,就不再修改故事了,但如果孩子强烈要求,那就应该允许他们修改。

重读。当一个孩子完成故事后,老师立马将这个故事重读给他确保故事是"对的"。如果孩子要求修改,老师就要做出改变。

选择角色。重读完成后,老师要提醒孩子选角色。首先,她要通过强调所写的故事中的角色来引起可能扮演者的注意。假设故事作者是主角,尽管这不是必须的。孩子要从名单中选择角色,这时就要注意那些在这轮中还没有轮到的孩子。教室内"舞台"空间的大小决定了最多可以容纳多少演员。大多数情况下,4~6名演员就可以完成故事的表演。如果需要的演员人数太多,可以请观众想象其他角色的表演。等到故事演出时,可能很多人都会忘记谁扮演哪个角色,所以老师必须把演员的名字标注在故事记录纸上。

演故事(改编)

第一守则。简单至上。不用考虑排练或是舞台道具那些事情。

活动准备。老师请孩子们以半圆形围坐,先宣布当天要表演谁写的故事。当老师念自己记录的故事给全班孩子听时,故事的主人要站在老师身边。一个人的故事完成了,再换另一个人。

请演员准备。老师宣布班上谁将扮演哪个角色,并要求他们站到"后台"做好准备。老师可以准备一块小地毯来充当"后台"。演员在轮到他出场时才走上舞台。

故事演出。老师再一次重读这个故事,演员们按照老师所读的故事情节进行表演。

对白。每当遇到故事里出现对白,老师需要在对白处停留一下,看看演员是否记住了自己的台词,如果他们忘记了,老师就把对白念出来,然后演员再跟着重念一遍。老师可以鼓励孩子们的即兴演出,但是即兴表演不能改变作者的意思,也不能转移整出戏的焦点。

引导支持。在演出过程中,老师应该用一种放松的状态,随时给出一些关键性的提示。例如说:"劳拉,小熊发现他的粥都被吃光了,非常难过。你能让小熊看起来很沮丧吗?"

谢幕。演出"结束"后,演员们要手拉手鞠躬谢幕,接受台下观众的掌声。

其他改编

除了自己写的故事外,孩子们也喜欢表演大人们写好的书和故事。对他们而言,这是学习一个好故事是如何被建构出来的好机会,他们可以从中学习开头、中间、结尾、问题、解决方案等等。这也会扩展他们的词汇和复杂句子结构的知识。演出现成故事的方法和前面大致相同,只是通常是由老师来挑选"演员",而不是孩子挑选。孩子们往往会把自己喜欢的故事反复演上多次,有时候甚至是5~10次,直到他们想要更换剧目为止。

附录 2

故事范例

下面的故事是由在幼儿园和学前班课堂上实施说故事课程的老师们分享的，这些故事呈现了他们对在课堂上运用说故事的各种方式的思考。

关注时间的影响

孩子们口述的故事，可以呈现出整个学年中语言和叙述能力的真实而典型的发展面貌。当然，年龄、性别、文化背景、群体生活等都会对孩子的进步产生影响，下面的这些故事可以让我们看到这个进程。

马克的故事

马克，五周岁，在一位经验丰富的说故事老师的教室里。

9月1日

　　　　撞车的故事

我要开车进山。我撞到了什么东西。

　　　　结束

10月23日

　　　恐龙战队大战坏人

恐龙战队在做事。第二天,他们刚睡醒,坏人就来了。他们就开始和坏人战斗。好人有能量剑,还有一个好人有装着特别子弹的特别枪。一个坏人死了,接着所有坏人都死了,只有一个坏人还活着。一个蓝色的家伙把剑插了进去,最后一个坏人已经死了。

　　　　结束

蓝色的家伙:马克

红色的家伙:史蒂维

坏人1号:狄龙

坏人2号:马歇尔

2月5日

　　　　狗和猫

从前有一只狗和一只猫,他们玩捉迷藏。猫开始数数,然后它们开始互相追逐,然后开始找东西吃。他们在后院找,但什么也没找到。他们进了屋子,又跑出去了。他们在蹦床上跳了一会儿,然后下了蹦床,就去了他们家的攀登架。他们滑滑梯,荡秋千,下了秋千,又到处跑。他们玩了一会儿"猜猜是谁"[1]（Guess Who）。然后他们又回房子里去了。他们去睡觉了。

结束

猫：马克

狗：托马斯

5月1日

在丛林里

有一次有一只猎豹,然后他看到一头大象向他走来,那只猎豹有一只巨大的鸟,叫动冠伞鸟。大象有一只青蛙。他们聚到一起,说："我想我们应该一起去探险。"他们走进黑暗的热带雨林,看到一个捕猎者向他们走来。猎豹知道那是个印第安人,他拿着一根又长又尖的棍子和一把非常锋利的刀。动冠伞鸟非常强壮,他说："伙伴们,来啊,让我们抓住那个家伙！"于是他们都去追他

---

[1] 两人角色猜谜游戏。该游戏共有24个写有名字的卡通形象板,玩家双方各选一张,猜测对方选择的是哪一位,谁先猜对谁赢。在游戏过程中,只能用"是""否"来回答对方的问题。

那人说:"你们想抓我,我也要抓你们!"然后雨林里的动物们知道这4只动物遇到了麻烦,都跑来帮忙。但是,雨林里有100个印第安人,不过,他们和动物们成了朋友。印第安人说:"你想来我家玩吗?"动物们说:"你们先来我家玩吧,然后我们再去你家。"

结束

动冠伞鸟:马克

印第安人:托马斯

猎豹:亨利

大象:劳拉

费德里科的第一个故事和最后一个故事

费德里科刚进幼儿园,英语是他的第二语言。

10月14日

我在积木区玩。做汽车。就在游戏中心那儿。公交车摇摇晃晃。玩汽车。我喜欢玩黏土。图书馆。沙盘。出去玩。

结束

4月27日

奔跑的大坏狼

一只大坏狼杀死了所有的人。他吃了他们。他去公园里,吃了那里的鱼。水里有鲨鱼。鲨鱼吃掉了大坏狼。鲨鱼正在和他[1]朋友们玩。鳄鱼也在水里。他们打了一架。鳄鱼赢了。他去喷水池那里喝水。他去公园做运动。爸爸在喷水池边,他说:"不要打架了。"

结束

本杰明的故事

本杰明快三岁了。这是他最初口述的三个故事。

2月2日

本尼。这是二。

3月12日

妈妈,爸爸,约翰尼,萨拉,他们待在家里。他们什么也没做。就是这样。

结束

---

[1] 此处英文应为 his(他的),但费德里科错用成了 him(他)。——译者注

5 月 2 日

妈妈在和我玩。约翰在他的房间里玩。爸爸在床上睡觉。

凯瑟琳的故事

凯瑟琳也快三岁了。以下是她最初口述的三个故事。

1 月 22 日

爸爸。米切尔。

3 月 12 日

米切尔和我玩。爸爸和我一起玩。妈妈和萨迪玩。萨迪跳。萨迪咬东西。萨迪累坏了。萨迪是一只大狗。

结束

3 月 26 日

爸爸和萨迪玩。萨迪咬爸爸。萨迪和我玩。萨迪去米切尔的房间。萨迪咬米切尔。萨迪下楼。萨迪不喜欢那个笼子。爸爸上楼。米切尔玩大富翁。萨迪走开了。

结束

相互借鉴的故事

以下这些故事是三周的时间里,孩子们在学前班教室里口述和演出的,它们让我们看到孩子们是多么愿意借用彼此的点子,同时也让我们看到,孩子们是如何被幻想故事强烈吸引的。这些故事是按主题分类的,而不是按说故事的顺序。

森林故事

帕丽斯的故事

上学的孩子们

很久以前,有两个小女孩和一个小男孩。第一个小女孩名叫彩虹(Rainbow)。第二个小女孩叫云宝[1](Rainbow Dash)。这个小男孩的名字叫闪电(Lightning)。他们在森林里采摘食物。他们在森林里越走越深。然后一只狐狸来了,有一个巫师和狐狸在一起。狐狸说:"嗨!"然后,妈妈来了,她的名字叫朱莉娅。她是三个孩子的妈妈,她说:"我们回家去做饭吧。"于是他们就回家了。然后爸爸过来问:"晚饭吃什么?"是鸡块和炸薯条。然后,三个小孩上床睡觉了。第二天早上,他们去了学校。然后他们回到家,去了海洋世界(Sea World)。他们坐

---

[1] 雌性飞鸟,长有天蓝色的身体、彩虹色的鬃毛和尾巴,是动漫《小马宝莉》中的主要角色之一。

了好多好多次过山车。坐完过山车后,他们去游泳。然后他们就回家了。

妈妈:朱莉娅

彩虹:帕丽斯

云宝:普雷斯顿

闪电:马利克

爸爸:艾丹

狐狸:斯蒂芬

巫师:米卡

让娜的故事

一天,在森林里,有一头牛在散步。他没有听到小野狼的嚎叫,因为他没有小野狼那样的大耳朵,因为小野狼的耳朵最大了。小野狼病了。小野狼躺在树叶堆里。当牛仔细听的时候,他才听到了小野狼的嚎叫。然后他跑着说:"哞——我来帮你!"小野狼说:"嗷呜!"(他的耳朵痛)于是小野狼对牛说他耳朵痛。牛帮助了小野狼,给了他一碗好吃的粥。小野狼感觉好多了,谢了谢牛,问牛能不能和他做朋友。牛说:"好啊!"于是,牛和小野狼回到了小野狼的家,那是一个山洞。他们从此过上了幸福的生活。

结束

牛：安娜

小野狼：让娜

斯蒂芬的故事

两个小孩

一天，一个名叫马利克的小男孩在森林里散步，他的爸爸妈妈告诉他要小心。这时，他看到了一个女巫和一只狐狸，他们一起出现了。然后又来了一个巫师。巫师想要抓住那个男孩。然后男孩逃跑了，然后他看到了一个小女孩。她是一个警察的女儿，她说："你为什么要逃跑啊？"男孩说："因为有个巫师在追我！"狐狸和巫师想要抓住男孩和女孩。这时，警察看到巫师和狐狸正要抓住他的小男孩和小女孩。然后警察就去追巫师，这时狐狸和女巫来了。然后又来了另一个警察，另一个警察帮忙一起追他们。然后妈妈也帮着追赶他们。小男孩的爸爸妈妈想办法去山上看他们的孩子。他们看见了孩子，他们就下去游过河，爬上岸，把身子擦干。然后他们放了所有人，救了他们。

结束

男孩（马利克）：斯蒂芬

妈妈：朱莉娅

爸爸：康纳

女巫：普雷斯顿

巫师：让娜

女孩：帕丽斯

警察：卢卡斯，贾里德

妈妈：米卡

朱莉娅的故事

三个小孩遇到巫师和狐狸

很久以前，有三个小孩，他们自己去了森林，爸爸妈妈没在身边。他们遇到了麻烦，因为他们遇到了一个巫师和一只狐狸。巫师和狐狸把三个孩子带走了。他们决定把孩子们做成炖肉——对狐狸来说，这可是一顿大餐。狐狸和巫师把孩子们扔进了地牢，孩子们吓坏了，大姐尖叫了起来！巫师和狐狸听到了，他们就消失了。然后，孩子们都高高兴兴地回家了。

结束

三个孩子：朱莉娅，普雷斯顿，马利克

妈妈：帕丽斯

爸爸：卢卡斯

巫师：斯蒂芬

狐狸：让娜

斯蒂芬的故事

女孩

一天，一个已经长大了的女孩在森林里走路。然后她看到了一只狐狸躲在树后面。那只狐狸一直追着她，直到警察来了。有三个警察，他们抓住了狐狸和森林里所有可怕的东西。然后警察们把他们关进了监狱。然后就再也不让他们出狱了。警察们把钥匙锁在自己手上。然后，那些可怕的家伙从监狱的一个洞里伸出手，打开了门。他们逃了出来，回到了森林。他们造了一个房子，然后陌生人进了房子，他们进了电梯，把电梯弄坏了。然后，这两个陌生人就用锤子敲破房子。然后他们用很大力气使劲儿砸整座房子，把它砸坏了。然后所有的人都跳了下来。还没落地，他们就改变了态度，做了好人。然后他们看到了爸爸妈妈和一些警察。然后他们抓住了那些没有想变成好人的人，把他们关进了监狱，锁上了门，把钥匙扔了。

结束

女孩：朱莉娅

狐狸：裘德

三个警察：斯蒂芬，卢卡斯，康纳

可怕的东西：艾丹，让娜，马利克

爸爸：贾里德

妈妈：安娜

可怕的家伙：普雷斯顿，帕丽斯

超级英雄的故事

卢卡斯的故事

蝙蝠侠和两个孩子

蝙蝠侠没穿蝙蝠侠服装就去了商店。然后他的呼机响了，他去救人了。森林里正在发生火灾，两个孩子被困在燃烧着大火的森林里。然后孩子们跑进了一所房子，一个巫师看到了他们，还有一只狐狸。然后他们把他们关进地牢，差点儿把他们做成炖肉。然后蝙蝠侠的报警电话响了，他跑去打开了地牢，他们都逃了出来。然后两个机器人来了，他们把狐狸切成两段，把巫师也切成两段。

蝙蝠侠：卢卡斯

两个孩子：米卡，朱莉娅

巫师：斯蒂芬

狐狸：贾里德

两个机器人：康纳，乔恩

裘德的故事

蜘蛛侠和毒液

彼得·帕克穿着蜘蛛侠的衣服。然后毒液进入了一个大停车场。然后蜘蛛侠冲进来踢了他的脸。然后毒液就掉下来了。然后蜘蛛侠扑向他。然后毒液醒了,把蜘蛛侠踢到大屋顶上。然后毒液的靴子变成了红色,他变成了蜘蛛侠(就是看起来像蜘蛛侠)。然后毒液去帮助一个挂在大屋顶上的人,他向他们发射毒液。然后他们从屋顶上掉下来。然后蜘蛛侠来抓他们。然后蜘蛛侠把车扔向毒液。毒液大叫一声"哇",抓住了窗户,把它推向蜘蛛侠。蜘蛛侠躲开了,他努力地想该怎么办。他把丝射到屋顶上,然后荡到另一边。然后犀牛人来了,他一路撞进了大楼。蜘蛛侠又把丝射出去,荡起来,踢到了犀牛人的后脑勺。然后犀牛人用它的角把网冲破,可是蜘蛛侠用网把它的整个头都包起来。然后毒液也射出了蜘蛛丝,荡进了一座大楼,然后它又变回了黑色。毒液向蜘蛛侠射出毒液,但是蜘蛛侠把毒液网住了,毒液被抓住了,蜘蛛侠把毒液拉了回来。

蜘蛛侠:裘德

毒液:马利克

获救的人:艾丹

犀牛人：乔恩

卢卡斯的故事

蝙蝠侠和罗宾（Robin）

很久以前，蝙蝠侠和罗宾回到他们的家，他们从蝙蝠杆（Batpole）上滑下来。然后他们按下按钮穿上他们的斗篷。然后他们坐上蝙蝠车（Batcar），飞快地冲出城堡。救援任务在A商店和B商店。那里发生了火灾，三个孩子被困住了。罗宾和蝙蝠侠把门撞坏，救出了孩子们。然后罗宾和蝙蝠侠回到了蝙蝠洞（Batcave）。

猫女（Catwoman）、小丑（Joker）和企鹅人（Penguin）想杀死蝙蝠侠和罗宾。他们想要把他们扔进海里，但蝙蝠侠把他们推进了水里。然后小丑、猫女和企鹅人就被鲨鱼吃掉了！

孩子们：茱莉亚，乔恩，艾丹

蝙蝠侠：卢卡斯

罗宾：斯蒂芬

猫女：米卡

小丑：康纳

企鹅人：裘德

鲨鱼：让娜

裘德的故事

蜘蛛侠和两个坏蛋

彼得·帕克穿上蜘蛛侠的衣服,因为他从他的手表助理(watch helper)那里听到,有麻烦发生了。他爬上一幢大楼,然后他抬头看了看。他看到有人挂在一个巨大的热气球上。然后他把蛛丝射到了热气球的底部。他顺着蛛丝网爬了上去。然后他看见一个男人紧紧地抓住了热气球底部,所以没有掉下去。然后他救了那个人。他先结网回到大楼楼顶,再结网降落到大街上,然后,那个男人就回家了。

后来,章鱼博士(Dr.Octopus)来了。他抓住了蜘蛛侠,蜘蛛侠把蛛丝射到大楼上,把自己拉了上去。然后章鱼博士用他的四条触手往上爬。然后绿恶魔(Green Goblin)来了,上了他的飞板。然后蜘蛛侠网住了飞板的底部和绿恶魔的脸。然后绿恶魔踩着他的飞行板来了。蜘蛛侠用蛛丝黏在飞行板下面,又黏在绿恶魔脸上。绿恶魔掉了下来。章鱼博士以最快的速度往下爬,接住了绿恶魔。然后他拿掉了绿恶魔的蜘蛛网,绿恶魔也爬上了大楼。他爬上了蜘蛛侠织的网。然后他打倒了蜘蛛侠。蜘蛛侠又把蛛丝射到一个新大楼上,荡了过去。章鱼博士用他的触须,绿恶魔用他的飞行板也到了新大楼。当他们赶到后，就开始了一场大战。蜘蛛侠把章鱼博士从楼上打了下来。绿恶魔也被蜘蛛侠从大楼上打了下去。蜘蛛侠回到家，又变回了彼得·帕克。

蜘蛛侠：裘德

被救的男人：乔恩

章鱼博士：卢卡斯

绿恶魔：贾里德

间谍的故事

马利克的故事

间谍

从前有一座间谍城堡。有三个间谍。一个间谍叫马利克，一个间谍叫康纳，一个间谍叫帕丽斯。三个间谍去了一个坏人的间谍城堡。那个坏间谍看到了他们。最后一个间谍说："我们怎么才能通过这座让人害怕的桥呢？因为桥上有热熔岩。"于是，第一个间谍有了一个计划。但是这个坏蛋最喜欢的食物是奶酪。第一个好间谍的计划是这样的：第二个间谍把奶酪送到城堡里，他会说："坏家伙，你过来吃奶酪吧。"当坏人快走到最后一级台阶时，其他几个人扔两根绳子，爬上城堡。他们不知道里面有宝藏。他们看到了宝藏。是钱！他们把钱都拿走了。第二个间谍就把奶酪送给坏人。当坏人上楼时,发现钱都不见了。然后坏人对自己说:"那些好人骗了我!"然后那个坏人说:"没关系,我要再找一个更好的宝藏,我要把它藏在一个没人能找到的地方!我要弄一条喷火龙,这样就没人能再进我的城堡了!"

      结束

二个间谍:马利克,康纳,帕丽斯

坏人:贾里德

康纳的故事

    四个间谍

  从前有四个间谍。第一个叫康纳。第二个叫马利克。第三个名叫裘德。第四个叫普雷斯顿。他们要去一个坏人的城堡。那个坏蛋,他正在生火。然后这个坏蛋有一条龙、一个巫师和一只狐狸保护他。间谍们想出了一个计划,他们想把火烧到那个坏蛋的脑袋上。那个坏蛋想要扮成吸血鬼来吓唬间谍们,但他们不害怕。然后间谍们回到他们的城堡,取他们的特殊武器。然后再回到坏蛋的城堡。然后他们用软木塞枪向他射击。然后间谍们告诉龙、巫师和狐狸,想成为他们的朋友。他们说:"好的。"

      结束

间谍们：康纳，马利克，裘德，普雷斯顿

坏人：米卡

巫师：朱莉娅

狐狸：卢卡斯

龙：贾里德

普雷斯顿的故事

神奇的龙

从前有四个间谍。他们喜欢吃比萨，他们最喜欢做的事情就是监视神奇的龙。有一个王子，他想要砍断龙的脖子，救出公主。间谍们帮助王子杀死了龙。龙掉在城堡外的地面上，王子救出了公主。龙又活过来了，他的头也长回来了。然后地面上的一块草地开始掉落，大地裂开，龙就要掉进熔岩中了。他有翅膀，所以他可以飞到另一边去。他再也没有回到城堡。公主被王子解救了。

结束

四个间谍：乔恩，米卡，裘德，康纳

公主：普雷斯顿

王子：马利克

龙：艾丹

贾里德的故事

六个间谍

从前有六个好间谍。有米卡,贾里德,康纳,朱莉娅,让娜和帕丽斯。还有一个间谍——一个叫乔恩的坏间谍。然后,好间谍想要通过连接到坏间谍城堡的桥。它下面有热熔岩。然后他们想要通过,但那是一个独木桥。然后,其中一个间谍贾里德掉了下来,他的手指抓住了独木桥,然后把自己拉了上去。然后间谍们回到他们的城堡,想出了一个新的计划,他们要给坏蛋做煎饼。

结束

好间谍:米卡,贾里德,康纳,朱莉娅,让娜,帕丽斯
坏间谍:乔恩

帕丽斯的故事

被催眠的坏人

很久以前,有三个间谍。第一个名字叫彩虹。第二个名字叫闪电。第三个名字叫云宝。这三个间谍要抓住那些坏人。他们骑着摩托车去坏人城堡。彩虹有了一个计划。他们的计划是去坏人城堡。他们走进城堡,发现了一些衣服。他们穿上那些衣服,然后出去问坏人要钱。然后那些坏人以为他们是真的孩子,一个坏人说:"好,

我会把所有的钱都给你。"然后云宝把他们都催眠了。然后坏人就再也没回来过。这就是全部了。

彩虹：朱莉娅

闪电：马利克

云宝：帕丽斯

坏人：康纳，乔恩

马利克的故事

从前有一座间谍城堡。有四个好间谍。第一个间谍的名字叫马利克，第二个间谍的名字叫帕丽斯，第三个间谍的名字叫朱莉娅，第四个间谍的名字叫康纳。四个间谍去了一个坏人的城堡。然后坏人有了一个计划。这个坏蛋知道第一个间谍是最聪明的间谍。他的计划是杀死第一个间谍。然后其他间谍就不知道该怎么办了，所以他杀了他。这个坏蛋不知道有一种药水能让第一个间谍复活。这时，其他间谍知道有一种药水可以让第一个好间谍活过来。他们就去找药水。第四个间谍找到了。然后他们回来了。他就好多了。坏人看到所有间谍都来了。他跑到坏人商店，买了一条喷火龙。他让喷火龙向好人喷火。好间谍们都跑回了家。

结束

好间谍：马利克，帕丽斯，朱莉娅，康纳

坏间谍：乔恩

龙：斯蒂芬

艾丹的故事

三个间谍

很久以前有三个间谍。他们的名字是康纳、艾丹和斯蒂芬。他们去了坏人的城堡。那个坏蛋的名字叫普雷斯顿。坏人去坏人商店买了一条喷火龙。然后喷火的巨龙向一个间谍喷火。那个间谍蹲下身子躲过了。然后地面起火了，大地开始摇晃。然后，这三个间谍通过了桥，桥下有很深的水。水里有鳄鱼。他们回到了自己的城堡，拿了软木小枪，又来到坏人的城堡。他们用枪射击坏人和恶龙。

结束

间谍：艾丹，斯蒂芬，康纳

坏人：普雷斯顿

龙：乔恩

附录3

幼儿口述故事听写记录范例

这份幼儿口述故事文字记录,展示了说故事人和记录人之间彼此的传达和接受。特别值得注意的是,老师是如何使用心理肯定、确认等评论方式,来鼓励幼儿继续讲述的。

格雷戈里对约翰逊女士的讲述

约翰逊:站到这边来,因为我想靠你近一些。格雷戈里先生,我们先来写下你的名字:格——雷——戈——里。这是格雷戈里的第六个故事。你准备好了吗?你的故事已经有一个好点子了吗?它是讲什么的呢?

格雷戈里:一只笨狼。

约翰逊:一只笨狼。我已经迫不及待想听这个故事了。

格雷戈里:他在飞。

约翰逊： 他很笨，他有翅膀吗？

格雷戈里： 是的，他用纸做的。

约翰逊： 哦，我实在是太想听这个故事了。所以，我要记下：有一只笨狼在飞。你要用这句话作为故事的开头，对吗？

格雷戈里点了点头。

约翰逊：（一边复述一边记录）"有一只笨狼在飞。"再和我说一遍，他是怎么做到的？

格雷戈里： 他用纸做了他的翅膀。

约翰逊：（一边复述一边记录）"他用纸做了他的翅膀。"（停顿）

格雷戈里： 他不知道怎样才能把房子吹倒，因为所有房子都是用砖头做的。

约翰逊： 哦，好的。（一边复述一边记录）"他不知道怎样才能把房子吹倒，因为所有房子都是用砖头做的。"

格雷戈里： 他捉了……那只鸡……他，他，他……捉了狼，狼就这样嗷哦地叫。

约翰逊： 他捉狼，还是啄狼？是哪个字？

格雷戈里： 是啄。

约翰逊： 他啄了狼。鸡，他用啄的。这个字用得真好。（一边复述一边记录）"鸡啄了狼，然后说……"

格雷戈里： 他说"呸！"

约翰逊： "呸！"（咯咯笑）好吧……所以这只可怜的狼，可怜

的、笨笨的、会飞的狼,被一只鸡啄了,对吗?(咯咯笑)。然后他说"呸!"(停顿)

格雷戈里:一条狗过来咬他。

约翰逊:他这一天过得可真不好。(一边复述一边记录)"一条狗过来咬他。"

格雷戈里:他什么也没说。

约翰逊:他什么也没说?就是被咬了也安安静静没说话吗?嗯?你想让我写下"他什么也没说"吗?

格雷戈里点点头。

约翰逊一边复述一边记录。

格雷戈里:然后来了一只熊。

约翰逊:哦,不。我发现你的动物越来越大了。一开始是小的,接着是中等大小的动物,现在他要碰上的是一只熊了。(准备书写)你刚刚说的是一只大熊,还是就是一只熊。

格雷戈里:一只大熊。

约翰逊:"然后,一只大熊……"

格雷戈里:(插嘴)一只很大、超大的熊。

约翰逊:(被他的兴奋劲逗笑,一边复述一边写)"一只很大,超大的熊来了。"

格雷戈里:然后,他打了他的头。

约翰逊:(再一次咯咯笑,一边复述一边记录)"然后,他打了他的头。"然后呢?

格雷戈里:他不动了。

约翰逊:他不动了?你是说像被冰冻住那样吗?

格雷戈里:他被冻住了,但还是可以动。

约翰逊:他还是可以动?

格雷戈里:嗯,他被冻住了,但是……

约翰逊:他被打了头,这让他就像被冻住了一样,是这样吗?(动作演示)

格雷戈里:嗯,然后有人向他身上泼水,他身上的冰就掉下来了。

约翰逊:哦!所以他不动了——他被冻住了(记录),然后发生了什么事?有谁做了什么事情?

因为背景噪音而没有听清格雷戈里说了什么,但很显然,格雷戈里已经换了一个不同的主题继续说。

约翰逊:等一下,让我们回到被冻住那里。(重新朗读)"他不动了,他被冻住了。"你刚刚不是说有人泼水吗?

格雷戈里:他们把水泼在他身上,然后它,他,他,水救了他。

约翰逊:(记录)所以,"他们把水泼在冰上……"

格雷戈里:然后这样就救了狼。

约翰逊:(一边复述一边记录)我能问你一个很短的问题吗?他们是谁?谁泼了水?

格雷戈里:杰克。

约翰逊：杰克。(笑了笑)"杰克把水泼在冰上。"

格雷戈里：我要讲一个很长的故事。

约翰逊：故事已经越来越长了。好的。现在你的狼已经解冻了，那么接下来他又做了什么呢？这只会飞的笨狼。

格雷戈里暂停了一下，没有说话。

约翰逊：他现在没有被冻住了，所以他可以做任何他想做的事情。

格雷戈里：那只熊把他放在一颗果冻豆上。

约翰逊：哦，一颗果冻豆？所以现在我看到一只狼在一颗果冻豆上？是这样的吗？(笑)好的。(快速重读最后两个句子)"狼被放在……"

格雷戈里：故事的名字叫"狼"。

约翰逊：故事的名字叫"狼"？对呀，因为故事都是关于一只狼的。好。那么，狼在……什么颜色的果冻豆上？

格雷戈里：黄色的。

约翰逊：好，我可以把"狼被放在一颗黄色的果冻豆上面"这个句子放进你的故事吗？

格雷戈里点点头。

约翰逊：(一边复述一边记录)然后呢，又发生了什么？

格雷戈里：他把它吃了。

约翰逊：(一边复述一边记录)他喜欢果冻豆吗？

格雷戈里点头。

约翰逊：你想要我写下"他喜欢果冻豆"吗？还是不用写？

格雷戈里：（很兴奋地）要写！

约翰逊：（一边复述一边记录）哦，我真希望能有一个画家把喜欢吃果冻豆的飞狼画下来……好的……（朗读最后一个句子。）

格雷戈里：然后，来了一个女孩，把整只狼都吃了。

约翰逊：女孩？你是说一个人类女孩吗？

格雷戈里点点头。

约翰逊：（一边写一边回应）"然后，来了一个女孩……"这个女孩什么样子？

格雷戈里：她看起来像是印度人，因为她的皮肤是棕色的。

约翰逊：我要写下来吗？（一边复述一边写）"然后来了一个看起来像印度人的女孩……"（被另一个喊着他找到了一个虫卵的小孩打断，约翰逊老师说："你太棒了。"然后继续回到故事来。）"她看起来像是印度人，因为她的皮肤是棕色的。"（停顿）她是印度来的印度人，还是美国原住民印第安人？

格雷戈里：从亚洲来的。

约翰逊：那我们要加上"她来自亚洲"吗？

格雷戈里点点头。

约翰逊：（一边回应一边写）好了。（重读）"她看起来像是印度人，因为她的皮肤是棕色的。她来自亚洲。"现在，再告诉我一遍，这个女孩做了什么。

格雷戈里：她把狼吃了。

约翰逊：好，"她把狼吃了。"

格雷戈里：然后一个男孩来了，还有一只熊来了，他们长得一模一样。

约翰逊：（因为另一个孩子分心了一下）"然后，一个男孩来了……"

格雷戈里：还有一只熊。

约翰逊一边重复一边写。

格雷戈里：他们长得一模一样。

约翰逊：男孩和熊长得一模一样？（一边重复一边写。）

格雷戈里：纸快用光了。

约翰逊：是的，你的故事快写满这张纸了。（重读）"然后一个男孩来了，还有一只熊来了，他们长得一模一样。"他们做了什么事情呢？

格雷戈里：他们去找一个人。

约翰逊：谁呢？

格雷戈里：他们去找一个艺术家。

约翰逊：我可以这么写吗？这是一个很好的词。（一边复述一边写）"他们去找一个艺术家。"好了，当他们找到这个艺术家以后，他们做了什么呢？

格雷戈里：他们打了个招呼，然后就回去了。

约翰逊：（记录，没有重复）艺术家做了什么？

格雷戈里：他正在画画……他在画一只喜欢吃果冻豆的飞狼。

约翰逊："他们打了个招呼，然后就回去了。"我要写下艺术家在做的事情吗？

格雷戈里点点头。

约翰逊：那我该怎么写？

格雷戈里：艺术家在写一只喜欢吃果冻豆的飞狼。

约翰逊：（笑出声）好的，他是在写还是在画？

格雷戈里：画。

约翰逊：好的。"艺术家在画一只……"我们的故事快讲完了。

格雷戈里：我们就要讲完了。这样我们才能讲一个很长的故事。

约翰逊：真的很长。但是你得给我的纸留点儿空间，因为我们的故事里有很多朋友。（复述最后的句子并写下）"喜欢吃果冻豆的飞狼。"

格雷戈里：纸都要用光了。

约翰逊：马上就要写满了。因为我们还得留点儿空写演员名字。我要先给你读一遍你的故事，然后我们再来看看要把谁的名字写在这里，好吗？

约翰逊："狼。有一只笨狼在飞，他用纸做了他的翅膀。他不知道怎样才能把房子吹倒，因为所有的房子都是用砖头做的。鸡啄了狼,然后说:'呸!'一条狗过来咬他,他什么都没说。然后一只很大、超大的熊来了。然后,他打"——哦,我落了一个字——"他打了他的头。他不动了。他被冻住了。杰克把水泼到冰上,水救了狼。狼被放在一颗黄色的果冻豆上面,他把它吃了。他喜欢果冻豆。然后,来了一个女孩,她看起来像是印度人,因为她的皮肤是棕色的。她来自亚洲。她把狼吃了。然后一个男孩来了,还有一只熊来了。他们长得一模一样。他们去找一个艺术家,他们打了个招呼,然后就回去了。艺术家在画一只喜欢吃果冻豆的飞狼。"这故事太棒了,那么,现在谁要当会飞的笨(笑)狼呢?

格雷戈里: 基南。

约翰逊: 当然可以是他(基南是格雷戈里的好朋友,在故事讲到最后几句的时候,他也走到了桌子旁边)。

格雷戈里: 萨姆想当鸡。

约翰逊: 我以为布拉德会当鸡,但是你选的也很好。萨姆应该出现在这个故事里。

另一个孩子: 鸡?鸡是一个搞笑的名字。

约翰逊: 咱们班的孩子们都喜欢这个词!(约翰逊老师向我解释了为什么全班孩子们都觉得这个词很搞笑。是从布拉德开始的。当他刚到这个四岁班时,他喜欢叫人"鸡头"。他被告知不要叫人动物的名字,于是,为了把"鸡"这个名字加进去,他就会说一些像鸡肉饼这类的词。每次他这样说,每个人都捧腹大笑。)

约翰逊：好了，我们已经选好鸡了。谁会是那只巨大、超大的熊？

约翰逊：哦，我们跳过了一个角色，我们需要一只狗（她说话的时候，刚好格雷戈里正在回答她的前一个问题："阿图罗"）。

约翰逊：我们需要一只狗。

格雷戈里：让C小姐当吧（C小姐是实习老师）。

约翰逊：C小姐，她一定会做得很好的。你说阿图罗演那只熊？

格雷戈里：嗯。

约翰逊：还有杰克，谁演杰克呢？可以请杰克来演杰克。

格雷戈里：布拉德。然后基南演鸡。

约翰逊：不，你说的是杰克。基南不是要扮演飞狼吗？

基南：我也可以又演鸡，又演飞狼。

约翰逊：不，你只能演一个。好吧，我们需要一个女孩，一个印度女孩，来自亚洲。

格雷戈里：萨玛拉。

约翰逊：我们还需要一个男孩。

格雷戈里：应该是罗伯塔。

约翰逊：罗伯塔要演男孩？我还需要一个艺术家，是你吗？谁来当艺术家？（停顿）你还没有扮演角色呢？你想参加表演吗？

格雷戈里：我想当艺术家。

约翰逊：好吧，我可不想你把自己落下。好了，我们完成了。

格雷戈里：现在要清场了。

格雷戈里的故事

狼

有一只笨狼在飞,他用纸做了他的翅膀。他不知道怎样才能把房子吹倒,因为所有的房子都是用砖头做的。鸡啄了狼,然后说:"呸!"一条狗过来咬他,他什么都没说。然后一只很大、超大的熊来了。然后,他打了他的头。他不动了。他被冻住了。杰克把水泼到冰上,水救了狼。狼被放在一颗黄色的果冻豆上面,他把它吃了。他喜欢果冻豆。然后,来了一个女孩,她看起来像是印度人,因为她的皮肤是棕色的。她来自亚洲。她把狼吃了。然后一个男孩来了,还有一只熊来了。他们长得一模一样。他们去找一个艺术家,他们打了个招呼,然后就回去了。艺术家在画一只喜欢吃果冻豆的飞狼。

结束

附录 4

成为一名故事老师

在良师与新手之间

2004年秋天,我在新手老师劳丽·伦弗洛所在的学前班教室里演示了故事说演课程之后,我开始与她通信。以下是我们第一学年中的电子邮件往来内容,对这位年轻的老师和她班上的孩子们来说,这段时间都是激动人心的(孩子们和劳丽的名字都是化名。对这些电子邮件内容的格式和小错误做过些微编辑)。我分享它们是为了强调,最好的老师学习成长的过程不仅需要时间和支持,还需要成熟老师和新手老师对所学习项目共有的认同。我不认为劳丽有惊人的分析才能,但我相信,她在故事说演课程中找到了她想要的角色。

2004 年 9 月 17 日

寄信人：帕奇

收信人：劳丽

<u>关于故事改编成戏剧，有什么好消息吗？</u>

2004 年 9 月 17 日

寄信人：劳丽

收信人：帕奇

<u>星期三那天，我的时间不够了。所以在放学前，我没有留足时间完成要做的事。我只是把《野兽国》读给他们听，在我读的时候，我请全班同学都来表演野兽的样子，就是乱吼乱叫啊，转眼珠啊，这样的动作……我计划星期一早晨再做一次这本书的活动，我会让不同的孩子扮演麦克斯。他们对野兽总是兴致勃勃，只可惜我没有给他们预留足够多的时间，这让他们很不开心。我想我会在星期一找时间先让他们演出，并且在这一周里让他们有足够的时间交换角色表演，因为我知道他们很想那样做。我总是会忘记他们一开始时是那么的小，还是只会扭来扭去的小家伙。哦，这就是有趣的学前班啊。我想我会一辈子都在学前班当老师，这里真是学无止境啊。我会随时向你讲述情况进展的。</u>

小小孩都需要的教室　The Classrooms All Young Children Need

2004 年 9 月 25 日

寄信人：劳丽

收信人：帕奇

　　到目前为止，我们已经把《野兽国》演了六次，而且没有任何想要停止的迹象。我需要再多找几本不同版本的绘本来，这样他们在阅读时间就可以看得更仔细。按照名单上的顺序，罗斯是第一个要扮演母亲的男孩。但是，完全没有人取笑他。我们已经共读过四个版本的《小红帽》了，现在孩子们在推动着更进一步的研究——今天早晨他们主动提出，他们要比较在我们阅读的不同版本的《小红帽》里狼的肚子的大小。他们用彩泥制作了外婆的房子，还在操场上玩耍时扮演邪恶的大野狼。我想做一些简单的能代表小红帽、狼、外婆、猎人的服饰道具，这样他们就可以在这个扮演区表演了。哇哦，这种教学方式简直其乐无穷。

2004 年 9 月 25 日

寄信人：帕奇

收信人：劳丽

　　你已经注意到了，看来我也要跟着调整进度了。对我而言，我也是通过发现孩子们把故事改编成戏这个过程，才理解了孩子们重复表演的兴趣。这不仅揭示了他们学习的方式,也揭示了他们想学习的东西。你是如何解读他们此刻的行动呢?

等你准备好开始做口述故事记录时,请告诉我。

2004 年 9 月 28 日

寄信人:劳丽

收信人:帕奇

我认为他们发现在可预知的故事的重复和结构中可以体会到真正的满足和安慰了。他们表现出生机勃勃,像故事里一样的"野性",但是能掌握尺度和限制。我感觉他们在练习——练习冲突,练习战胜邪恶,练习怜悯同情。这一点,我需要再多想想。他们仍然沉浸在《野兽国》之中(几乎每天!),但是我们明天要开始阅读《三只小猪》了,所以我们有可能很快会开始朝着新故事的方向前进,除非有人嚷嚷着说自己还没当过麦克斯。我想下周开始进行口述故事记录——我还在思考如何让自选游戏时间既有组织,又富有教育意义。我没有助理(一天当中只有一个时段有人帮我,但通常不是在自选游戏时间),所以就管理而言,我会非常繁忙,但我正在尝试帮助他们更加独立地进行活动。

2004年10月1日

寄信人：帕奇

收信人：劳丽

关于为什么孩子们喜欢重复表演，我同意你的看法。这可能需要你更多地去了解荣格（Jung）的学说以及中国哲学家的相关论述。此外，我还想知道在重复表演的过程中有没有其他事情发生。这些事情服务于孩子们的需要（或老师的要求）以建立一定的认知结构，来处理符号、隐喻，以及其他抽象的语言或概念的相关知识。

回复：关于口述故事记录。我很愿意协助你迈出第一步。如果你已经做好准备，那么就开始吧。但是如果你能等上一个星期，我可以安排时间过去。

2004年10月3日

寄信人：劳丽

收信人：帕奇

我很喜欢那种从孩子们的自然兴趣中迸发的谈话，就像孩子们会说："看他的牙齿！它们好大啊！"我以前没读过荣格。我应该读一读。我同意你说的话，重复表演确实是在建设允许抽象思维得以进行的"认知结构"。我经常听到人们说孩子不能进行抽象思维,但是在我看来,故事说演就是为他们提供了一个开发、练习、参与相当深度的抽象思维的场所。

2004 年 10 月 26 日

寄信人:劳丽

收信人:帕奇

  非常感谢你在我们的教室里开启了故事说演。彼得今天说了一个故事,他们还把它演了出来,非常有趣。他对我把他说的故事写成文字这件事非常着迷,而且,他有时还会在每个音节后停顿一下,似乎是为了方便我记录。我还要写得更快才行,我实在是太忙了。总之,我还是要再次感谢你。

2004 年 10 月 28 日

寄信人:劳丽

收信人:帕奇

  看起来,故事已经开始在我们的教室里生长了。我要再次感谢你带我们开启了这段旅程,鼓励我们尝试新鲜事物。从星期一开始,我每天都会记录孩子们说的故事,我们还会在自选游戏时间之后马上把它表演出来，我很喜欢这种紧凑的节奏，说故事的人也是如此。大多数故事讲的都是现实生活中的事情，我想这一定是写作班关注现实生活中的故事的结果。但我认为这种状况最终会自动松动。（马里萨为我们讲了一个她在家里和家人讲述的一个名叫飒可魔的恶魔的系列故事，马里萨只讲了其中的一个"章节"——马里萨和她的朋友们住在地下，计划趁飒可魔不注意的时候偷走他的早餐。）对于那些只愿意讲现实生活中的事情的孩子，你会不会建议我直接告诉他们可以编一个幻想中的故事呢？从来不画画的马歇尔（在书写时间，他总是坐在那里一动不动，除非我单独辅导他）今天讲了一个关于在棒球比赛中赢得一面旗子的故事——他在说故事方面，实在是比在书写方面擅长多了。我真希望我之前没有要求他每天练习书写。

我想请教，当我在记录孩子们的故事时，针对他们说故事的方式，有哪些需要特别留意的？我现在会关注他们的眼睛看哪里，他们会不会调整讲述的速度等等，除此之外还有哪些呢？

2004 年 10 月 29 日

寄信人：帕奇

收信人：劳丽

如果孩子们看起来不是处于一种停滞状态或者感到很无聊，

我就不会去干预他们讲述的内容。毫无疑问，幻想故事会自己来临。（飒可魔已经让我们看到了这一点。我们可以鼓励马歇尔多讲一些有关旗子的事情，哪怕是他虚构的也没关系。）另一方面，如果你只是单纯出于好奇，你可以尝试着把他们从个人叙述中拉出来，在小组活动时，稍微提醒他们听写的故事可以是他们想说的任何故事（除了厕所故事和过于暴力的故事）。

关于真实的和不真实的事情：我想我不会在具体的事情上贸然行动。我更想知道的是，孩子们在想着什么"非真实"的事情。

2004年10月29日

寄信人：劳丽

收信人：帕奇

艾莎今天讲了一个故事：小鱼一家去度假，唯独没有带他，他一个人很孤独。他遇到了一条好鲨鱼，和好鲨鱼做了朋友。这时，坏鲨鱼来了，小鱼和好鲨鱼还有其他小鱼一起组成了一条巨大的鲨鱼，吓跑了坏鲨鱼。简直就是《小黑鱼》的场景重现。昨天我才给他们读了《小黑鱼》。有趣的是，艾莎选择扮演小鱼的妈妈，一个很小的角色，一出场就去度假了。而她请德鲁（一个非常安静的男孩）扮演主角小鱼。

回复：关于轮流说故事。我会把想要说故事的孩子按顺序排列在说故事名单上,我刚刚才核对完这个名单,今天轮到艾莎说故事时,曼纽尔和贾丝明都问我星期一能不能也来说故事,所以我又把他们加在了名单上。先是曼纽尔,然后是贾丝明。

2004 年 10 月 30 日
寄信人:帕奇
收信人:劳丽

回复:虚构的故事,还是真实的个人叙事,我想已经讨论得足够了。孩子们已经找到了连接的办法。

2004 年 11 月 4 日
寄信人:劳丽
收信人:帕奇

说故事活动进展得很顺利。这成了我一天中最喜欢的部分。我想,孩子们正从中真正感受他们的力量。曼纽尔虽然在故事发展顺序和意思表达上还需要一些支持,但他也开始说故事了。故事讲的是,他去玩具店买海绵宝宝饭盒,结果从楼梯上摔下来,爸爸把他抱了起来。然后他去接他的表弟,他们来得太晚了。他问自己是否可以每天都讲一个故事,还有在他没有被排到表演的时候他会很难过。我给他看了好多次表演排序名单，这样他似乎放心多了。

埃琳娜讲了一只名叫霍布斯的猫的故事，它抓了一只老鼠，把老鼠的一半扔在了浴室的地板上。当她在朋友阿里安娜家时，她们看到那只老鼠在浴室里，两只猫都吓了一跳。这个故事让孩子们笑了很久。他们在故事表演的时候也非常投入。这真是太美好了。

2004 年 11 月 5 日

寄信人：帕奇

收信人：劳丽

当他们来到说故事教室，曼纽尔家族的世界总是幸运的。

2004 年 11 月 6 日

寄信人：劳丽

收信人：帕奇

我感觉自己学到了越来越多的东西。要学的东西实在太多了——我真想一直教学前班，越久越好。我很庆幸我没有离开教室，去做教师培训工作。

我不喜欢让孩子们讲班上某个真实孩子的故事，因为那样可能会伤害那个孩子的感情，但我也不想压制他们的表达。

我越是努力在我的教室里建立并且执行像是说故事课程这种适宜幼儿的课程，就越坚定我继续下去的决心。孩子们需要故事，他们喜欢这些故事。因为这些故事在课堂上的出现，他们在很多方面都有所发展。但一想到出于某些课程导向原因而阻止这些故事，我就会感到沮丧。我想我无需过分宣扬说故事课程有多棒，但我很兴奋很多其他老师也表示对此很有兴趣。每一位老师每年都要主持一次教师专业发展内训活动，凯茜（副园长）建议我谈谈说故事的事。我想视频应该更能说明问题。我并不想陷入课程导向的争端，因为你知道，说故事不是我们常规课程的一部分，但我也想让孩子们，以及作为一个成长中的教师的自己，做一些正确的事。我不知道会发生什么事。

2004 年 11 月 6 日

寄信人：帕奇

收信人：劳丽

回复：关于真实的孩子被写进故事的情况。你的意思是真实的讲述中说了伤害某人感情的事情，还是只是某个人的名字被写进故事可能会导致伤害？如果是第一种，那不行，我会立刻喊停。

如果是第二种，和以前说的一样，可以重新引导。你可以运用名单，让其他人扮演被写进故事里的那个人。

回复：停止说故事？陷入课程导向纷争？为孩子和你自己做正确的事情。你真的要停止故事说演吗？我觉得你们园长的意思可能是你可以做故事说演的尝试，只要不对外发表就好。

2004年11月8日

寄信人：劳丽

收信人：帕奇

就像你说的，真的发生了这样的事。埃玛把大家的名字都写进了故事，所以我们得重新选择演员，因为每个人的名字都在故事里，所以每个人都可以上台演出。我们一起看着班级名单，我必须让她明白，她可以选择每个人上台表演任何一个角色，因为所有人都是按名单轮流上台的，而不仅仅是因为他们的名字出现在故事中。说到"不可以说：'你不能玩！'"这个规定，我想，也许这并不像我想象的那么难。也许我可以和他们聊这个话题。隔壁班的萨莉老师也有一个规定：除非你想一个人玩，否则"不可以说：'你不能玩！'"你觉得这个规定怎么样？当然，我同意，当一些故事有变成有点儿冷酷的小孩故事的趋向时，我绝对应该给予一些引导。我以前没想过这会让其他人多难过。对了，顺带一提，第二天的故事是一个叫诺拉的孩子讲的，那是一个可爱的幻想故事。诺拉希望每天可以吃两次冰激凌，一次是妈妈给的，一次是爸爸给的。曼纽尔被选为冰激凌师，他兴奋极了。

2004 年 11 月 13 日

寄信人：劳丽

收信人：帕奇

　　上周，布莱克讲了一个关于好机器人和坏机器人（I-Robots）[1]的故事。他说故事时非常兴奋，站起来围着我们坐的地方转圈跑，他还用身体向我展示机器人如何作战。过了好一会儿，我才明白他说的是什么意思，大体上他说的是："有一个机器人，他没有妈妈也没有爸爸。不，他有，他只有一个妈妈和一个爸爸。"（布莱克的家庭状况非常复杂和麻烦——他告诉我他不只有一个爸爸和一个妈妈）"这个好红色机器人名叫桑尼，那个坏蓝机器人的名字也叫桑尼。好桑尼和坏桑尼互相杀来杀去。"这时我说了"不许杀人"——我不确定这样对不对。于是他把它改成了"他俩假装打来打去"。"然后，好桑尼和坏桑尼两个人一起去抓坏女巫。就是这样。"

　　一天傍晚，卢克和阿伦放学后在操场上玩耍，他们看到一只

---

[1] 2004 年上映的美国科幻电影。以下故事人物主要来自该电影。

老鼠从我们教室的地毯上跑过。碰巧他俩都轮到说故事，于是，他们都讲了这个故事，不过，是不同的版本。我对他们解释说，尽管因为名单顺序的原因，他们俩碰巧都在名单上，但他们不一定非要让对方扮演真实的自己。孩子们很喜欢这个故事，可以连续听演好几遍这个故事。卢克一开始想演故事中的老鼠，但在最后一刻他改变了主意，他又想演自己了。他说："我在（候场）地毯上还能改主意，对吗？那我想演我自己，我想让曼纽尔成为那只老鼠。"

2004 年 11 月 14 日

寄信人：帕奇

收信人：劳丽

　　回复：使用杀人（killing）这个词。我是允许的。只要没有真正的肢体接触，没有真正的伤害就行。没什么奇怪的。

　　回复：关于老鼠的故事。那不是很棒吗？简直太好了。我有没有跟你说过，要去寻找一个"班级主题"。这次你就发现了一个——奔跑吧，老鼠。一旦我们的班级出现这样的句子作为开始："从前，有个……（后面是空格，可以填上任意词，比如，忍者神龟）"，"然后他就变成了一个真正的忍者神龟……"再然后，你所期待的故事就会出现了。这就像是一扇门，他们要先打开这扇门，他们需要在行动中才能看到更多。

回复：布莱克的故事。这是一个悲伤的故事，也是一个很有必要的故事。伪装的故事比现实更美好，你不觉得吗？

2004 年 11 月 29 日

寄信人：劳丽

收信人：帕奇

明天一定会有更好的故事。我有好多故事想拿给你看——非常有趣！达利娅的故事是这么开头的："我走进一朵蒲公英里面，看到两只猴子坐在一条带子下面。"我们的自选游戏时间从十点开始。我想该轮到詹姆斯·R. 说故事了。（还记得超级田径男孩吗？你第一次就是用的他的故事。）

2004 年 12 月 2 日

寄信人：劳丽

收信人：帕奇

今天，我和莉萨、克莱尔、简围在故事桌边，听小马里萨给我们讲另一个版本的《汉塞尔和格莱特》。（我没有给他们读过这个故事，我想他们对这个故事如此着迷，是因为当地的木偶剧院正在上演中。）在这个故事里，反派不是原来的女巫了，而是马里萨之前讲过的一个叫作飒可魔的恶魔。但是这一次，飒可魔是一个半男半女的恶魔。汉塞尔和格莱特也变成了五个小孩。故事的结尾，飒可魔把孩子们都推进了烤箱，五个小孩都死了。故事被孩子们表演出来以后，剧终时，小观众们都庄严地为那五具小尸体鼓掌。天啊！参观者告诉我，他们很喜欢孩子们的故事，而且，孩子们做得很棒。这当然很好。但是，怎么说呢，我还是希望少一些这么具有争议性的内容，你有什么建议呢？后来，我和简聊天时，她提到了这个故事，但听起来，她并未觉得害怕，只是有点儿好奇。"故事里总会死很多人吗？"她问我。"不一定哦。"我说。于是，我请她完整地阅读（班里的）那本故事书，这样她能够了解更多的可能性。

2004 年 12 月 2 日
寄信人：帕奇
收信人：劳丽

回复：关于有争议的内容。总是，总是，这种事情总是出现在班里有访客的日子。你就放心好了。

回复：故事中的团队。啊，是的，那是一个团队。我们都需要在团队中给自己找到一个位置，最好是一个强大的位置。

回复：杀死整个团队。嗯，我必须承认这有点儿戏剧性，但我对飒可魔更感兴趣。这个半男半女的恶魔，强大到可以杀死整个团队吗？你知道这个角色的源头是什么吗？还有其他故事有这么强大的反派或者故事线（应该会有）吗？我觉得我们可以问问马里萨有没有什么困扰，不过，其实，证据并不是很充足。

回复：学前班里的死亡话题。如果不是特别必要禁止的，还是可以容忍的。我认为孩子在婴幼儿时期对杀戮的兴趣确实存在，哎……（你可以再读一些埃里克松的理论，读一读贝特尔海姆关于童话的论述，看看新闻也行）当然，那些流血、肢解一类的字眼儿，是不可容忍的。不过，马里萨并没有触碰到底线。如果她触碰底线的时候，你一定凭直觉就能感受到。这时候，我想你应该放下你（记录故事）的笔，说："你知道吗，马里萨，这让我很不舒服。太恶心了。为了我和同学们，请你不要把故事说得那么恐怖，好吗？"我想她会接受你的建议的。你一定要把你的想法说出来，就像你觉得故事很无聊时也要直接说出来一样。要知道，你比他们懂得多。转告詹姆斯，我会看看我下周的日程安排。

2004 年 12 月 3 日

寄信人：劳丽

收信人：帕奇

今天没有访客，马歇尔的故事果然也没有任何争议性内容。这是一个甜蜜可爱的小故事，讲的是米娅在班上庆祝生日时，果汁自己从吧台上跳下来，也没人碰到它，果汁就喷得到处都是。我们只好把绿色桌子搬到积木区，请清洁人员来处理，地板上到处都是黏黏的，把他们的鞋子都粘住了。

关于飒可魔——飒可魔马里萨在她和家人讲述的故事中最早出现了这个人物。她的父母非常善良，非常热心，很明显，她是他们的掌上明珠。在我看来，他们有点儿好高骛远。他们给她读了很多书，包括一些内容相当复杂的书，比如《时间的皱折》(*A Wrinkle in Time*)。（还记得卡马佐兹星球上控制每个人一举一动的巨大大脑吗？）她说她喜欢恐怖的东西。我个人认为，即使一个孩子有超前的理解能力，为什么一定要用恐怖或深奥的内容来推动她的发展呢？何必那么着急呢？为什么不把这些精彩的长篇读物留到长大一些再读呢？关于死亡的问题，我同意你的看法。血腥不可容忍，死亡却非常重要，而且，他们真的（通过故事说演）自己理出一些头绪了。我需要读一下贝特尔海姆的书——昨天一位参观者也提到了他。婴儿期的杀戮趣味——对我们来说很悲哀，但对他们来说很有必要，是吗？我会转告詹姆斯的。

2004年12月21日

寄信人：劳丽

收信人：帕奇

我们已经整整两天没有听写故事了，因为我得投入到样式繁多的节日自选活动项目工作中。然而，孩子们一直在不停地要求我记录他们的故事——我明天必须要开始了，不然他们一定会闹翻天。我真希望我能取消写作课，实际上，在书写与游戏有关的符号、卡片或者清单时，他们对书写的兴趣更浓。我认为，如果读写课程用说故事的方式展开，他们一定能很好地学习读写。可惜这不是我能决定的。

是故事吸引他们，驱动他们，他们需要的是故事。要知道，如果有一天我们没有写作课，孩子们才不会主动要求呢，哎……

2004年12月23日

寄信人：劳丽

收信人：帕奇

今天的学前班，一切都那么美好。安德鲁讲了一个关于去牙买加海边游泳的故事。他说他看到一条电鳗。当他回到家的时候，灯都灭了，因为电鳗把所有的东西都电坏了。安德鲁的妈妈叫来了点灯的人，他又把灯点亮了。然后大家都睡着了。我好喜欢听到孩子们的这些故事,还能和他们一起讨论、梳理出来。我已经为这些故事随时做好准备了。

2005年1月9日

寄信人:劳丽

收信人:帕奇

　　我有一个关于故事的问题。米娅想要讲一个关于她的生日聚会的故事,这个聚会并不是班里所有的人都被邀请参加了。我请她说故事时,她选了另外两个孩子和她一起表演故事。他们都是受到聚会邀请的孩子。事后,我觉得我当时应该这样对她说:"这个故事可能会让没能来参加生日聚会的孩子们不开心——你还能想到别的故事吗?"我应该这样做吗?还是我过于敏感了?

2005年1月10日

寄信人:帕奇

收信人:劳丽

　　回复:关于米娅的故事,如果是我,我一定会和她谈谈。我甚至想把这件事和全班孩子聊一聊。不只是针对生日聚会的故事（虽然它的确是一个会分散注意力的话题），而是讨论关于那些可能会让别人不开心的故事。不过，我还得要看看米娅到底如何讲述，才能真正发表评论。不是很讽刺吗？是真实的生活让我们感动难过。想想这对"个人叙述"的影响吧。

2005 年 1 月 10 日
寄信人：劳丽
收信人：帕奇

我喜欢你的这个主意，是应该和孩子们聊聊那些让我们特别不开心的话题。有时候我没有想过要和他们开诚布公地讨论这些话题，而我又特别希望能听到他们的想法。那样会不会让人很不开心，很难过？为什么？我们能为此做些什么？我们应该制订什么规则吗？是啊，个人叙述……这个话题先暂时告一段落。到周末之前，我们都会安排阅读和制作 ABC 读本。然后小读者们要去阅读工作坊，我们会制作清单书。难以置信，现在已经是一月份了，他们长大了好多。他们仍旧是那些孩子，但他们在表演地毯上稳定了许多，在活动进行时也更加专注了。

2005年2月4日

寄信人：劳丽

收信人：帕奇

　　今天埃玛讲了一个故事，讲的是她走进树林，夜里来了一场暴风雨，把她和她朋友的外套都吹掉了。然后她看到了一座邪恶的房子，里面有一个好鬼魂，一个骷髅和一个给他们热苹果派和南瓜派的女巫。她们带着这些礼物回家了，中途她们停下来，从柳树梢上拿下她们的外套。

2005年2月5日

寄信人：帕奇

收信人：劳丽

　　我喜欢埃玛的故事的点在于，她让万圣节来到了二月。（还有"停下来"这个词）。我很高兴看到节日——象征——成为孩子们生活的一种潜台词。就像荣格讲的那样。

2005 年 2 月 10 日

寄信人：劳丽

收信人：帕奇

　　达利娅和詹姆斯都很有趣，很高兴听到你要说的话。我有一个有趣的发现。我给达利娅用早期儿童读写能力评估系统（Early Childhood Literacy Assessment System，简称 ECLAS）做了测试，在脱离上下文的情况下，她只能认识 8 个字母，还不能单独区别发音，但她能说出以她认识的字母开头的孩子的名字，例如她认识 M，马歇尔（Marshall）。詹姆斯几乎认识所有字母，包括大写和小写，并且能单独读出大部分字母的发音。不过，他在书写复现上可能存在一些问题，他似乎完全记不住刚刚看到的单词，他在写作课上写得犹豫不决。大多数时候，他不能像在早期儿童读写能力评估系统测试中那样对发音很有把握。在测验中，他看到字母就能说出它的名字，然后说出它的发音。看来对他而言，从单词到发音再到字形是比较困难的。你也看得出来，在你记录他的口述故事时，他看起来对记录纸毫无兴趣。我不太清楚这到底是怎么一回事，你有什么想法吗？

　　达利娅的画大多数时候不太具象——偶尔会画一只胳膊一个脑袋。她也对写作课毫无兴趣。但是你看到了，她对自己说的故事有多兴奋，她一直说个不停，一直到我打断她让她给我解释故事的意义才停下来,是吧?

你还记得那个小布莱克吗?他今天终于不讲超级英雄的故事了(令人惊喜),他讲了一个姜饼人的故事。姜饼人从一位女士那里偷了一辆马车,马车里有三个宝宝和一只狐狸。然后他又把它送回了那位女士家。这位女士想煮了他,他逃了出来,跑到狐狸的家。狐狸的家在水里,因此他就溶化掉了。狐狸吃掉了他。当他刚开始说故事的时候,他说:"这个故事里没有女孩。"但后来他想要马里萨、埃玛和贾丝明演宝宝,基亚演那位女士。严肃的马歇尔演狐狸。布莱克自己演姜饼人。他今天太开心了,笑了足足有1个小时。他难得能笑得那么开心。

2005年2月12日

寄信人:劳丽

收信人:帕奇

隔壁教室的苏珊老师是我的朋友,下周她也要在她的教室里开始故事说演了。她把书都整理好了。哦,你要是看到昨天卢克的故事,一定会非常喜欢,这个故事的名字是《极速赛车手》,里面充满了有趣的对话。其中《极速赛车手》那首歌是必不可少的,在我记录故事的时候,他问我,观众们能不能一起唱那首歌,他说"因为我们每个人都是演员"。然后在表演之前,他教所有小朋友唱这首歌。每个小朋友都非常积极地参加,在演出时,当他们看到和卢克约定好的暗号(就是极速赛车手跳上车的时候),他们整齐地唱出"出发,极速赛车手,绕着小镇转"。那真是一个美妙的时刻——有趣,而且非常美好,所有的孩子都那么专注,那么集中,那么全神贯注地创造着故事的世界,没有一个孩子不沉浸其中。在一天中的其他任何时间都难得看到这样的场面,除非是我们讨论一些对他们来说非常重要的话题,比如如果有人不愿意,我们是否应该要求他们扮演坏人。孩子们断然选择了否定。

2005年2月13日
寄信人:劳丽
收信人:帕奇

我正忙于列出为何故事如此重要的理由。以下是我的一些想法。

评价 / 促进读写发展

• 幼儿练习理解事物。

• 我们支持并肯定他们对故事的理解。

• 我们关注并支持幼儿与口述记录的故事之间的互动——是否能顺着故事线前进?有没有注意到字母、空格、熟悉的名字、常见词汇、标点符号、从左向右的阅读顺序？能否调整语速以配合老师的记录速度？

- 在幼儿的讲述中，我们支持他们的语法发展。
- 在自己能够正式书写之前，孩子们需要模仿榜样——他们需要经常看到我们把字写下来。他们一定会关注这个书写行为，因为那是在记录他们自己的故事。
- 孩子们逐渐认识到写作就是为了把有意义的事情记录在纸上。
- 听写故事/改编成戏剧能帮助孩子们爱上故事说演——或者更确切地说，他们本来就深爱着这个活动，我们只是为他们提供了空间、时间和关注。（包括听写时老师对个人的关注和改编成戏剧表演时来自群体的关注。）

评价/促进社会性发展

- 故事涉及公平问题，无论是说故事的人还是演故事的人，都需要轮流在名单上登记，然后按顺序进行。
- 故事提供了一个通过共同解决问题来营造集体的机会。（例如在一个有关派对的故事里，孩子们会讲到如果一个派对不是所有人都受到邀请，那该有多么令人难过，诸如此类。）
- 每个幼儿都有很多机会公开受到关心和赞美。
- 幼儿可以在群体中表现充分的自我控制。

- 幼儿把自己视为有自己的故事要讲（要导演）的个体，同时也把自己视为群体中的一员，一个观众或群众演员。在故事中，个体和群体的概念才没有相互抵触。
- 幼儿通过故事处理好与坏的问题，处理让他们害怕的事情。
- 故事缔造了一个不具有威胁性的场域，在那里孩子们可以与老师、同伴，彼此分享真实的自我。
- 将故事表演出来符合他们的发展水平——他们需要大声说出来，需要肢体的表达。
- 幼儿的幻想世界可以通过故事说演活动进入教室。

2005 年 4 月 12 日

寄信人：劳丽

收信人：帕奇

我一直想给你写信，告诉你关于詹姆斯的事——我想，他有点儿改变了。你知道他以前的故事是怎样的，就像一串活动的流水账……他最近讲的这个故事，非常放松。是关于他从新泽西来的朋友（去年夏天，他从新泽西搬到这里来，等结业后，他还会搬回那里）和布鲁克林来的朋友们一起在外过夜的事情。这个故事很甜蜜，和他其他的作品很不一样。当我记录他的故事时，他完全被那些文字吸引住了。他会放慢语速，等我赶上来，他还会把单词分解成音节。这太有趣了。最近,他总体上都是比较放松的。很高兴看到他的这种变化。他的写作有了很大的进步,他的阅读,虽然进步没有那么明显,但看起来也没有那么令他焦虑了。我想,你听到也一定很高兴。

从今年年初到现在,他们所有人的故事都进步了很多——这个过程是多么令人高兴啊,而且,它还在持续发生着。在过去的这几周,我一周只有四天能进行故事说演,因为在自选游戏时间,我非常忙(因为所有教室里的助理教师都被调到别处去了)。在我们无法进行故事说演的日子里,孩子们都对我很不满。

2005年4月12日

寄信人:帕奇

收信人:劳丽

一看到掉牙,就知道结局是什么。你会发现,在《小熊维尼》里绝不会出现这样的情节。这是一本蹩脚的入门读物,叫《没有牙齿,没有硬币》(*No Tooth, No Quarter*)。这本书实在是乏味到家了。当然,孩子们"很爱"它。它很适合那些刚刚开始阅读,还不能读章节书的阅读新手,而且很适合那些正在掉牙的孩子。

2005 年 4 月 16 日

寄信人：劳丽

收信人：帕奇

　　昨天，我浏览了这一整年里孩子们讲述的故事，我发现在这一年最开始的时候，我们得到了很多真实的故事——孩子们确实需要足够的时间才能爆发出来——而现在，在现实与幻想的天平上，我们已经向另一个方向倾斜了。你认为他们会受到年初这段时间里这些大量的个人叙述的影响吗？孩子们更多的是从真实生活故事开始他们的讲述，这是典型的状态吗？

2005 年 4 月 24

寄信人：劳丽

收信人：帕奇

　　说到践行社会正义……我想大多数情况下，我只是想公平一点儿。我希望公平地对待学生，并让他们也能感到自己受到了公平的对待。我希望能够公开地和他们讨论正义的问题——这一年，我在这方面思考得比以往多得多，这要归功于你。例如，我们讨论了一个孩子要求另一个孩子在游戏中扮演谁，这样是不是公平的。孩子们给出了坚定而一致的回答——不公平。我还有好多想和你说的,如果你愿意听的话。我想利用这个七天假期好好想一想。

2005 年 5 月 21 日

寄信人:帕奇

收信人:劳丽

马里萨俨然已经是一个说故事的老手了。她从她的同学那里借鉴了很多复杂的方法,她可以把相似的点子组合在一起,让强大的力量在最后让每个人都变得更好。这些情节,越想越值得回味。之后把故事改编成戏剧,更是锦上添花。无论是观众,还是演员,都全情投入。我要是把这些都录下来就好了。

2005 年 5 月 24 日

寄信人:帕奇

收信人:劳丽

昨晚,我的学生们听了你的演讲,这对他们来说非常重要。我在说故事方面给他们出了一道难题,因为他们所在的工作场所以及教育经验来源,要么是在课外学校,要么是在那些把拼写单词当作读写课程全部任务的州的学校。我真的觉得我搅乱了你们的一池清水。但我非常希望你能认识我们的休斯敦团队。

2005年5月24日

寄信人：劳丽

收信人：帕奇

  见到你的学生真是太好了。我觉得我们的讨论几乎就要触及更深层次的问题了。说到我的教师会议，我们对所有孩子的户外活动进行了基本的观察，我们对所看到的各种各样的游戏，包括角色游戏、乐高游戏进行了讨论。

  我们很想知道如何在我们现行的课程框架中支持超级英雄类型的游戏——我谈到了故事，在故事说演活动中，他们有多投入，故事对他们而言就有多重要，而且很容易融入现有的课程当中。

  我们还讨论了这种类型的故事可以加强孩子的团队意识，使他们成为团队的一分子，而不是一个个单独的个体。我还希望我能看到更多的案例，那些能实现发展适宜性的幼儿园案例。你说得对，你扰乱了我的一池清水，但我为此深深感谢你！水至清则无鱼，这意味着……我想不出合适的比喻了……无论如何，我的思考源源不断而来。看起来，了解儿童的发展水平至关重要。好主意！

结语

小小孩都需要的教室是一个有无限可能的教室

　　正如薇薇安·佩利向我们展示的那样，二十一世纪所有幼儿需要的教室必须是公平和有意义的，这比其他任何事物都重要。在这样的教室里，教师每天会等着孩子们来到她面前，告诉她今天他们是谁；而他们又会在她的帮助下，知道自己明天将会成为谁。我想以我在本书中一再重申的主张作为全书的结束。我希望在我们评价薇薇安·佩利的时候，无论是作为刚刚开始建立教学习惯的年轻教师，还是作为自觉被困在丰富经验中却无法帮助孩子和自己的资深老师，都应该扪心自问，她的那些故事到底告诉我们什么。如果我们缺乏这种追问，那么我们会错失太多有价值的信息。大多数的教师是平凡的，没有时间用写作和出版来总结和分析他们的工作，但他们一旦有机会了解那些好的理念，他们会非常在意并且乐于采纳。

小小孩都需要的教室 The Classrooms All Young Children Need

自从我第一次开始"说故事教室"的尝试，至今已经 25 年了。我有幸能够在亚特兰大、纽约，更多时候是在休斯敦，直接与几个围绕着佩利的教学思想和实践的教师团体一起工作。一路走来，我们都从中获益颇丰。最近，一位教师告诉我，她学到的最重要的事情是，如何看待自己和孩子与在学校中所发生事件的关系。她说："我现在对教室里发生的每一件事都有自己的看法，任何人的一言一行对我都有意义。我会在休息时间、午餐时间一直思考那些看起来不值一提的小事，也许是看起来不那么恰当的小事，以及它们存在的意义。"当我问其他人从佩利身上学到了什么，有一位提及她一直无法摆脱对"不可以说：'你不能玩！'"的思考。她总在想，这个规定有没有可能破坏了那些广受欢迎的游戏？另一位老师说，她正在学着满足幼儿们对归属感的需求，并欣然接受自己在其中扮演的角色。还有一些老师以不同的方式谈到，要先学习做一个小孩的老师，其次才是做一个教授学业的老师。还有一位教师说，她学到了拒绝在她面前出现的那些小孩生活中不合理的事情。

我发现，这些都是老师们在接触过佩利后常见的反应。我相信他们的这种热情对吸引并留住新一代的幼儿教育者来说至关重要，也许现在比以往任何时候都更重要。作为一名资深教师，我所观察到的今日的教育现状似乎不再体现出对公平和包容的需求，从更长的教学时间到更高的技巧学习要求，现在幼儿教育中的学习已经发生了翻天覆地的变化。当我就佩利的游戏哲学和这种教育现状之间的冲突询问一位老师:"佩利的教学在今天还有意义吗?"她略微犹豫后,回答我:"对今天而言,更加有意义了。"

我在这本书的序言中写道,如果我们把佩利的人生经历视作某种珍奇或特殊的东西,那就是对她最大的浪费,相反,我们必须将之视为无论在现在还是在长远的未来,都能够对早期儿童教育实践具有普遍适用性的东西。我一直致力于在师资培育中,把公平教学与意义教学的理论融入教学法的实践当中。最后,我想强调的是,最好的教学方法是提出问题,而不是回答问题。佩利作为一名教师的成长历程提醒我们,我们可能无法预知自己的成长历程,但如果我们试图回避这个经历,不去审慎地凝视它,我们将始终是贫乏的。佩利激励我们相信,教学必须捍卫某种立场,而她选择了公平和意义。透过这个立场的视角,她所看到的不再是由教学手册和社会宣传口号所构建出来的孩子和老师,用瑞妮的话来说,应该是"老师和孩子本来的面目"(Paley,1997:15)。而这,才是她所谓的道德的起点。

周子然（6岁）

```
图书在版编目（CIP）数据

小小孩都需要的教室 /（美）帕特里夏·M.库珀著；
孙莉莉译．—昆明：晨光出版社，2021.5
 ISBN 978-7-5715-0683-4

Ⅰ.①小… Ⅱ.①帕…②孙… Ⅲ.①游戏课－教学
法－学前教育 Ⅳ.① G613.7

中国版本图书馆 CIP 数据核字（2020）第 067020 号
```

THE CLASSROOMS ALL YOUNG CHILDREN NEED: Lessons in Teaching from Vivian Paley
By Patricia M. Cooper
Licensed by The University of Chicago Press, Illinois, U.S.A.
©2009 by The University of Chicago.
All rights reserved.

著作权合同登记号 图字：23-2019-229号

XIAOXIAOHAI DOU XUYAO DE JIAOSHI

小小孩都需要的教室
薇薇安·嘉辛·佩利的教学智慧

〔美〕帕特里夏·M.库珀 / 著　孙莉莉 / 译

出 版 人　吉　彤

总 策 划　吉　彤
责任编辑　李　政　　常颖雯
封面绘画　童圣恩（5岁）

出　　版	云南出版集团 晨光出版社
地　　址	昆明市环城西路 609 号新闻出版大楼
邮　　编	650034
发行电话	（010）88356856　88356858
印　　刷	北京华联印刷有限公司
经　　销	各地新华书店
版　　次	2021 年 5 月第 1 版
印　　次	2021 年 5 月第 1 次印刷
开　　本	145mm×210mm　32 开
印　　张	11.5
字　　数	215 千字
ISBN	978-7-5715-0683-4
定　　价	58.00 元

特别感谢：成都市第五幼儿园、成都市温江区海科幼儿园。
退换声明：若有印刷质量问题，请及时和销售部门（010-88356856）联系退换。